全国一级建造师执业资格考试专项突破

建设工程经济重点难点专项突破

全国一级建造师执业资格考试专项突破编写委员会　编写

中国建筑工业出版社

图书在版编目（CIP）数据

建设工程经济重点难点专项突破／全国一级建造师执业资格考试专项突破编写委员会编写. -- 北京：中国建筑工业出版社，2025.4. --（全国一级建造师执业资格考试专项突破）. -- ISBN 978-7-112-31098-2

Ⅰ. F407.9

中国国家版本馆 CIP 数据核字第 2025W6Q983 号

本书按知识点进行划分，根据近年考试命题形式进行分析总结。本书的形式打破传统思维，采用归纳总结的方式进行题干与选项的优化设置，将考核要点的关联性充分地体现在"同一道题目"当中，该类题型的设置有利于考生对比区分记忆，这种方式大大压缩了考生的复习时间和精力。对部分知识点采用图表方式进行总结，易于理解，降低了考生的学习难度，并配有经典试题，用例题展现考查角度，巩固记忆知识点。

本书既能使考生全面、系统、彻底地解决在学习中存在的问题，又能让考生准确地把握考试的方向。本书的作者旨在将多年积累的应试辅导经验传授给考生，对辅导教材中的每一部分都做了详尽的讲解，辅导教材中的问题都能在书中解决。

本书可作为一级建造师执业资格考试的复习指导书，也可供广大建筑施工行业管理人员参考使用。

责任编辑：李　璇

责任校对：张　颖

全国一级建造师执业资格考试专项突破

建设工程经济重点难点专项突破

全国一级建造师执业资格考试专项突破编写委员会　编写

*

中国建筑工业出版社出版、发行（北京海淀三里河路9号）

各地新华书店、建筑书店经销

北京建筑工业印刷有限公司制版

建工社（河北）印刷有限公司印刷

*

开本：787毫米×1092毫米　1/16　印张：16½　字数：400千字

2025年5月第一版　　2025年5月第一次印刷

定价：**48.00**元

ISBN 978-7-112-31098-2

（44774）

前　言

为了帮助广大考生在短时间内掌握考试重点和难点，迅速提高应试能力和答题技巧，更好地适应考试，我们组织了一批一级建造师考试培训领域的权威专家，根据考试大纲要求，以历年考试命题规律及所涉及的重要考点为主线，精心编写了这套"全国一级建造师执业资格考试专项突破"系列丛书。

本套丛书共分8册，涵盖了一级建造师执业资格考试的3个公共科目和5个专业科目，分别是：《建设工程经济重点难点专项突破》《建设工程项目管理重点难点专项突破》《建设工程法规及相关知识重点难点专项突破》《建筑工程管理与实务案例分析专项突破》《机电工程管理与实务案例分析专项突破》《市政公用工程管理与实务案例分析专项突破》《公路工程管理与实务案例分析专项突破》和《水利水电工程管理与实务案例分析专项突破》。

3个公共科目丛书具有以下优势：

一题敌多题——采用专项突破形式将重点难点知识点进行归纳总结，将考核要点的关联性充分地体现在"同一道题目"当中，该类题型的设置有利于考生对比区分记忆，该方式大大节省了考生的复习时间和精力。众多易混选项的加入，有助于考生更全面地、多角度地精准记忆，从而提高考生的复习效率。以往考生学习后未必全部掌握考试用书考点，造成在考场上答题时觉得见过，但不会解答的情况，本书一个题目可以代替其他辅导书中的3～8个题目，可以有效地解决这个问题。

真题全标记——将近年一级建造师执业资格考试考核知识点全部标记，为考生总结命题规律提供依据，帮助考生在有限的时间里快速地掌握考核的侧重点，明确复习方向。

图表精总结——对知识点采用图表方式进行总结，易于理解，降低了考生的学习难度，并配有经典试题，用例题展现考查角度，巩固记忆知识点。

5个专业科目丛书具有以下优势：

要点突出——对每一章的要点进行归纳总结，帮助考生快速抓住重点，节约学习时间，更加有效地掌握基础知识。

布局清晰——分别从施工技术、进度、质量、安全、成本、合同、现场、实操等方面，将历年真题进行合理划分，并配以典型习题。有助于考生抓住考核重点，各个击破。

真题全面——收录了近年一级建造师执业资格考试案例分析真题，便于考生掌握考试的命题规律和趋势，做到运筹帷幄。

一击即破——针对历年案例分析题中的各个难点，进行细致的讲解，从而有效地帮助考生突破固定思维，启发解题思路。

触类旁通——以历年真题为基础编排的典型习题，着力加强"能力型、开放型、应用型和综合型"试题的开发与研究，注重关联知识点、题型、方法的再巩固与再提高，帮助考生对知识点的进一步巩固，做到融会贯通、触类旁通。

由于编写时间仓促，书中难免存在疏漏之处，望广大读者不吝赐教。

读者如果对图书中的内容有疑问或问题，可关注微信公众号【建造师应试与执业】，与图书编辑团队直接交流。

建造师应试与执业

目 录

全国一级建造师执业资格考试答题方法及评分说明 ································ 1

第1篇 工程经济

第1章 资金时间价值计算及应用 ······································· 4
1.1 利息的计算 ·· 4
   专项突破1 利息和利率 ·· 4
   专项突破2 利息的计算 ·· 5
1.2 名义利率与有效利率计算 ·· 6
   专项突破 名义利率与有效利率计算 ·································· 6
1.3 资金等值计算及应用 ·· 8
   专项突破1 资金时间价值的影响因素 ································ 8
   专项突破2 现金流量图的绘制 ·· 9
   专项突破3 终值和现值的计算 ·· 10

第2章 经济效果评价 ··· 13
2.1 经济效果评价内容 ·· 13
   专项突破1 经济效果评价的分类和内容 ····························· 13
   专项突破2 经济效果评价方法分类 ·································· 13
2.2 经济效果评价指标体系 ··· 14
   专项突破1 常用的经济效果评价指标 ······························· 14
   专项突破2 盈利能力分析指标的优缺点 ····························· 15
   专项突破3 静态投资回收期分析 ···································· 16
   专项突破4 财务净现值分析 ·· 18
   专项突破5 财务基准收益率的确定 ·································· 19
   专项突破6 财务内部收益率分析 ···································· 20
2.3 多方案比选 ··· 22
   专项突破1 方案之间的关系 ·· 22
   专项突破2 方案比选方法的类型 ···································· 22
   专项突破3 评价指标直接对比法 ···································· 23
   专项突破4 增量指标分析法 ·· 24

第3章 不确定性分析 ··· 27
3.1 盈亏平衡分析 ··· 27
   专项突破1 盈亏平衡分析的概念和分类 ····························· 27

专项突破2　固定成本和可变成本 ……………………………………… 27

专项突破3　线性盈亏平衡分析 ………………………………………… 28

3.2　敏感性分析 …………………………………………………………… 30

专项突破1　敏感性分析的概念和分类 ………………………………… 30

专项突破2　敏感性分析的方法与步骤 ………………………………… 30

第4章　设备更新分析 ……………………………………………………… 35

4.1　设备磨损与补偿 ……………………………………………………… 35

专项突破1　设备磨损的类型 …………………………………………… 35

专项突破2　设备磨损的补偿方式 ……………………………………… 36

4.2　设备经济寿命确定 …………………………………………………… 37

专项突破1　设备寿命的类型 …………………………………………… 37

专项突破2　设备经济寿命的估算 ……………………………………… 38

4.3　设备更新方案经济分析 ……………………………………………… 40

专项突破1　设备更新方案的比选原则 ………………………………… 40

专项突破2　设备更新的技术经济分析 ………………………………… 41

4.4　设备租赁方案经济分析 ……………………………………………… 42

专项突破1　设备租赁方式 ……………………………………………… 42

专项突破2　设备租赁优缺点 …………………………………………… 42

专项突破3　影响设备租赁与购置的主要因素 ………………………… 43

专项突破4　租赁费用的内容 …………………………………………… 44

专项突破5　租金的计算 ………………………………………………… 44

专项突破6　设备租赁与购置方案的比较 ……………………………… 45

第5章　价值工程 …………………………………………………………… 47

5.1　价值工程原理 ………………………………………………………… 47

专项突破1　价值工程的概念及特点 …………………………………… 47

专项突破2　提高价值的途径 …………………………………………… 48

5.2　价值工程实施步骤 …………………………………………………… 49

专项突破1　价值工程的工作程序 ……………………………………… 49

专项突破2　价值工程对象的选择 ……………………………………… 50

专项突破3　功能分析 …………………………………………………… 51

专项突破4　功能评价 …………………………………………………… 52

第2篇　工程财务

第6章　财务会计基础 ……………………………………………………… 54

6.1　会计要素组成及计量 ………………………………………………… 54

专项突破1　会计要素的组成 …………………………………………… 54

专项突破2　会计要素的计量属性 ……………………………………… 55

6.2　财务会计工作基本内容 ……………………………………………… 57

专项突破　财务会计工作基本内容 ·· 57

6.3　会计假设与会计基础 ··· 58
专项突破1　会计基本假设 ··· 58
专项突破2　会计核算的基础 ·· 58

6.4　会计核算过程与会计等式 ·· 59
专项突破1　会计核算原则 ··· 59
专项突破2　会计核算的基本过程 ·· 60

6.5　会计监督 ··· 61
专项突破1　内部会计控制 ··· 61
专项突破2　会计监督 ·· 62

第7章　费用与成本 ··· 63

7.1　费用与成本的关系 ··· 63
专项突破1　企业支出分类 ··· 63
专项突破2　费用与成本的关系与区别 ·· 64

7.2　施工企业费用确认及计量 ·· 64
专项突破1　费用确认 ·· 64
专项突破2　存货计量 ·· 65
专项突破3　固定资产计量 ··· 66
专项突破4　固定资产折旧方法 ·· 67
专项突破5　无形资产计量与摊销 ·· 68

7.3　工程成本核算 ··· 68
专项突破1　成本核算方法 ··· 68
专项突破2　施工成本项目划分 ·· 69
专项突破3　工程成本核算过程 ·· 70

7.4　施工企业期间费用核算 ·· 71
专项突破　施工企业期间费用核算 ·· 71

第8章　收入 ··· 73

8.1　收入的分类、确认及计量 ·· 73
专项突破1　收入的概念 ·· 73
专项突破2　收入分类 ·· 74
专项突破3　收入的确认和计量 ·· 75

8.2　建造合同收入 ··· 76
专项突破1　建造合同的分立与合并 ·· 76
专项突破2　建造合同收入的内容 ·· 76
专项突破3　合同结果能够可靠估计的标准 ·· 77
专项突破4　确定建造合同完工进度的方法 ·· 78
专项突破5　建造合同收入的确认 ·· 79

第9章　利润与所得税费用 ··· 82

9.1　利润 ··· 82

专项突破1　利润的计算 ·· 82

专项突破2　利润分配 ·· 83

9.2　所得税费用 ··· 84

专项突破　所得税费用的计税基础和确认 ···························· 84

第10章　财务分析 ··· 87

10.1　财务报告构成及列报基本要求 ································· 87

专项突破1　财务报表的构成 ·· 87

专项突破2　利润表的内容 ·· 87

专项突破3　现金流量表的编制基础 ·································· 88

专项突破4　现金流量表的内容 ······································ 89

专项突破5　资产负债表、利润表、现金流量表的作用 ················ 90

专项突破6　财务报表附注的内容和作用 ······························ 91

专项突破7　财务报告列报的基本要求 ································ 91

10.2　财务分析方法 ·· 92

专项突破1　财务分析的常用方法 ···································· 92

专项突破2　财务比率的计算和分析 ·································· 94

专项突破3　财务指标综合分析——杜邦财务分析体系 ················ 97

第11章　筹资管理 ··· 99

11.1　筹资主体 ··· 99

专项突破1　筹集资金的方式 ·· 99

专项突破2　政府和社会资本合作模式 ································ 100

11.2　筹资方式 ·· 100

专项突破1　短期负债筹资与长期借款筹资的特点 ···················· 100

专项突破2　短期负债筹资的方式 ···································· 101

专项突破3　长期筹资的方式 ·· 102

11.3　资金成本分析 ·· 103

专项突破1　资金成本的概念和作用 ·································· 103

专项突破2　资金成本的计算 ·· 104

11.4　资本结构分析 ·· 105

专项突破1　资本结构的概念及影响因素 ······························ 105

专项突破2　资本结构决策的分析方法 ································ 105

第12章　营运资金管理 ··· 107

12.1　现金管理 ·· 107

专项突破1　现金管理目标和方法 ···································· 107

专项突破2　最佳现金持有量 ·· 108

12.2　应收账款管理 ·· 109

专项突破　应收账款管理 ·· 109

12.3　存货管理 ·· 110

专项突破1　存货决策 ·· 110

    专项突破2　存货管理的ABC分析法 ·· 111

12.4　短期负债管理 ··· 112

    专项突破1　商业信用的管理 ··· 112

    专项突破2　短期借款的管理 ··· 113

第3篇　工程计价

第13章　建设项目总投资构成及计算 ·· 115

13.1　建设项目总投资构成 ··· 115

    专项突破1　建设工程项目总投资的概念 ·· 115

    专项突破2　建设项目计价特点 ·· 116

13.2　设备及工器具购置费构成及计算 ·· 116

    专项突破1　设备原价的组成 ··· 116

    专项突破2　进口设备的交货方式 ··· 117

    专项突破3　进口设备抵岸价的构成与计算 ·· 118

    专项突破4　设备运杂费的构成与计算 ··· 120

13.3　建筑安装工程费用构成及计算 ··· 122

    专项突破1　按费用构成要素划分的建筑安装工程费用项目组成 ················ 122

    专项突破2　按造价形成划分的建筑安装工程费用项目组成 ····················· 125

13.4　工程建设其他费构成及计算 ·· 126

    专项突破　工程建设其他费构成及计算 ·· 126

13.5　预备费计算 ··· 128

    专项突破　预备费的构成与计算 ··· 128

13.6　增值税计算 ··· 130

    专项突破　增值税计算 ··· 130

13.7　建设期利息与流动资金计算 ·· 131

    专项突破1　建设期利息的计算 ·· 131

    专项突破2　流动资金估算 ·· 132

第14章　工程计价依据 ·· 133

14.1　工程造价管理标准体系与工程定额体系 ·· 133

    专项突破1　工程造价管理标准体系 ··· 133

    专项突破2　工程定额的分类 ··· 133

14.2　人工、材料与施工机具台班消耗量确定 ·· 135

    专项突破1　人工定额的编制 ··· 135

    专项突破2　工人工作时间消耗的分类 ··· 136

    专项突破3　人工定额的表现形式 ··· 138

    专项突破4　材料定额消耗量的确定 ··· 139

    专项突破5　非实体性材料（周转性材料）定额消耗量的确定 ················ 139

    专项突破6　机械工作时间消耗的分类 ··· 140

专项突破7 机械台班定额消耗量的确定 ⋯⋯⋯⋯⋯⋯⋯⋯⋯⋯⋯⋯⋯ 142

专项突破8 施工机械台班消耗量定额的表现形式 ⋯⋯⋯⋯⋯⋯⋯⋯ 143

14.3 人工、材料与施工机具台班单价确定 ⋯⋯⋯⋯⋯⋯⋯⋯⋯⋯⋯⋯⋯ 143

专项突破1 人工日工资单价确定方法 ⋯⋯⋯⋯⋯⋯⋯⋯⋯⋯⋯⋯⋯⋯ 143

专项突破2 材料单价确定方法 ⋯⋯⋯⋯⋯⋯⋯⋯⋯⋯⋯⋯⋯⋯⋯⋯⋯ 144

专项突破3 施工机械台班单价确定方法 ⋯⋯⋯⋯⋯⋯⋯⋯⋯⋯⋯⋯⋯ 146

专项突破4 施工仪器仪表台班单价确定方法 ⋯⋯⋯⋯⋯⋯⋯⋯⋯⋯⋯ 148

14.4 预算定额、概算定额与概算指标 ⋯⋯⋯⋯⋯⋯⋯⋯⋯⋯⋯⋯⋯⋯⋯ 149

专项突破1 预算定额的作用、编制原则及编制依据 ⋯⋯⋯⋯⋯⋯⋯⋯ 149

专项突破2 预算定额消耗量的确定 ⋯⋯⋯⋯⋯⋯⋯⋯⋯⋯⋯⋯⋯⋯⋯ 149

专项突破3 预算定额基价的确定 ⋯⋯⋯⋯⋯⋯⋯⋯⋯⋯⋯⋯⋯⋯⋯⋯ 151

专项突破4 概算定额的作用、编制原则及编制依据 ⋯⋯⋯⋯⋯⋯⋯⋯ 152

专项突破5 概算指标的作用、编制方法、内容和型式 ⋯⋯⋯⋯⋯⋯⋯ 153

14.5 工程造价指标与指数 ⋯⋯⋯⋯⋯⋯⋯⋯⋯⋯⋯⋯⋯⋯⋯⋯⋯⋯⋯⋯ 154

专项突破1 工程计价信息分类 ⋯⋯⋯⋯⋯⋯⋯⋯⋯⋯⋯⋯⋯⋯⋯⋯⋯ 154

专项突破2 工程造价指数的分类 ⋯⋯⋯⋯⋯⋯⋯⋯⋯⋯⋯⋯⋯⋯⋯⋯ 154

专项突破3 工程造价指标与工程造价指数的作用 ⋯⋯⋯⋯⋯⋯⋯⋯⋯ 155

第15章 设计概算与施工图预算 ⋯⋯⋯⋯⋯⋯⋯⋯⋯⋯⋯⋯⋯⋯⋯⋯⋯⋯⋯ 156

15.1 设计概算编制 ⋯⋯⋯⋯⋯⋯⋯⋯⋯⋯⋯⋯⋯⋯⋯⋯⋯⋯⋯⋯⋯⋯⋯ 156

专项突破1 设计概算的编制依据和工作程序 ⋯⋯⋯⋯⋯⋯⋯⋯⋯⋯⋯ 156

专项突破2 设计概算的内容和作用 ⋯⋯⋯⋯⋯⋯⋯⋯⋯⋯⋯⋯⋯⋯⋯ 157

专项突破3 设计概算的编制方法 ⋯⋯⋯⋯⋯⋯⋯⋯⋯⋯⋯⋯⋯⋯⋯⋯ 158

专项突破4 建设工程项目总概算的编制方法 ⋯⋯⋯⋯⋯⋯⋯⋯⋯⋯⋯ 160

15.2 施工图预算编制 ⋯⋯⋯⋯⋯⋯⋯⋯⋯⋯⋯⋯⋯⋯⋯⋯⋯⋯⋯⋯⋯⋯ 161

专项突破1 施工图预算的作用 ⋯⋯⋯⋯⋯⋯⋯⋯⋯⋯⋯⋯⋯⋯⋯⋯⋯ 161

专项突破2 施工图预算的编制形式、内容和依据 ⋯⋯⋯⋯⋯⋯⋯⋯⋯ 162

专项突破3 定额单价法编制单位工程施工图预算 ⋯⋯⋯⋯⋯⋯⋯⋯⋯ 163

专项突破4 实物量法编制单位工程施工图预算 ⋯⋯⋯⋯⋯⋯⋯⋯⋯⋯ 165

15.3 设计概算与施工图预算的审查 ⋯⋯⋯⋯⋯⋯⋯⋯⋯⋯⋯⋯⋯⋯⋯⋯ 166

专项突破1 内部审核和外部审查或评审 ⋯⋯⋯⋯⋯⋯⋯⋯⋯⋯⋯⋯⋯ 166

专项突破2 设计概算的审查内容 ⋯⋯⋯⋯⋯⋯⋯⋯⋯⋯⋯⋯⋯⋯⋯⋯ 166

专项突破3 设计概算审查的方法 ⋯⋯⋯⋯⋯⋯⋯⋯⋯⋯⋯⋯⋯⋯⋯⋯ 168

专项突破4 施工图预算的审查内容 ⋯⋯⋯⋯⋯⋯⋯⋯⋯⋯⋯⋯⋯⋯⋯ 168

专项突破5 施工图预算审查的方法 ⋯⋯⋯⋯⋯⋯⋯⋯⋯⋯⋯⋯⋯⋯⋯ 169

第16章 工程量清单计价 ⋯⋯⋯⋯⋯⋯⋯⋯⋯⋯⋯⋯⋯⋯⋯⋯⋯⋯⋯⋯⋯⋯ 171

16.1 工程量清单计价原理 ⋯⋯⋯⋯⋯⋯⋯⋯⋯⋯⋯⋯⋯⋯⋯⋯⋯⋯⋯⋯ 171

专项突破1 工程量清单的作用 ⋯⋯⋯⋯⋯⋯⋯⋯⋯⋯⋯⋯⋯⋯⋯⋯⋯ 171

专项突破2 工程量清单的编制程序 ⋯⋯⋯⋯⋯⋯⋯⋯⋯⋯⋯⋯⋯⋯⋯ 172

专项突破3 工程量清单计价的基本原理 ⋯⋯⋯⋯⋯⋯⋯⋯⋯⋯⋯⋯⋯ 173

专项突破4 工程量清单计价的一般规定 ··································· 174

专项突破5 计价风险 ·· 174

专项突破6 合同选择与要求 ·· 176

专项突破7 发包人提供材料与承包人提供材料 ······················· 176

16.2 工程量清单编制 ·· 177

专项突破1 工程量清单编制主体及依据 ·································· 177

专项突破2 分部分项工程项目清单的编制 ······························ 178

专项突破3 措施项目清单的编制 ·· 181

专项突破4 其他项目清单的编制 ·· 182

专项突破5 工程量清单总说明的编制 ····································· 182

16.3 最高投标限价编制 ··· 183

专项突破1 最高投标限价及其规定 ··· 183

专项突破2 最高投标限价的编制内容 ····································· 184

专项突破3 最高投标限价计价程序 ··· 186

16.4 投标报价编制 ··· 187

专项突破1 投标报价编制的一般规定 ····································· 187

专项突破2 投标报价的编制方法 ·· 188

16.5 合同价款约定 ··· 192

专项突破 合同价款的约定 ·· 192

第17章 工程计量与支付 ·· 194

17.1 工程计量 ··· 194

专项突破1 工程计量的一般规定 ·· 194

专项突破2 工程计量要求 ··· 195

17.2 合同价格调整 ··· 197

专项突破1 工程量清单缺陷引起的合同价格调整 ···················· 197

专项突破2 暂列金额引起的合同价格调整 ······························ 199

专项突破3 暂估价引起的合同价格调整 ·································· 199

专项突破4 总承包服务费引起的合同价格调整 ······················· 200

专项突破5 计日工引起的合同价格调整 ·································· 201

专项突破6 采用价格指数调差法进行价格调整 ······················· 202

专项突破7 采用价格信息调差法进行价格调整 ······················· 204

17.3 工程变更价款确定 ··· 205

专项突破1 工程变更价款确定 ··· 205

专项突破2 新增工程价款确定 ··· 206

专项突破3 工程变更价款调整方法的应用 ······························ 208

17.4 工程索赔 ··· 209

专项突破1 因法律法规与政策变化事件导致的工程索赔 ············ 209

专项突破2 因不可抗力事件导致的工程索赔 ··························· 210

专项突破3 因提前竣工（赶工）事件及工期延误导致的工程索赔 ···211

专项突破4 承包人索赔 ·· 212

专项突破5 索赔费用的组成与计算方法 ·························· 213

专项突破6 《标准施工招标文件》（2007年版）中承包人索赔可引用的条款 ··· 215

专项突破7 现场签证 ·· 217

17.5 合同价款期中支付 ·· 218

专项突破1 预付款 ··· 218

专项突破2 安全生产措施费 ·· 219

专项突破3 进度款 ··· 220

17.6 结算与支付 ·· 221

专项突破1 施工过程结算 ·· 221

专项突破2 竣工结算 ·· 223

专项突破3 合同解除结算 ·· 224

专项突破4 质量保证金的处理 ·· 225

专项突破5 工程保修 ·· 226

17.7 合同价款争议的解决 ··· 227

专项突破 合同价款争议的解决 ·· 227

第18章 工程总承包计价 ··· 228

18.1 工程总承包计价原理 ··· 228

专项突破1 工程总承包模式的适用情形 ····························· 228

专项突破2 工程总承包计价方式 ······································ 228

专项突破3 工程总承包费用项目构成 ································· 229

专项突破4 工程总承包费用项目清单 ································· 230

18.2 工程总承包最高投标限价与投标报价编制 ················· 231

专项突破1 工程总承包最高投标限价的编制内容 ················· 231

专项突破2 工程总承包投标报价编制 ································· 231

18.3 工程总承包合同价款约定 ······································· 232

专项突破1 合同价款约定的基本事项及计价风险 ················· 232

专项突破2 合同价款支付分解表 ······································ 233

18.4 工程总承包合同价款调整与索赔 ····························· 234

专项突破1 工程变更引起的合同价款调整 ·························· 234

专项突破2 物价波动引起的合同价款调整 ·························· 234

专项突破3 工程总承包合同索赔规定 ································· 235

18.5 工程总承包项目结算与支付 ···································· 236

专项突破1 进度款结算与支付 ·· 236

专项突破2 竣工结算与支付 ··· 236

第19章 国际工程投标报价 ··· 238

19.1 国际工程投标报价构成及程序 ································· 238

专项突破1 国际工程投标报价的组成 ································· 238

专项突破2 国际工程投标报价的程序 ································· 239

19.2 国际工程投标报价编制 ··241

专项突破1 分项工程的单价分析 ··241

专项突破2 标价的分析方法及投标报价决策的影响因素 ··············241

19.3 国际工程投标报价技巧 ··242

专项突破1 根据招标项目的不同特点采用不同报价 ·····················242

专项突破2 不平衡报价法 ···243

专项突破3 其他投标报价技巧 ··243

第20章 工程计价数字化与智能化 ··245

20.1 BIM在工程计价中的应用 ··245

专项突破1 BIM的特征及应用实施策略 ···245

专项突破2 BIM在工程计价中的应用 ···246

专项突破3 BIM应用效果评价 ··247

20.2 人工智能在工程计价中的应用 ··248

专项突破1 人工智能概述 ···248

专项突破2 人工智能在工程计价中的具体应用 ······························248

20.3 大数据在工程计价中的应用 ··249

专项突破1 大数据的特征、分类及应用流程 ·································249

专项突破2 大数据在工程计价中的具体应用 ·································250

13

全国一级建造师执业资格考试答题方法及评分说明

全国一级建造师执业资格考试设《建设工程经济》《建设工程项目管理》《建设工程法规及相关知识》三个公共必考科目和《专业工程管理与实务》十个专业选考科目（专业科目包括建筑工程、公路工程、铁路工程、民航机场工程、港口与航道工程、水利水电工程、矿业工程、机电工程、市政公用工程和通信与广电工程）。

《建设工程经济》《建设工程项目管理》《建设工程法规及相关知识》三个科目的考试试题为客观题。《专业工程管理与实务》科目的考试试题包括客观题和主观题。

一、客观题答题方法及评分说明

1. 客观题答题方法

客观题题型包括单项选择题和多项选择题。对于单项选择题来说，备选项有4个，选对得分，选错不得分也不扣分，建议考生宁可错选，不可不选。对于多项选择题来说，备选项有5个，在没有把握的情况下，建议考生宁可少选，不可多选。

在答题时，可采取下列方法：

（1）直接法。这是解常规的客观题所采用的方法，就是考生选择认为一定正确的选项。

（2）排除法。如果正确选项不能直接选出，应首先排除明显不全面、不完整或不正确的选项，正确的选项几乎是直接来自于考试教材或者法律法规，其余的干扰选项要靠命题者自己去设计，考生要尽可能多排除一些干扰选项，这样就可以提高选择出正确答案的概率。

（3）比较法。直接把各备选项加以比较，并分析它们之间的不同点，集中考虑正确答案和错误答案关键所在。仔细考虑各个备选项之间的关系。不要盲目选择那些看起来、读起来很有吸引力的错误选项，要去误求正、去伪存真。

（4）推测法。利用上下文推测词义。有些试题要从句子中的结构及语法知识推测入手，配合考生自己平时积累的常识来判断其义，推测出逻辑的条件和结论，以期将正确的选项准确地选出。

2. 客观题评分说明

客观题部分采用机读评卷，必须使用2B铅笔在答题卡上作答，考生在答题时要严格按照要求，在有效区域内作答，超出区域作答无效。每个单项选择题只有1个最符合题意，就是4选1。每个多项选择题有2个或2个以上符合题意，至少有1个错项，就是5选2~4，并且错选本题不得分，少选，所选的每个选项得0.5分。考生在涂卡时应注意答题卡上的选项是横排还是竖排，不要涂错位置。涂卡应清晰、厚实、完整，保持答题卡干净整洁，涂卡时应完整覆盖且不超出涂卡区域。修改答案时要先用橡皮擦将原涂卡处擦干净，再涂新答案，避免在机读评卷时产生干扰。

二、主观题答题方法及评分说明

1. 主观题答题方法

主观题题型是实务操作和案例分析题。实务操作和案例分析题是通过背景资料阐述一个项目在实施过程中所开展的相应工作，根据这些具体的工作下提出若干小问题。

实务操作和案例分析题的提问方式及作答方法如下：

（1）补充内容型。一般应按照教材将背景资料中未给出的内容都回答出来。

（2）判断改错型。首先应在背景资料中找出问题并判断是否正确，然后结合教材、相关规范进行改正。需要注意的是，考生在答题时，有时不能按照工作中的实际做法来回答问题，因为根据实际做法作为答题依据得出的答案和标准答案之间存在很大差距，即使答了很多，得分也很低。

（3）判断分析型。这类型题不仅要求考生答出分析的结果，还需要通过分析背景资料来找出问题的突破口。需要注意的是，考生在答题时要针对问题作答。

（4）图表表达型。结合工程图及相关资料表回答图中构造名称、资料表中缺项内容。需要注意的是，关键词表述要准确，避免画蛇添足。

（5）分析计算型。充分利用相关公式、图表和考点的内容，计算题目要求的数据或结果。最好能写出关键的计算步骤，并注意计算结果是否有保留小数点的要求。

（6）简单论答型。这类型题主要考查考生记忆能力，一般情节简单、内容覆盖面较小。考生在回答这类型题时要直截了当，有什么答什么，不必展开论述。

（7）综合分析型。这类型题比较复杂，内容往往涉及不同的知识点，要求回答的问题较多，难度很大，也是考生容易失分的地方。要求考生具有一定的理论水平和实际经验，对教材知识点要熟练掌握。

2. 主观题评分说明

主观题部分评分是采取网上评分的方法来进行，为了防止出现评卷人的评分宽严度差异对不同考生产生影响，每个评卷人员只评一道题的分数。每份试卷的每道题均由2位评卷人员分别独立评分，如果2人的评分结果相同或很相近（这种情况比例很大）就按2人的平均分为准。如果2人的评分差异较大超过4～5分（出现这种情况的概率很小），就由评分专家再独立评分一次，然后用专家所评的分数和与专家评分接近的那个分数的平均分数为准。

主观题部分评分标准一般以准确性、完整性、分析步骤、计算过程、关键问题的判别方法、概念原理的运用等为判别核心。标准一般按要点给分，只要答出要点基本含义一般就会给分，不恰当的错误语句和文字一般不扣分，要点分值最小一般为0.5分。

主观题部分作答时必须使用黑色墨水笔书写作答，不得使用其他颜色的钢笔、铅笔、签字笔和圆珠笔。作答时字迹要工整、版面要清晰。因此书写不能离密封线太近，密封后评卷人不容易看到；书写的字不能太粗、太密、太乱，最好买支极细笔，字体稍微书写大点、工整点，这样看起来工整、清晰，评卷人也愿意多给分。

主观题部分作答应避免答非所问，因此考生在考试时要答对得分点，答出一个得分点就给分，说的不完全一致，也会给分，多答不会给分的，只会按点给分。不明确用到什么规范的情况就用"强制性条文"或者"有关法规"代替，在回答问题时，只要有可能，就在答题的内容前加上这样一句话：根据有关法规或根据强制性条文，通常这些是得分点之一。

　　主观题部分作答应言简意赅，并多使用背景资料中给出的专业术语。考生在考试时应相信第一感觉，往往很多考生在涂改答案过程中，"把原来对的改成错的"这种情形有很多。在确定完全答对时，就不要展开论述，也不要写多余的话，能用尽量少的文字表达出正确的意思就好，这样评卷人看得舒服，考生自己也能省时间。如果答题时发现错误，不得使用涂改液等修改，应用笔画个框圈起来，打个"×"即可，然后再找一块干净的地方重新书写。

第1篇　工程经济

第1章　资金时间价值计算及应用

1.1　利息的计算

专项突破1　利息和利率

项目	内容
利息	在资金债权债务关系中，债务人支付给债权人的资金总额超过其最初从债权人所获资金数额的部分，称为利息。不包括因建立债权债务关系而由债务人支付的评估费、保险费等费用，也不包括债权人为实现债权的诉讼费、保全费、执行费等费用。 　　利息是资金收益或使用代价的绝对数
利率	利率，也称利息率，是单位时间内应得或应付利息额与本金之比。利率是资金收益或使用代价的相对数，表示资金的增值程度。 　　利率由以下因素决定： 　　（1）社会平均利润率的高低。利率与社会平均利润率同向波动，社会平均利润率是利率的最高界限【2015年、2023年考过】。社会平均利润率是决定利率水平的首要因素。 　　（2）资金市场供求对比状况。在社会平均利润率不变的情况下，市场上资金供过于求，利率下降；求过于供，利率上升。【2023年考过】 　　（3）借出资金的用途和方式。借出资金的用途和使用方式不同，资金回收的风险不同，风险越大，要求利率越高。【2015年、2023年考过】 　　（4）借出资金期限的长短。期限越长，不可预见因素越多，风险越大，利率就高；反之利率就低。【2015年、2023年考过】 　　（5）政府宏观调控政策。政府通过信贷政策调控宏观经济，影响市场利率波动。 　　（6）经济周期所处阶段。在经济周期的扩张期利率上升，而在经济衰退期利率下降

重点难点专项突破

1. 本考点需要重点掌握利率高低的影响因素。

2. 本考点可能会这样命题：

（1）影响利率的因素有多种，通常情况下，利率的最高界限是（　　　）。

A. 社会最大利润率　　　　　　　　B. 社会平均利润率

C. 社会最大利税率　　　　　　　　D. 社会平均利税率

【答案】B

（2）关于影响利率高低因素的说法，正确的有（　　　）。

专项突破2　利息的计算

例题： 某企业以单利计息的方式年初借款1000万元，年利率为6%，每年末支付利息，第5年末偿还全部本金，则第3年末应支付的利息为（　　）万元。**【2019年真题】**

A. 300.00　　　　　　　　　　B. 180.00

C. 71.46　　　　　　　　　　D. 60.00

【答案】D

重点难点专项突破

1. 单利计息时，仅用最初本金来做计息基数，而不计先前产生的利息。复利计息时，先前周期上所累积的利息也要计算利息。该采分点主要以计算题为主，一般在题干中都会给出是采用哪种计息方式，题目也比较简单。本考点在2010年、2011年、2012年、2013年、2014年、2017年、2019年均进行了考核，要重点掌握。

2. 每年年末支付利息，属于单利计息，则第3年末应支付利息为：$1000 \times 6\% = 60$万元。

3. 上述例题是单利法计算利息，再来看一道复利法计算利息的题目：

某银行给企业贷款100万元，年利率为4%，贷款年限3年，到期后企业一次性还本付息，利息按复利每半年计息一次，到期后企业应支付给银行的利息为（　　）万元。

A. 12.000　　　　　　　　　　B. 12.616

C. 24.000　　　　　　　　　　D. 24.973

【答案】B

【解析】因为是按复利每半年计息一次，所以首先要计算有效利益，也就是半年有效利率。半年有效利率$= 4\%/2 = 2\%$。3年后复本利和$= 100 \times (1 + 2\%)^{2 \times 3} = 112.616$万元；到期后企业应支付给银行的利息$= 112.616 - 100 = 12.616$万元。这是按周期有效利率来计算的方法。还有一种方法是按年有效利率来计算：年有效利率$= (1 + 4\%/2)^2 - 1 = 4.04\%$。3年后复本利和$= 100 \times (1 + 4.04\%)^3 = 112.616$万元；到期后企业应支付给银行的利息$= 112.616 - 100 = 12.616$万元。

4. 考试时主要考核单利法，在计算利息时，还应该注意一个细节，借款是在年初借入还是在年内均衡借入，年初借入按整年来算，年内均衡借入按年中借入（即半年）来算。题中如无特别指出，我们认为是年初借入。下面做几道题目来巩固一下：

（1）某施工企业年初从银行借款200万元，按季度计息并支付利息，季度利率为

5

1.5%，则该企业一年支付的利息总计为（　　　）万元。

    A．6.00　　　　　　　　　　　　　B．6.05

    C．12.00　　　　　　　　　　　　D．12.27

【答案】C

【解析】按季度计息并支付利息，则该企业一年支付的利息＝200×1.5%×4＝12.00万元。

（2）某企业借款1000万元，期限2年，年利率为8%，按年复利计息，到期一次性还本付息，则第2年应计的利息为（　　　）万元。

    A．40.0　　　　　　　　　　　　　B．80.0

    C．83.2　　　　　　　　　　　　　D．86.4

【答案】D

【解析】年有效利率是8%，计算第2年应计的利息时，第1年的利息在第2年已成为本金，还应该计算利息，即（1000＋1000×8%）×8%＝86.4万元。本题如果按单利来算，计算结果就是选项B。

1.2　名义利率与有效利率计算

专项突破　名义利率与有效利率计算

例题：某企业面对金融机构提出的四种存款条件，相关数据见下表，最有利的选择是（　　　）。【2019年真题】

存款条件	年计息次数	年名义利率
条件一	1	5%
条件二	2	4%
条件三	4	3%
条件四	12	2%

    A．条件一　　　　　　　　　　　　B．条件二

    C．条件三　　　　　　　　　　　　D．条件四

【答案】A

重点难点专项突破

1．2009—2024年每年都对本考点进行考核，由此可见其重要性。

2．名义利率与有效利率的换算见下表。

年名义利率	计息期	年计息次数（m）	年有效利率	半年有效利率	季有效利率	月有效利率
r	年	1	r	$(1+r)^{\frac{1}{2}}-1$	$(1+r)^{\frac{1}{4}}-1$	$(1+r)^{\frac{1}{12}}-1$
	半年	2	$\left(1+\dfrac{r}{2}\right)^{2}-1$	$\dfrac{r}{2}$	$\left(1+\dfrac{r}{2}\right)^{\frac{1}{2}}-1$	$\left(1+\dfrac{r}{2}\right)^{\frac{1}{6}}-1$
	季	4	$\left(1+\dfrac{r}{4}\right)^{4}-1$	$\left(1+\dfrac{r}{4}\right)^{2}-1$	$\dfrac{r}{4}$	$\left(1+\dfrac{r}{4}\right)^{\frac{1}{3}}-1$
	月	12	$\left(1+\dfrac{r}{12}\right)^{12}-1$	$\left(1+\dfrac{r}{12}\right)^{6}-1$	$\left(1+\dfrac{r}{12}\right)^{3}-1$	$\dfrac{r}{12}$

对公式的理解：

（1）公式中"$\dfrac{r}{m}$"的m＝计息的次数。

（2）指数中的m＝所求有效利率的时间单位÷计息周期的时间单位。

3. 上述例题题目看似复杂，其实难度不大，只需要将存款条件的计息方式换算为有效利率进行比较取最大。2020年考核的也是类似题目。上述例题的计算过程如下：

条件一：$i＝5\%$

条件二：$i＝(1+4\%/2)^{2}-1=4.04\%$

条件三：$i＝(1+3\%/4)^{4}-1=3.03\%$

条件四：$i＝(1+2\%/12)^{12}-1=2.02\%$

存款选择有效利率较大者，故此选项A正确。

4. 本考点可能会这样命题：

（1）某项贷款年名义利率为10%，半年复利计息一次，则该项贷款的年有效利率为（　　）。

A. 10.25% 　　　　　　　　　　　B. 10.38%

C. 10.43% 　　　　　　　　　　　D. 10.50%

【答案】A

【解析】该项贷款的年有效利率＝$(1+10\%/2)^{2}-1=10.25\%$。

（2）某企业拟从金融机构借入一笔期限5年的资金，四种计息方案见下表：

方案	贷款利率	计息方式
方案一	年利率5%	按年单利计息，当期支付利息
方案二	年利率5%	按年复利计息，到期还本付息
方案三	月利率0.4%	按年单利计息，当期支付利息
方案四	月利率0.4%	按年复利计息，到期还本付息

在其他条件相同的情况下，仅从资金使用成本考虑，最佳的方案是（　　）。【2024年真题】

A. 方案一   B. 方案二

C. 方案三   D. 方案四

【答案】C

【解析】从资金使用成本考虑，选择最佳的方案是选择利率最小的方案。

方案一与方案二比较：年利率均为5%，选单利方案一利息少。

方案三与方案四比较：月利率均为0.4%，选单利方案三利息少。

方案一与方案三比较：方案一年利率5%，方案三年利率＝0.4%×12＝4.8%，选年利率小的方案三。

5. 有效利率和名义利率还会结合现值或终值综合考核，比如2022年、2023年真题：

（1）某公司年初存入银行100万元，年名义利率4%，按季复利计息。第5年末该笔存款本利和约为（   ）万元。**【2023年真题】**

A. 117.258   B. 121.665

C. 122.019   D. 126.973

【答案】C

【解析】年有效利率 $i=(1+4\%/4)^4-1=0.0406=4.06\%$，第5年末该笔存款本利和 $F=P(1+i)^n=100\times(1+4.06\%)^5=122.019$ 万元。

（2）企业年初借入一笔资金，年名义利率为6%，按季度复利计息，年末本利和为3184.09万元，则年初借款金额是（   ）万元。**【2022年真题】**

A. 3003.86   B. 3000.00

C. 3018.03   D. 3185.03

【答案】B

【解析】年有效利率 $i=(1+6\%/4)^4-1=6.136\%$，则年初借款金额 $P=3184.09/(1+6.136\%)=3000.00$ 万元。

1.3   资金等值计算及应用

专项突破1   资金时间价值的影响因素

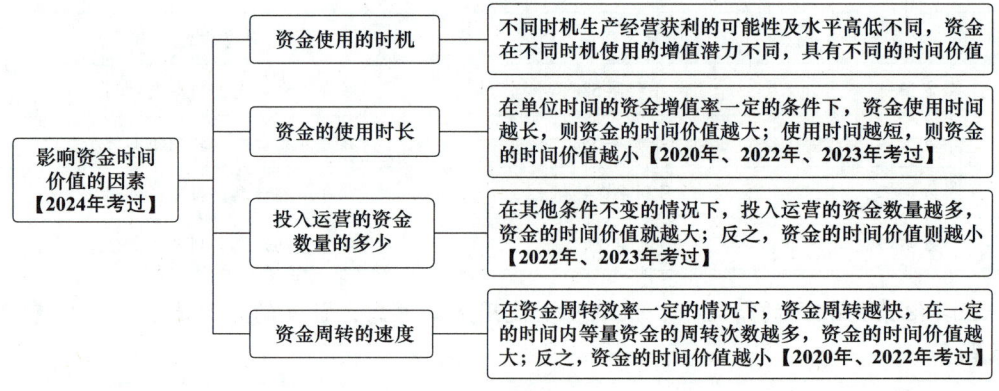

1. 资金有时间价值，即使金额相同，发生在不同时间，其价值就不相同。影响资金时间价值的因素可以这样记忆：

（1）使用时长：时间越长，时间价值越大——正比。

（2）数量多少：数量越多，时间价值越大——正比。

（3）周转速度：次数越多，时间价值越大——正比。

2. 本考点有三种考核题型：

第一种：对资金时间价值影响因素的表述题目【2020年、2022年、2023年考过】，比如：关于资金时间价值的说法，正确的是（　　　）。

第二种：多项选择题考核影响资金时间价值的因素【2024年考过】。一般会这样命题：

下列与资金有关的因素中，属于直接影响资金时间价值的因素有（　　　）。【2024年真题】

A. 资金使用的时机　　　　　　　　B. 资金的使用时长

C. 资金的筹措方式　　　　　　　　D. 投入的资金数量

E. 资金的周转速度

【答案】A、B、D、E

第三种：综合分析题，比如：给出某单位备选方案投资及收益情况，判断对该单位较为有利的方案。【2019年考过】

专项突破2　现金流量图的绘制

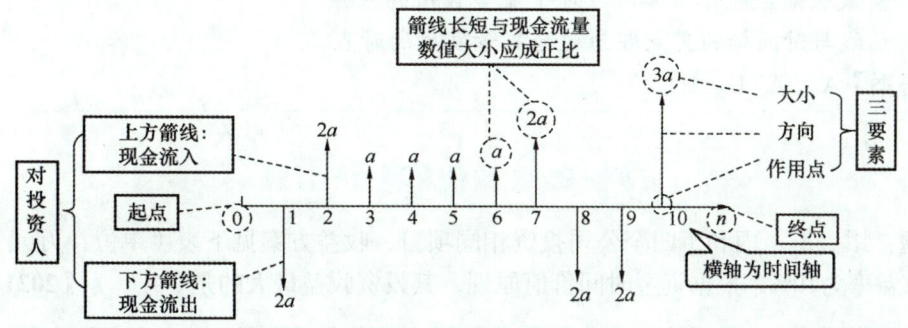

1. 首先要掌握上图中现金流量图各要素的表示。

2. 从历年考试情况来看，现金流量图的绘制，主要有两种命题形式：

（1）绘制现金流量图的三要素，这会是一道多项选择题，比如：

绘制现金流量图需要把握的现金流量的要素有（　　　）。【2010年真题】

A. 现金流量的大小　　　　　　　　B. 绘制比例

C. 时间单位　　　　　　　　　　　D. 现金流入或流出

（2）关于现金流量图绘制规则表述的题目。主要掌握以下知识点：

① 以横轴为时间轴，向右延伸表示时间的延续。**【2011年、2013年、2017年考过】**

② 轴上每一刻度表示一个时间单位，可取年、半年、季或月。

③ 时间轴上的点称为时点。

④ 0表示时间序列的起点；n表示时间序列的终点。

⑤ 箭线方向表示现金流量的方向，时间轴上方的箭线表示现金流入，下方的箭线表示现金流出。一项资金收付是现金流入还是流出，取决于分析的视角。

⑥ 在现金流量图中，箭线长短相对表示现金流量数值大小。

⑦ 箭线长短只要能适当体现各时点现金流量数值的差异即可，在各箭线上方（或下方）注明其现金流量的数值。**【2011年、2013年考过】**

⑧ 箭线与时间轴的交点即为现金流量发生的时点（作用点）。**【2011年、2012年、2017年考过】**

⑨ 绘制现金流量图需要把握现金流量的大小（资金数额）、方向（资金流入或流出）和作用点（资金流入或流出的时间点）。**【2010年考过】**

3. 本考点可能会这样命题：

关于现金流量图绘制规则的说法，正确的有（　　　　）。

A. 横轴为时间轴，向右延伸表示时间的延续

B. 对投资人而言，横轴上方的箭线表示现金流出

C. 时间轴上的点称为时点，0表示时间序列的起点

D. 箭线长短应能体现各时点现金流量数值的差异

E. 箭线与时间轴的交点即为现金流量发生的时点

【答案】A、C、D、E

专项突破3　终值和现值的计算

例题：甲、乙、丙和丁四个公司投资相同项目，收益方案见下表（单位：万元），若社会平均收益率为10%，根据资金时间价值原理，其投资收益最大的是（　　　　）。**【2021年真题】**

公司	第1年	第2年	第3年	合计
甲公司	200	500	300	1000
乙公司	200	400	400	1000
丙公司	300	500	200	1000
丁公司	300	400	300	1000

A. 甲公司　　　　　　　　　　　B. 乙公司

C. 丙公司　　　　　　　　　　　D. 丁公司

【答案】C

重点难点专项突破

1. 本考点在2010年、2012年、2013年、2014年、2015年、2016年、2018年、2020年、2021年、2023年、2024年均以单项选择题形式进行了考核。首先来学习终值和现值的计算，见下表。

类别	问题	系数表达式	计算公式
一次支付终值（已知P求F）	现在投入的一笔资金，在n年末一次收回（本利和）多少	$F = P(F/P, i, n)$	$F = P(1+i)^n$
一次支付现值（已知F求P）	希望n年末有一笔资金，现在需要一次投入多少	$P = F(P/F, i, n)$	$P = F(1+i)^{-n}$
等额支付系列终值（已知A求F）	从现在起每年末投入的一笔等额资金，在n年末一次收回（本利和）是多少	$F = A(F/A, i, n)$	$F = A[(1+i)^n - 1]/i$
等额支付系列现值（已知A求P）	希望n年内每年末收回等额资金，开始需要一次投资多少	$P = A(P/A, i, n)$	$P = \dfrac{A[(1+i)^n - 1]}{i(1+i)^n}$
偿债基金计算（已知F求A）	希望在n年末有一笔资金，在n年内每年末需要等额投入多少	$A = F(A/F, i, n)$	$A = F\{i/[(1+i)^n - 1]\}$
资金回收计算（已知P求A）	现在投入的一笔资金在n年内每年末的收益是多少	$A = P(A/P, i, n)$	$A = P[i(1+i)^n]/[(1+i)^n - 1]$

> 对上述公式的理解：
>
> 由于一次支付终值与一次支付现值的计算互为逆运算，因此只记住其一就可以。在P一定、n相同时，i越高，F越大；在i相同时，n越大，F越大。在F一定，n相同时，i越高，P越小；在i相同时，n越大，P越小【2022年考过】。如果在考试时对这两个公式中的n次方或-n次方混淆时，你可以这样来理解：由于资金是随着时间的推移而增值的，因此终值会大于现值，就很容易知道求终值时采用的是n次方，而求现值时采用的是-n次方。

2. 学习了上面的内容，再来看下上述例题如何解答，投资收益最大的收益方案可以通过比较各收益方案终值的大小来确定。

甲公司：$F = 200 \times (1 + 10\%)^2 + 500 \times (1 + 10\%) + 300 = 1092$万元

乙公司：$F = 200 \times (1 + 10\%)^2 + 400 \times (1 + 10\%) + 400 = 1082$万元

丙公司：$F = 300 \times (1 + 10\%)^2 + 500 \times (1 + 10\%) + 200 = 1113$万元

丁公司：$F = 300 \times (1 + 10\%)^2 + 400 \times (1 + 10\%) + 300 = 1103$万元

所以投资收益最大的是丙公司。

3. 下面再做几道题目来巩固练习：

（1）某企业希望未来5年每年年末等额投入一笔资金，用于偿还第5年年末的借款本息和2000万元，年收益率4%，按年复利计算，该企业每年年末应投入的资金是（　　）万元。【2024年真题】

A. 369.254 　　　　　　　　　　　　　B. 449.254

C. 470.980 D. 550.980

【答案】A

【解析】已知终值求年金，根据公式 $F = A \frac{(1+i)^n - 1}{i}$，则 $2000 = A \times [(1+4\%)^5 - 1] / 4\%$，则 $A = 369.254$ 万元。

（2）某施工企业拟从银行借款500万元，期限5年，年利率8%，按复利计息，则企业支付本利和最多的还款方式是（　　）。【2016年真题】

A. 每年年末偿还当期利息，第5年末一次还清本金

B. 第5年末一次还本付息

C. 每年末等额本金还款，另付当期利息

D. 每年末等额本息还款

【答案】B

【解析】解答本题的关键是对题目进行定性分析，而非定量计算。本利和最多的方式，是过程中没有偿还过本金或者利息的方案，因为一旦本金或者利息被偿还，则使得下一期年初计算利息的基数（本金）变小，这样最终的本利和肯定是减小了，本题中B选项的还款方式是过程中未偿本金或利息，所以需要付的本利和最多。

（3）施工单位从银行贷款2000万元，月利率为0.8%，按月复利计息，两月后应一次性归还银行本息共计（　　）万元。

A. 2008.00 B. 2016.00

C. 2016.09 D. 2032.13

【答案】D

【解析】$F = 2000 \times (1 + 0.8\%)^2 = 2032.13$ 万元。

（4）某项目年初向银行借款1000万元，年利率3%，按年复利计息，从借款年当年末起连续3年末等额还本付息，则每年末应偿还的金额为（　　）万元。

A. 323.53 B. 343.61

C. 353.53 D. 364.00

【答案】C

【解析】每年末应偿还的金额 $= 1000 \times 3\% \times (1+3\%)^3 / [(1+3\%)^3 - 1] = 353.53$ 万元。

第2章 经济效果评价

2.1 经济效果评价内容

专项突破1 经济效果评价的分类和内容

例题：经济效果评价是采用科学的分析方法，对拟建项目的各种建设方案的财务可行性和经济合理性进行分析论证，为项目的投资、建设提供科学的决策依据。对于非经营性项目，财务分析应主要分析（ ）。【2012年考过】

A. 盈利能力   B. 偿债能力

C. 财务生存能力   D. 抗风险能力

【答案】C

重点难点专项突破

1. 本考点还可以考核的题目有：

（1）方案财务评价的内容侧重于（A、B、C）的评价分析。

（2）对于经营性方案，财务分析主要分析项目的（A、B、C）。【2022年考过】

> 选项D是易出现的干扰选项。选项C，财务生存能力分析也称财务可持续能力分析。

2. 经济效果评价中动态分析的期限：建设期和运营期，运营期分为投产期和达产期。【2016年考过】

专项突破2 经济效果评价方法分类

例题：按经济效果评价结果的肯定程度不同，经济效果评价可分为（ ）。

A. 确定性评价   B. 不确定性评价

C. 定量分析   D. 定性分析

E. 静态分析   F. 动态分析

G. 融资前分析   H. 融资后分析

【答案】A、B

1. 本考点还可以考核的题目有：

（1）对同一个方案必须同时进行（A、B）。【2024年考过】

（2）按评价方法的性质不同，经济效果评价分为（C、D）。【2024年考过】

（3）对于定量分析，按其<u>是否考虑时间因素又可分为</u>（E、F）。

> 上述画线部分在2011年作为采分点考核过单项选择题，是这样命题的：将方案经济效果评价分为静态分析和动态分析的依据是（　　　）。

（4）按评价是否考虑融资，经济效果评价可分为（G、H）。

（5）对可度量因素的分析方法是（C）。

（6）对无法精确度量的重要因素实行估量分析的方法是（D）。

2. 一般进行经济效果评价中用到的财务内部收益率、财务净现值、投资回收期、投资收益率、资产负债率等分析，均属于确定性评价方法【2024年考过】。不确定性分析主要包括盈亏平衡分析和敏感性分析。【2024年考过】

3. 融资前分析排除了融资方案变化的影响，从方案本身的总获利能力的角度，考查方案本身设计的合理性。【2024年考过】

4. 考查方案在拟定融资条件下的盈利能力、偿债能力和财务可持续能力，判断方案在融资条件下的可行性。

2.2　经济效果评价指标体系

专项突破1　常用的经济效果评价指标

例题：下列方案经济效果评价指标中，属于静态评价指标的有（　　　）。

A. 投资收益率

B. 静态投资回收期

C. 利息备付率【2013年考过】

D. 偿债备付率【2024年考过】

E. 资产负债率【2011年、2018年考过】

F. 流动比率【2011年、2013年、2017年、2018年、2021年考过】

G. 速动比率【2013年、2020年、2024年考过】

H. 财务净现值

I. 净现值率【2024年考过】

J. 费用现值

K. 净年值

L. 费用年值【2024年考过】

M. 内部收益率【2024年考过】

N．动态投资回收期

O．效益费用比

【答案】A、B、C、D、E、F、G

重点难点专项突破

1．本考点还可以考核的题目有：

（1）下列方案经济效果评价指标中，属于动态评价指标的有（H、I、J、K、L、M、N、O）。【2024年真题题干】

（2）下列方案经济效果评价指标中，属于价值型指标的有（H、J、K、L）。

（3）下列方案经济效果评价指标中，属于时间型指标的有（B、N）。

（4）下列方案经济效果评价指标中，属于比率型指标的有（A、C、D、E、F、G、I、L、M、O）。

（5）下列方案经济效果评价指标中，属于偿债能力分析指标的有（C、D、E、F、G）。【2013年、2017年、2020年考过】

（6）下列方案经济效果评价指标中，属于盈利能力分析指标的有（A、B、H、I、J、K、L、M、N、O）。

（7）下列方案经济效果评价指标中，属于盈利能力静态评价指标的有（A、B）。

（8）下列方案经济效果评价指标中，属于盈利能力动态评价指标的有（H、I、J、K、L、M、N、O）。【2021年考过】

2．上述备选项在考试时相互作为干扰选项出现，考核题型也就是例题题型，单项选择题、多项选择题都会考核。

专项突破2　盈利能力分析指标的优缺点

例题：采用静态投资回收期评价方案经济效果的不足有（　　　）。

A．没有全面地考虑方案整个计算期内现金流量

B．只考虑回收之前的效果，不能反映投资回收之后的情况，无法准确衡量方案在整个计算期内的经济效果【2011年考过】

C．只能作为辅助评价指标，或与其他评价指标结合应用

D．必须先确定一个符合经济现实的折现率或基准收益率，该折现率的设定往往是比较困难的

E．不能直接反映方案单位投资的收益水平

F．不能反映投资回收的速度

G．计算比较麻烦

H．对于非常规现金流量的方案来讲，在某些情况下可能不存在或有多个解

【答案】A、B、C

1. 本考点还可以考核的题目有：

（1）采用财务净现值评价方案经济效果的缺点有（D、E、F）。

（2）采用财务内部收益率评价方案经济效果的缺点有（G、H）。

2. 上述题目列举各个指标的缺点，我们通过下面这道题目来对比记忆各个指标的优点：

利用静态投资回收期指标评价方案经济效果的优点是（　　）。

A. 指标的计算简便

B. 指标容易理解

C. 可以反映方案原始投资的补偿速度和方案投资风险大小

D. 考虑了资金的时间价值，并全面考虑了方案在整个计算期内现金流量的时间分布的状况

E. 经济意义明确直观，能够直接以货币额表示方案的盈利水平

F. 大小完全取决于方案投资过程净现金流量系列的情况，不受外部参数影响

【答案】A、B、C

就各个指标的优点还可能考核以下题目：

（1）采用财务净现值指标评价方案经济效果的优点是（D、E）。

（2）采用财务内部收益率法评价方案经济效果的优点是（D、F）。

（3）采用财务净现值和财务内部收益率指标评价技术方案经济效果的共同特点是（D）。

3. 方案经济评价主要指标的优缺点考试还会以判断正确与错误说法的题目考核，比如：关于财务内部收益率的说法，正确的是（　　）。【2021年真题题干】

专项突破3　静态投资回收期分析

例题：某方案的现金流量见下表，设基准收益率（折现率）为8%，则静态投资回收期为（　　）年。【2019年真题】

计算期（年）	0	1	2	3	4	5	6	7
现金流入（万元）	—	—	—	800	1200	1200	1200	1200
现金流出（万元）	—	600	900	500	700	700	700	700

A. 2.25　　　　　　　　　　　　B. 3.58

C. 5.40　　　　　　　　　　　　D. 6.60

【答案】C

1. 本考点在2009年、2010年、2012年、2013年、2015年、2016年、2017年、

2018年、2019年、2020年、2023年均有考核，考试时主要考核计算题目。静态投资回收期的计算又分为两种情况，一是各年净收益（净现金流量）均相同时；二是各年的净收益不同时。2019年的这道题目考核的是第二种情况，首先通过2019年这道题目学习这类型题目的解答。

方案净现金流量及累计净现金流量的计算见下表：

计算期（年）	0	1	2	3	4	5	6	7
现金流入（万元）	—	—	—	800	1200	1200	1200	1200
现金流出（万元）	—	600	900	500	700	700	700	700
净现金流量	−600	−900	300	500	500	500	500	500
累计净现金流量	−600	−1500	−1200	−700	−200	300	800	

$$静态投资回收期P_t=（累计净现金流量首次出现正值或零的年份数-1）+\frac{上一年累计净现金流量的绝对值}{首次出现正值年份的净现金流量}$$

上述例题中，静态投资回收期＝$（6-1）+\frac{|-200|}{500}$＝5.4年。

2. 接下来通过一道例题来学习，方案实施后各年净收益均相同的情况下，静态投资回收期的计算。

某方案估计建设投资为1000万元，全部流动资金为200万元，建设当年即投产并达到设计生产能力，各年净收益均为270万元。则该方案的静态投资回收期为（　　）年。【2018年真题】

A. 2.13
B. 3.70
C. 3.93
D. 4.44

【答案】D

【解析】各年净收益均为相同，那么就可运用"P_t＝初始投资I/每年的净收益A"这个计算公式。投资回收期里"投资"是总投资，包括建设投资、建设期利息、流动资金。该方案的静态投资回收期＝（1000＋200）/270＝4.44年。

3. 静态投资回收期还会考核一种题型，就是根据题干条件对静态投资回收期进行分析判断，题目难度较大，通过2017年、2020年考试题目进行学习。

（1）某方案的静态投资回收期为5.5年，行业基准值为6年。关于该方案经济效果评价的说法，正确的是（　　）。【2020年真题】

A. 该方案静态投资回收期短于行业基准值，表明资本周转的速度慢
B. 从静态投资回收期可以判断该方案前5年各年均不盈利
C. 静态投资回收期短于行业基准值，不代表该方案内部收益率大于行业基准收益率
D. 静态投资回收期短，表明该方案净现值一定大于零

【答案】C

【解析】选项A错误，静态投资回收期指标容易理解，计算也比较简便，在一定程度上显示了资本的周转速度。显然，资本周转速度越快，静态投资回收期越短，风险

越小，方案抗风险能力强。选项B错误，5年内有盈利，否则无法弥补投资，也无法计算静态投资回收期。选项D错误，静态投资回收期与财务净现值和财务内部收益率并无直接关系。

（2）现有甲和乙两个方案，静态投资回收期分别为4年和6年，该行业的基准投资回收期为5年，关于这两个项目的静态投资回收期的说法，正确的是（　　）。【2017年真题】

A. 甲方案的静态投资回收期只考虑了前4年的投资效果

B. 乙方案考虑全寿命周期各年的投资效果确定静态投资回收期为6年

C. 甲方案投资回收期小于基准投资回收期，据此可以准确判断甲项目可行

D. 乙方案的资本周转速度比甲项目更快

【答案】A

【解析】静态投资回收期没有全面地考虑方案整个计算期内现金流量，即只考虑回收之前的效果，不能反映投资回收之后的情况，故无法准确衡量方案在整个计算期内的经济效果；故选项B错误。静态投资回收期用于方案选择时只能作为辅助评价指标，或与其他评价指标结合应用；故选项C错误。选项D错误，乙项目的资本周转速度比甲项目更慢。

专项突破4　财务净现值分析

例题：某方案现金流量见下表，若基准收益率为8%，则该方案财务净现值为（　　）万元。【2021年真题】

现金流量（万元）	第0年	第1年	第2年	第3年	第4年
现金流入	—	1000	6000	3000	6000
现金流出	3700	4000	2000	3000	2000

A. −1300.00
B. −100.40
C. −108.30
D. 126.91

【答案】C

重点难点专项突破

1. 本考点在2009年、2011年、2012年、2013年、2017年、2018年、2019年、2020年、2021年、2023年、2024年均以单项选择题形式考核，而且以计算题为主。

2. 财务净现值的计算，运用资金时间价值系数（$P/F, i, n$），还会根据计算结果判断方案的可行性。当 $FNPV \geqslant 0$ 时，在财务上是可行的；当 $FNPV < 0$ 时，在财务上不可行。

上述例题中方案的净现金流量见下表：

现金流量（万元）	第0年	第1年	第2年	第3年	第4年
现金流入	—	1000	6000	3000	6000
现金流出	3700	4000	2000	3000	2000
净现金流量	−3700	−3000	4000	0	4000

则 $FNPV = -3700 - 3000 \times (1 + 8\%)^{-1} + 4000 \times (1 + 8\%)^{-2} + 4000 \times (1 + 8\%)^{-4} = -108.30$ 万元。

3. 还可能这样命题：

某方案现金流量见下表。设基准收益率为8%，通过计算财务净现值，可得到的结论是（   ）。

现金流量（万元）	第0年	第1年	第2年	第3年	第4年
现金流入	—	100	600	300	600
现金流出	370	400	200	300	200

A. 财务净现值为−37.26万元，方案不可行
B. 财务净现值为−10.83万元，方案不可行
C. 财务净现值为13.64万元，方案可行
D. 财务净现值为18.57万元，方案可行

【答案】B

【解析】该方案净现金流量见下表。

现金流量（万元）	第0年	第1年	第2年	第3年	第4年
现金流入	—	100	600	300	600
现金流出	370	400	200	300	200
净现金流量	−370	−300	400	0	400

根据财务净现值计算公式，财务净现值 $= -370 - 300 \times (1 + 8\%)^{-1} + 400 \times (1 + 8\%)^{-2} + 0 + 400 \times (1 + 8\%)^{-4} = -10.83$ 万元 < 0，不可行。

专项突破5　财务基准收益率的确定

例题：对于产出物由市场定价的方案，其财务基准收益率根据资金成本和收益由投资者自行测定，一般应考虑的因素有（   ）。

A. 政府政策导向　　　　　　　　B. 一定时期内国家和行业发展战略
C. 国家和行业发展规划　　　　　D. 产业政策
E. 资源供给　　　　　　　　　　F. 市场需求
G. 自身的发展战略【2011年考过】　H. 经营策略

I. 方案的特点与风险【2011年考过】　　J. 资金成本【2011年、2022年考过】

K. 机会成本【2011年、2022年考过】　　L. 投资风险【2022年考过】

M. 通货膨胀率【2022年考过】

【答案】B、C、D、E、F、G、H、I、J、K、L、M

重点难点专项突破

1. 本考点还可以考核的题目有：

（1）对于产出物由政府定价的方案，其财务基准收益率根据（A）确定。

（2）一般投资者自行测定的基准收益率应不低于单位资金成本和单位投资的（K）。

2. 基准收益率也称基准折现率，其在本质上体现了投资决策者对方案资金时间价值的判断和对方案风险程度的估计，是投资资金应当获得的最低盈利率水平，它是评价和判断方案在财务上是否可行和方案比选的主要依据。【2022年考过】

专项突破6　财务内部收益率分析

例题： 某常规现金流量方案当折现率为10%时，财务净现值为−360万元；当折现率为8%时，财务净现值为30万元。则关于该方案经济效果评价的说法，正确的有（　　　）。【2018年真题】

A. 内部收益率在8%～9%

B. 当折现率为9%时，财务净现值一定大于0

C. 当行业基准收益率为8%时，方案可行

D. 当行业基准收益率为9%时，方案不可行

E. 当行业基准收益率为10%时，内部收益率小于行业基准收益率

【答案】A、C、D、E

重点难点专项突破

1. 本考点在2011年、2012年、2013年、2015年、2016年、2018年、2019年、2024年均有考核，主要考核财务净现值与财务内部收益率的关系及其财务内部收益率 $FIRR$ 的近似值。首先来学习财务净现值与财务内部收益率的关系，见下表：

财务净现值	$FNPV = \sum_{t=0}^{n}(CI-CO)_t \times \dfrac{1}{(1+i_c)^t}$		i 增大，净现值减小，i 增大到净现值＝0时，i 值就是财务内部收益率。
财务内部收益率	$FNPV(FIRR) = \sum_{t=0}^{n}(CI-CO)_t \times \dfrac{1}{(1+i_c)^t}$		财务净现值随折现率的增大而减小【2012年、2013年考过】
对于单一方案的评价分析，两个指标评价结论一致			

2. 上述例题可以通过线性内插法计算内部收益率：内部收益率$=8\%+\dfrac{30}{30+|-360|}\times$
$(10\%-8\%)=8.08\%$，在$8\%\sim9\%$之间。内部收益率大于基准收益率时，方案可行，小于基准收益率时，方案不可行。选项A经常会在考试时单独考核，比如2011年、2016年、2019年、2024年考试题目。下面学习2024年真题。

某建设项目，初始方案建设期2年，运营期10年，财务内部收益率17.67%。若因追加建设投资导致建设期第1年年初现金流出增加40000万元，运营期前4年每年现金净流入增加10000万元，则该项目财务内部收益率可能变为（   ）。【2024年真题】

A. 15.00%   B. 17.67%

C. 21.00%   D. 22.00%

【答案】A

【解析】财务净现值$=-40000+10000/(1+17.67\%)^3+10000/(1+17.67\%)^4+10000/(1+17.67\%)^5+10000/(1+17.67\%)^6=-23751.411$万元$<0$，因此追加建设投资后的财务内部收益率小于17.67%，故选项A正确。

3. 还有一种题型是根据方案的净现值函数判断财务内部收益率，比如2015年真题：

某常规现金流量方案的净现值函数曲线如下图所示，则该方案的内部收益率为（   ）。【2015年真题】

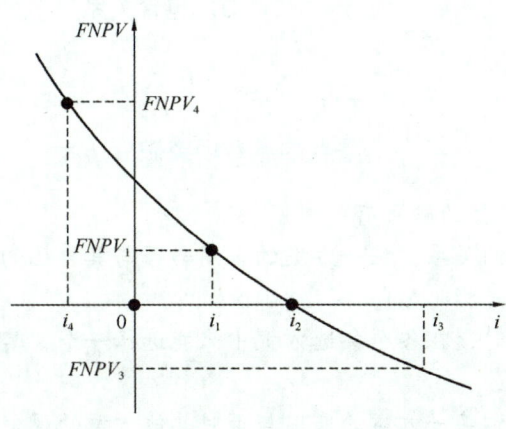

A. i_1 B. i_2

C. i_3 D. i_4

【答案】B

4. 还有一种题型是对经济效果评价指标的综合考核，比如2021年真题：

某现金流量方案的净现金流量和财务净现值见下表(单位：万元)，根据表中数据，关于该方案评价的说法，正确的是（   ）。

年份	1	2	3	4	5	6	7
净现金流量	−420	−470	200	250	250	250	250
财务净现值（折现率8%）			24.276				

A. 累计净现金流量小于零　　　　　　B. 财务内部收益率可能小于8%

C. 静态投资回收期大于6年　　　　　　D. 方案在财务上可行

【答案】D

【解析】

累计净现金流量＝－420－470＋200＋250×4＝310万元，故选项A错误。

当折现率为8%时，财务净现值为24.276万元，则财务内部收益率肯定大于8%，故选项B错误。

静态投资回收期＝（6－1）＋（190/250）＝5.76年，故选项C错误。

当$FNPV>0$时，反映的是方案超额收益大于零，故该方案财务上可行。本题财务净现值为24.276万元，大于0，故方案在财务上可行。

2.3　多方案比选

专项突破1　方案之间的关系

例题：根据多方案之间的经济关系类型，一组备选方案之间一般存在（　　　　）。

A. 独立关系　　　　　　　　　　　　B. 互斥关系

C. 相关关系　　　　　　　　　　　　D. 包含关系

【答案】A、B、C

重点难点专项突破

1. 本考点还可以考核的题目有：

（1）下列方案之间的关系，任一方案的采用与否与其自己的可行性相关，而与其他方案采用与否没有关系是指（A）。

（2）进行方案比选时，在各个备选方案中只能选择一个，其余的均必须放弃，则两方案间的关系是（B）。

（3）各个方案之间，某一方案的采用与否对其他方案的现金流量带来一定的影响，进而影响其他方案的采用或拒绝，则各方案之间的关系是（C）。

（4）在某跨江项目中有两个建设方案，一个是建桥方案A，另一个是轮渡方案B，两个方案都是收费的，此时一个方案的实施或放弃都会影响到另一个方案的现金流量，交通量是方案的资源限制，两方案间的关系为（C）。

2. 选项D是可能会出现的干扰选项。

专项突破2　方案比选方法的类型

例题：按比选范围的不同，方案比选可分为（　　　　）。

A. 局部比选　　　　　　　　　　　　B. 整体比选

C. 定性比选　　　　　　　　　D. 定量比选

【答案】A、B

重点难点专项突破

本考点还可以考核的题目有：

（1）按比选所应用模型工具的不同，方案可分为（C、D）。

（2）按各备选方案所含的因素（相同因素和不同因素）进行定量和定性的全面的对比方法是（B）。

（3）下列方案比选方法中，（A）通常相对容易，操作简单，而且容易提高比选结果差异的显著性。

（4）下列方案比选方法中，（C）主要依靠经验及主观判断和分析能力，分析各种因素对方案的影响程度，或是通过比较方案与要求，分析方案对项目目标的满足程度，满足程度较高，负面影响较小的方案即是较优的方案。

（5）下列方案比选方法中，（C）较适合于方案比选的初级阶段，在一些比选因素较为直观且不复杂的情况下，该方法简单易操作。

（6）下列方案比选方法中，（D）的核心是提出方案优化的数学模型，在定量的基础上评价方案的经济效益、环境效益和社会效益。

专项突破3　评价指标直接对比法

例题：现有四个投资方案（现金流量数据见下表），计算期均为5年，设财务基准收益率为10%。若某企业可筹集到的资金总额为10000万元，则应选择的方案是（　　　）。【2024年真题】

方案	第1年年初投资（万元）	第1～5年各年年末净现金流量（万元）
方案一	20000	5500
方案二	15000	4500
方案三	10000	3500
方案四	9000	3300

A. 方案一　　　　　　　　　　B. 方案四
C. 方案二　　　　　　　　　　D. 方案三

【答案】B

重点难点专项突破

1. 计算期相同的互斥方案的比选常用的评价指标有财务净现值、净年值、费用现值、年折算费用等。采用财务净现值指标进行互斥方案评价的步骤是：

（1）分别计算各个方案的财务净现值，剔除$FNPV<0$的方案，即进行方案的绝对

效果检验。

（2）对所有 $FNPV > 0$ 的方案比较其财务净现值，选择财务净现值最大的方案为最佳方案。

财务净现值评价互斥方案的判据是：财务净现值不小于零且为最大的方案是最优可行方案。按方案财务净现值的大小直接进行比较，可同时满足对互斥方案绝对效果评价和相对效果评价的要求。

2. 根据财务净现值计算公式，可得：

方案一：$FNPV = -20000 + 5500 \times (P/A, 10\%, 5) = -20000 + 5500 \times 3.79 = 845$ 万元

方案二：$FNPV = -15000 + 4500 \times (P/A, 10\%, 5) = -15000 + 4500 \times 3.79 = 2055$ 万元

方案三：$FNPV = -10000 + 3500 \times (P/A, 10\%, 5) = -10000 + 3500 \times 3.79 = 3265$ 万元

方案四：$FNPV = -9000 + 3300 \times (P/A, 10\%, 5) = -9000 + 3300 \times 3.79 = 3507$ 万元

财务净现值评价互斥方案的判据是：财务净现值不小于零且为最大的方案是最优可行方案。方案四的财务净现值最大，应选 B 项。

3. 对于计算期不同的互斥方案的比选，需要对各备选方案的计算期和计算公式进行适当的处理，使各方案在相同的条件下进行比较。

满足时间可比条件，通常的处理方法包括年值法、最小公倍数法和研究期法等。其中：年值法是通过计算各备选方案净现金流量的等额年值（AW）并进行比较的方法，以 $AW \geq 0$，且 AW 最大者为最优方案；最小公倍数法，又称方案重复法，是以备选方案计算期最小公倍数作为各方案的共同计算期，假设各个方案均在这样一个共同的计算期内重复进行，对各方案计算期内各年的净现金流量进行重复计算，直至与共同的计算期相等。以财务净现值较大的方案为优；研究期法是通过研究分析，直接选取一个适当的计算期作为各个方案共同的计算期，计算各个方案在该计算期内的财务净现值，以财务净现值较大的为优。在实际应用中，为方便起见，往往直接选取诸方案中最短的计算期作为各方案的共同计算期，所以研究期法也可以称为最小计算期法。

专项突破4 增量指标分析法

例题：某项目有4个互斥方案，各方案计算期均为10年，已知财务基准收益率为8%，各方案的数据见下表。

方案	期初投资（万元）	各年净现金流量（万元）
甲	3000	900
乙	6000	1200
丙	4000	1000
丁	5000	1100

注：表中各年的净现金流量在各年年末发生。

则该组互斥方案的优选顺序为（　　　）。

A．方案甲最优

B．方案乙优于方案甲

C．方案丙最优

D．方案丁优于方案丙

【答案】A

重点难点专项突破

1．"增量"指的是投资额较大的方案相对投资额较小的方案的增量投资。常用的增量指标有增量财务净现值、增量投资财务内部收益率、增量静态投资回收期等。

2．采用增量指标分析法的基本计算步骤为：

（1）将方案按照投资额从小到大的顺序排列；

（2）确定基础方案，即满足指标评判准则要求的投资额较小的方案，即临时最优方案，作为整个方案序列计算的基础；

（3）计算相邻两个方案的增量现金流量的评价指标，若满足评判准则的要求，则投资较大的方案优于投资较小的方案；若不满足，则投资较小的方案优于投资较大的方案，投资较大的方案被淘汰；

（4）以确定的较优方案为基础方案，重复计算步骤，直至所有方案都计算完毕；

（5）最后确定最优方案优选序列。

3．上述例题的解题过程：

（1）按投资额从小到大的排序，见下表。

方案	期初投资（万元）	各年净现金流量（万元）
甲	3000	900
丙	4000	1000
丁	5000	1100
乙	6000	1200

（2）甲方案可以看作是不选择任何方案基础上的增量投资方案"甲，0"的现金流量，表示见下表。

增量投资方案	增量初期投资（万元）	各年增量净现金流量（万元）
甲，0	3000－0＝3000	900－0＝900

（3）计算增量财务净现值指标：

$$\Delta FNPV_{甲,0}=-3000+900\times(P/A,8\%,10)=-3000+900\times\frac{(1+8\%)^{10}-1}{8\%(1+8\%)^{10}}=$$

3039.07万元＞0，所以选择投资甲方案可行。

（4）将甲方案作为初始方案，丙方案可以看作是在甲方案基础上的增量投资方案"丙，甲"的现金流量，表示见下表。

增量投资方案	增量初期投资（万元）	各年增量净现金流量（万元）
丙，甲	4000－3000＝1000	1000－900＝100

（5）计算增量财务净现值指标：

$$\Delta FNPV_{丙,甲}=-1000+100\times(P/A,8\%,10)=-1000+100\times\frac{(1+8\%)^{10}-1}{8\%(1+8\%)^{10}}=$$

-328.99 万元<0，所以甲方案比丙方案更优。

（6）将丙方案作为初始方案，丁方案可以看作是在丙方案基础上的增量投资方案"丁，丙"的现金流量，表示见下表。

增量投资方案	增量初期投资（万元）	各年增量净现金流量（万元）
丁，丙	5000－4000＝1000	1100－1000＝100

（7）计算增量财务净现值指标：

$$\Delta FNPV_{丁,丙}=-1000+100\times(P/A,8\%,10)=-1000+100\times\frac{(1+8\%)^{10}-1}{8\%(1+8\%)^{10}}=$$

-328.99 万元<0，所以丙方案比丁方案更优。

（8）将丁方案作为初始方案，乙方案可以看作是在丁方案基础上的增量投资方案"乙，丁"的现金流量，表示见下表。

增量投资方案	增量初期投资（万元）	各年增量净现金流量（万元）
乙，丁	6000－5000＝1000	1200－1100＝100

（9）计算增量财务净现值指标：

$$\Delta FNPV_{乙,丁}=-1000+100\times(P/A,8\%,10)=-1000+100\times\frac{(1+8\%)^{10}-1}{8\%(1+8\%)^{10}}=$$

-328.99 万元<0，

$$\Delta FNPV_{乙,0}=-6000+1200\times(P/A,8\%,10)=-6000+1200\times\frac{(1+8\%)^{10}-1}{8\%(1+8\%)^{10}}=$$

2052.10 万元>0，所以丁方案比乙方案更优，且乙方案是可行的。

综上所述，该组互斥方案均是可行的，且优选顺序为：方案甲＞方案丙＞方案丁＞方案乙。

第3章　不确定性分析

3.1　盈亏平衡分析

专项突破1　盈亏平衡分析的概念和分类

项目	内容
概念	盈亏平衡分析是研究方案的产品利润与成本费用、产销量、销售收入、税金及附加之间的函数关系，以找到方案的盈亏平衡点（BEP）的方法。 盈亏平衡分析只用于财务分析
分类	根据生产成本及销售收入与产销量之间是否呈线性关系，盈亏平衡分析又可分为线性盈亏平衡分析（也称量本利分析）和非线性盈亏平衡分析

重点难点专项突破

1. 本考点主要掌握上表内容即可。
2. 本考点可能会这样命题：

盈亏平衡分析只用于（　　　）。

A. 经济分析　　　　　　　　　　B. 社会影响分析

C. 财务分析　　　　　　　　　　D. 风险分析

【答案】C

专项突破2　固定成本和可变成本

项目	内容
固定成本	包括：固定工资及福利费（计件工资除外）、固定资产折旧费、修理费、无形资产及其他资产摊销费、长期借款利息支出等
可变成本	包括：原材料、燃料、动力费、包装费和计件工资、单位产品税金及附加（不包含增值税）等

重点难点专项突破

1. 根据成本费用与产量的关系可以将总成本费用分解为可变成本和固定成本。
【2014年考过】

2. 本考点可能会这样命题：

下列费用中，属于可变成本的是（   ）。

A. 折旧费
B. 修理费
C. 包装费
D. 工模具费

【答案】C

专项突破3　线性盈亏平衡分析

例题： 某投资项目有4个互斥的方案，设计生产能力和盈亏平衡点产量见下表。仅从方案抗风险能力的角度考虑，投资者应选择的方案是（   ）。【2023年真题】

方案	甲	乙	丙	丁
设计生产能力（万t/年）	1000	900	800	700
盈亏平衡点产量（万t/年）	600	650	500	500

A. 乙
B. 丙
C. 丁
D. 甲

【答案】D

重点难点专项突破

1. 盈亏平衡点（BEP）有多种表达方式，可以用产量、产品售价、单位可变成本和年总固定成本等绝对量表示，也可以用生产能力利用率等相对值表示。常用的是以产量和生产能力利用率表示的盈亏平衡点，也有个别项目用产品售价表示盈亏平衡点。

2. 本考点在2009—2020年、2022年、2023年、2024年均有考核，主要考核计算题目。下面将盈亏平衡分析所涉及的公式进行总结。

（1）盈亏平衡点产销量$BEP(Q)$：

$$BEP(Q) = \frac{C_f}{P - C_u - T_u}$$

式中　P——单位产品售价；

　　　Q——产量（也等于销售量）；

　　　C_f——年固定成本；

　　　C_u——单位产品可变成本；

　　　T_u——单位产品税金及附加（T_u不包括增值税）。

（2）盈亏平衡点生产能力利用率$BEP(\%)$：

$$BEP(\%) = \frac{BEP(Q)}{Q_d} \times 100\%$$

式中　Q_d——正常产销量，一般用设计生产能力（年）表示。

一般盈亏平衡点生产能力利用率越低，表明方案适应市场需求变化的能力越大，抗风险能力越强。通常认为盈亏平衡点生产能力利用率BEP（％）不超过70％，方案运营是基本安全的。

（3）用产品售价表示的盈亏平衡点BEP（P）：

$$P = \frac{C_f}{Q_d} + C_u + T_u$$

用产品售价表示的盈亏平衡点越低，表明方案适应市场价格下降的能力越大，抗风险能力越强。

3. 上述例题的计算过程为：

4个互斥的方案的生产能力利用率分别为：

甲：BEP（％）＝600/1000×100％＝60％；

乙：BEP（％）＝650/900×100％＝72.2％；

丙：BEP（％）＝500/800×100％＝62.5％；

丁：BEP（％）＝500/700×100％＝71.4％。

甲方案的盈亏平衡产量最低，所以应选择甲方案。

4. 线性盈亏平衡分析的3个条件在2017年以判断正确与错误说法的题目进行了考核，3个条件是：

（1）产量等于销售量，即当年生产的产品当年全部销售。

（2）产量变化，单位可变成本不变，即总成本费用是产量的线性函数。

（3）产量变化，产品售价不变，即销售收入是销售量的线性函数。

5. 本考点还需要掌握一个采分点——盈亏平衡分析的优缺点。

（1）优点是计算简便，可直接对方案最关键的盈利性问题进行初步分析，还可预先估计方案对市场需求变化的适应能力，有助于了解方案可承受风险的程度，也可以检测方案规模（如设计生产能力等）是否经济合理。

（2）缺点是不能揭示产生方案风险的根源。

6. 本考点可能会这样命题：

（1）某方案设计生产能力为500万吨/年，预计生产该产品年固定成本300000万元，单位产品售价1500元/吨，单位产品可变成本600元/吨，单位产品税金及附加15元/吨，以上成本及售价均不考虑增值税。根据线性盈亏平衡分析，该方案以产品售价表示的盈亏平衡点为（　　）元/吨。【2024年真题】

A. 600

B. 615

C. 1215

D. 1200

【答案】C

【解析】产品售价＝年固定成本/正常产量＋单位产品可变成本＋单位产品税金及附加＝300000/500＋600＋15＝1215元/吨。

（2）某公司生产单一产品，设计年生产能力为3万件，单位产品的售价为380元/件，单位产品可变成本为120元/件，单位产品税金及附加为70元/件，年固定成本为285万元。该公司盈亏平衡点的产销量为（　　）件。【2017年真题】

A. 20000　　　　　　　　　　　　　B. 19000

C. 15000　　　　　　　　　　　　　D. 7500

【答案】C

【解析】该公司盈亏平衡点的产销量＝285×10000/（380－120－70）＝15000件。

（3）盈亏平衡分析的特点是（　　　）。

A. 能够预测方案风险发生的概率，但不能确定方案风险的影响程度

B. 能够确定方案风险的影响范围，但不能量化方案风险的影响效果

C. 能够分析产生方案风险的根源，但不能提出应对方案风险的策略

D. 有助于了解方案可承受风险的程度，但不能揭示产生方案风险的根源

【答案】D

3.2　敏感性分析

专项突破1　敏感性分析的概念和分类

项目	内容
概念	敏感性分析是用以考察方案涉及的各种不确定因素对方案经济效果评价指标的影响，找出敏感因素，估计方案效益对它们的敏感程度，粗略预测方案可能承担的风险，为进一步的风险分析打下基础
分类	敏感性分析可分为单因素敏感性分析和多因素敏感性分析。单因素敏感性分析是指每次只改变一个不确定因素的数值，估算单个不确定因素的变化对方案经济效果产生的影响；多因素敏感性分析则是同时改变两个或两个以上相互独立的不确定因素的数值，估算多个不确定因素同时发生变化对方案经济效果的影响。 敏感性分析方法对方案财务分析和经济分析同样适用

重点难点专项突破

本考点内容不多，考试可能会这样命题：

关于敏感性分析的说法，正确的是（　　　）。

A. 因素敏感性是考核方案涉及的各种不确定因素对方案基本方案经济效果评价指标的影响，估计方案的盈利能力

B. 敏感性分析可以精确预测方案可能承担的风险

C. 敏感性分析可分为单因素敏感性分析和多因素敏感性分析

D. 敏感性分析方法只适用于经济分析

【答案】C

专项突破2　敏感性分析的方法与步骤

例题：某方案单因素敏感性分析示意图如下。根据该图，可以得出的结论有（　　　）。

【2020年真题】

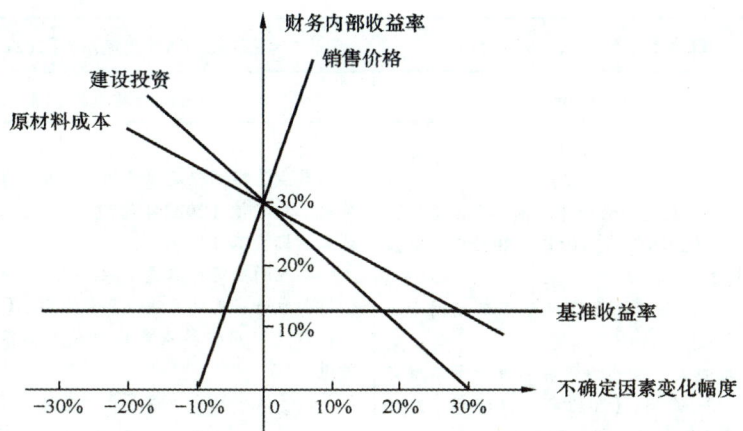

A. 销售价格的临界点小于10%　　　　B. 原材料成本比建设投资更敏感

C. 建设投资的临界点大于10%　　　　D. 销售价格是最敏感的因素

E. 建设投资比销售价格更敏感

【答案】A、C、D

重点难点专项突破

1. 本考点在2010—2024年均有考核，是每年的必考考点，应全面掌握以下内容。

2. 单因素敏感性分析的步骤。

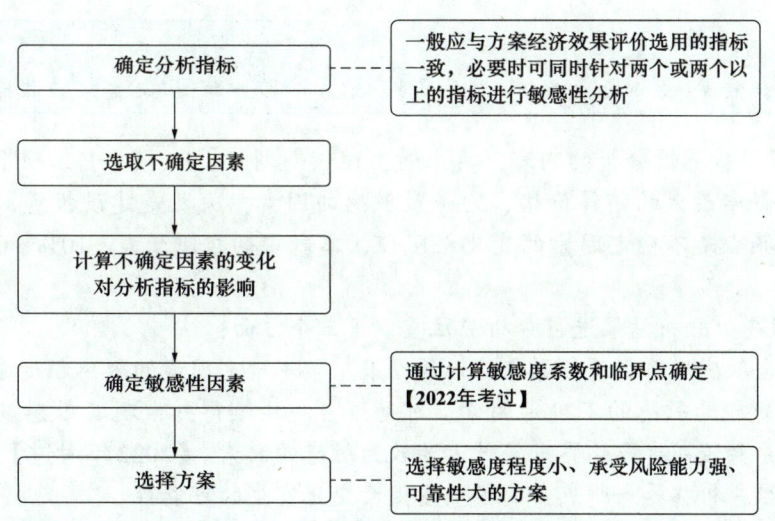

命题规律总结：

第一种题型：题干中给出单因素敏感性的各项工作，判断正确的程序。**【2011年考过】**

第二种题型：判断单因素敏感性分析中首先应进行的工作。

第三种题型：敏感性分析不确定因素的选择。**【2012年考过】**

3. 敏感度系数和临界点的确定和运用考核非常多，难度较大，重点掌握下表内容：

	敏感度系数（相对测定法）	临界点（绝对测定法）【2024年考过】
图中表示	直线的斜率	直线与基准线相交点
确定方法	$$S_{AF} = \frac{\Delta A/A}{\Delta F/F}$$ $S_{AF}>0$，表示评价指标与不确定因素同方向变化。【2015年、2019年、2022年、2024年考过】 $S_{AF}<0$，表示评价指标与不确定因素反方向变化。 $\mid S_{AF}\mid$越大，表明评价指标A对于不确定因素F越敏感。【2012年、2015年、2019年、2021年、2022年、2024年考过】 计算敏感度系数可以得到各个因素的敏感性程度排序。【2019年考过】 敏感度系数的计算结果可能受到不确定因素变化率取值不同的影响，数值会有所变化。但其数值大小并不是计算该项指标的目的，重要的是各不确定因素敏感度系数的相对值，借此了解各不确定因素的相对影响程度，以选出敏感度较大的不确定因素。【2024年考过】 敏感度系数不能直接显示变化后评价指标的值【2024年考过】	临界点是指不确定因素的变化使方案由可行变为不可行的临界数值【2024年考过】。超过极限，方案的经济效果指标将不可行。 临界点的确定可以通过敏感性分析图求得临界点的近似值，最好采用试算法或函数求解。【2024年考过】 临界点可用临界点百分比或者临界值表示【2024年考过】 单因素敏感性分析临界点示意图如下图所示。

4. 学习了敏感性分析的内容，再来看上述例题题目。B、D、E三项根据直线的斜率来判定，斜率最大的销售价格，它是最敏感的因素，次之是建设投资，最后是原材料成本。临界点是不确定因素的变化极限值，本题中的极限值是-10%～0之间的这段距离。

5. 对敏感性分析结果进行分析应注重以下三个方面：

（1）结合敏感度系数及临界点的计算结果，按不确定因素的敏感程度进行排序，找出哪些因素是较为敏感的不确定因素，可通过直观检测得知或观其敏感度系数和临界点，敏感度系数较高者或临界点较低者为较为敏感的因素。【2022年考过】

（2）定性分析临界点所表示的不确定因素变化发生的可能性。

（3）归纳敏感性分析的结论，指出最敏感的一个或几个关键因素，粗略预测方案可能的风险。

6. 2018年考核的也是根据敏感性因素分析图，判断最敏感的因素，还有另外一种命题方式是根据敏感性分析结果或分析表判断敏感性程度，比如2013年、2021年的考试题目：

（1）已知某投资方案财务内部收益率（$FIRR$）为10%，现选择4个影响因素分别进行单因素敏感性分析，计算结果如下：当产品价格上涨10%时，$FIRR=11.0\%$；当原材料价格上涨10%时，$FIRR=9.5\%$；当建设投资上涨10%时，$FIRR=9.0\%$；当人民币汇率上涨10%时，$FIRR=8.8\%$。根据上述条件判断，最敏感的因素是（　　）。【2021年真题】

A. 建设投资　　　　　　　　　　B. 原材料价格

C. 人民币汇率　　　　　　　　　D. 产品价格

【答案】C

【解析】本题的计算过程为：

$S_{产品价格}=\left[\left(11\%-10\%\right)/10\%\right]/10\%=1$

$S_{原材料价格}=\left[\left(9.5\%-10\%\right)/10\%\right]/10\%=-0.5$

$S_{建设投资}=\left[\left(9\%-10\%\right)/10\%\right]/10\%=-1$

$S_{人民币汇率}=\left[\left(8.8\%-10\%\right)/10\%\right]/10\%=-1.2$

$|S_{AF}|$越大，表明评价指标A对于不确定因素F越敏感；反之，则不敏感。据此最敏感的因素是人民币汇率。

（2）某项目采用净现值指标进行敏感性分析，有关数据见下表，则各因素的敏感程度由大到小的顺序是（　　）。【2013年真题】

因素	变化幅度		
	−10%	0	＋10%
建设投资（万元）	623	564	505
营业收入（万元）	393	564	735
经营成本（万元）	612	564	516

A. 建设投资—营业收入—经营成本　　B. 营业收入—经营成本—建设投资

C. 营业收入—建设投资—经营成本　　D. 经营成本—营业收入—建设投资

【答案】C

【解析】本题的计算过程如下：

$|S_{建设投资}|=|\left(623-564\right)/564/-10\%|=1.046$；

$|S_{营业收入}|=|\left(393-564\right)/564/-10\%|=3.032$；

$|S_{经营成本}|=|\left(612-564\right)/564/-10\%|=0.851$。

敏感度系数$|S_{AF}|$越大，表明评价指标对于不确定因素越敏感。敏感程度是营业收入大于建设投资大于经营成本。

7. 本考点可能会这样命题：

（1）单因素敏感分析过程包括：① 确定敏感因素；② 确定分析指标；③ 选择需要分析的不确定性因素；④ 分析每个不确定因素的波动程度及其对分析指标可能带来的增减变化情况。正确的排列顺序是（　　）。【2011年真题】

A. ③②④①　　　　　　　　　　B. ①②③④

C. ②④③①　　　　　　　　　　D. ②③④①

【答案】D

（2）某项目采用的基准折现率为12%，其基本方案的财务内部收益率为16.2%，现建设投资增加10%时，财务内部收益率为13.9%，则建设投资增加10%的敏感度系数是（　　）。

A. −1.42　　　　　　　　　　　　B. −0.16

C. 0.16　　　　　　　　　　　　　D. 1.58

【答案】A

（3）敏感性分析方法的主要局限是（　　）。

A. 计算过程比盈亏平衡分析复杂

B. 不能说明不确定性因素发生变动的可能性大小

C. 需要主观确定不确定性因素变动的概率

D. 不能找出不确定性因素变动的临界点

【答案】B

第4章　设备更新分析

4.1　设备磨损与补偿

专项突破1　设备磨损的类型

例题：下列各种情形中，会导致原有设备产生无形磨损的有（　　　）。【2020年真题题干】

A. 设备部件在使用过程中自然老化【2020年、2021年考过】

B. 设备在使用过程中损坏【2010年、2020年考过】

C. 设备在闲置过程中，被腐蚀造成精度降低【2020年考过】

D. 自然力的作用使设备产生磨损【2010年、2018年考过】

E. 设备使用过程中实体产生变形【2010年、2018年、2021年考过】

F. 设备连续使用导致零部件磨损【2014年考过】

G. 设备使用期限过长引起橡胶件老化【2014年、2021年考过】

H. 设备制造工艺改进，社会劳动生产率提高使同类设备的再生产价值降低【2010年、2014年、2016年、2018年考过】

I. 同类型设备市场价格明显降低【2020年考过】

J. 科学技术的进步，不断创新出结构更先进、性能更完善、效率更高、耗费原材料和能源更少的新型设备【2014年、2016年、2018年、2020年考过】

K. 制造工艺改进导致设备降价【2021年考过】

【答案】H、I、J、K

重点难点专项突破

1. 本考点还可以考核的题目有：

下列生产设备磨损形式中，属于有形磨损的有（A、B、C、D、E、F、G）。

2. 本考点在2010年、2014年、2016年、2018年、2020年、2021年都是考核的多项选择题，在2011年、2023年、2024年考核了单项选择题，而且都是对无形磨损的考核，所以考生要多加关注。

3. 设备购置后，无论是使用还是闲置，都会发生磨损，分为无形磨损和有形磨损，历年考试中重点考核无形磨损产生的原因。下面将这两大类、四种形式进行总结。

有形磨损	第Ⅰ类	外力、实体产生磨损、变形、损坏→用多了用坏了
	第Ⅱ类	自然力产生生锈、腐蚀、老化→没有用放坏了
无形磨损	第Ⅰ类	技术进步、工艺改进、水平提高，同类设备贬值导致
	第Ⅱ类	技术进步，新设备产生导致原设备贬值

专项突破2　设备磨损的补偿方式

例题：对设备有形磨损进行局部补偿的方式有（　　）。

A. 更新　　　　　　　　　　B. 现代化改装
C. 大修理　　　　　　　　　D. 日常保养
E. 淘汰

【答案】C

重点难点专项突破

1. 本考点还可以考核的题目有：

（1）设备无形磨损的局部补偿是（B）。

（2）设备有形磨损和无形磨损的完全补偿是（A）。

（3）对于材料和能耗等消耗高、性能差、使用操作条件不好、对环境污染严重的设备，适宜的补偿方式是（A）。

（4）对整机性能尚可，有局部缺陷，个别技术经济指标落后的设备，应采取的补偿方式是（B）。

（5）若设备磨损太严重而无法修复，或虽然修复但其精度仍达不到要求的，则应该采取（A）补偿方式。

（6）若设备磨损主要是由有形磨损所致，则应采取（A、C）补偿方式。

2. 本考点有三种命题形式：

第一种是上述例题题型。

第二种是逆向命题，比如："可以采用大修理方式进行补偿的设备磨损是（　　）。"【2014年考过】

第三种是判断正确与错误说法的综合题目，比如"关于设备磨损补偿方式的说法，正确的是（　　）。"【2021年、2022年考过】

4.2 设备经济寿命确定

专项突破1 设备寿命的类型

设备寿命	时间	决定因素	相关规定
自然寿命	全新状态下开始使用→不能继续使用、报废的全部时间【2013年考过】	有形磨损【2013年考过】	不能成为更新的估算依据
技术寿命	投入使用开始→被淘汰的持续时间【2011年、2016年考过】	无形磨损【2012年、2013年、2017年考过】	比自然寿命短，科学技术进步越快、技术寿命越短【2011年、2012年、2013年、2017年考过】
经济寿命	全新状态下投入使用开始→经济上不合理而被更新的时间【2010年、2013年考过】	有形磨损和无形磨损	平均使用成本最低的使用年限为经济寿命。【2011年考过】 设备使用年限越长，所分摊的设备年资产消耗成本越少。但随着设备使用年限的增加，年资产消耗成本的降低会被年度运行成本的增加或收益的下降所抵消【2013年考过】

重点难点专项突破

1. 设备自然寿命、技术寿命、经济寿命的概念不要混淆，如果单独成题，会这样命题："设备的自然寿命是设备从投入使用开始，直到（　　）的全部时间。"在2011年、2016年还这样考核过：

（1）某企业2005年年初以3万元的价格购买了一台新设备，使用7年后发生故障不能正常使用，且市场上出现了技术更先进、性能更完善的同类设备，但原设备经修理后又继续使用，至2015年末不能继续修复使用而报废，则该设备的自然寿命为（　　）年。【2016年真题】

A. 7 　　　　　　　　　　　　　B. 10

C. 12 　　　　　　　　　　　　 D. 11

【答案】D

【解析】这道题目就是根据概念来解答的，自然寿命是从全新状态下开始使用到报废为止的全部时间。经历的时间是2005年初到2015年末，是11年。

（2）某设备年度费用曲线如下图所示，依据下图判断，该设备的经济寿命为（　　）年。【2011年真题】

A. n_1 　　　　　　　　　　　 B. n_2

C. n_3 　　　　　　　　　　　 D. n_4

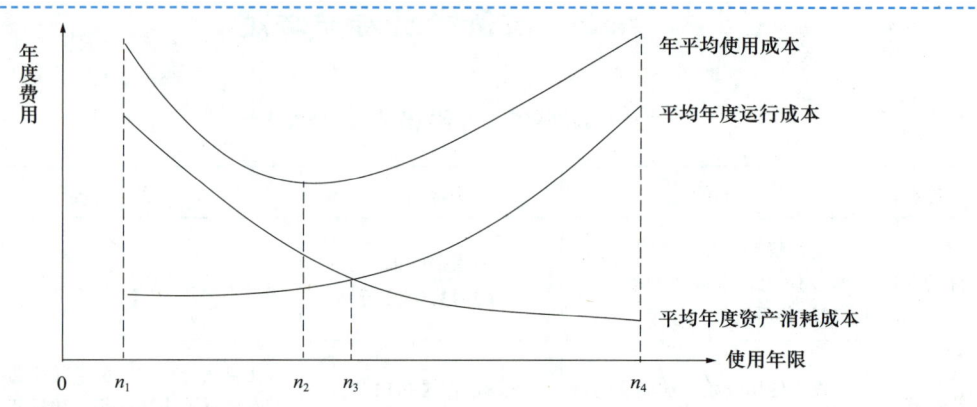

【答案】B

2. 设备寿命的概念经常会以判断正确与错误说法的综合题目出现，对于多项选择题，切记不要多选。

3. 本考点可能会这样命题：

关于设备技术寿命的说法，正确的是（　　）。

A. 完全未使用的设备技术寿命不可能等于零

B. 设备的技术寿命一般短于自然寿命

C. 科学技术进步越快，设备的技术寿命越长

D. 设备的技术寿命主要由其有形磨损决定

E. 设备的经济寿命由设备维护费用的提高和使用价值的降低决定

【答案】B、E

专项突破2　设备经济寿命的估算

例题：某设备目前实际价值为30000元，有关资料见下表，则该设备的经济寿命为（　　）。**【2020年真题】**

继续使用年限（年）	1	2	3	4	5	6	7
年末净残值（元）	15000	7500	3750	3000	2000	900	600
年运行成本（元）	5000	6000	7000	9000	11500	14000	18200
年平均使用成本（元）	20000	16750	14750	13500	13300	13600	14300

A. 3 　　　　　　　　　　　　B. 4

C. 5 　　　　　　　　　　　　D. 6

【答案】C

重点难点专项突破

1. 静态模式下设备经济寿命的确定方法包括两种：

方法一：设备的年平均使用成本最小值所对应的年限确定设备的经济寿命。在2009年、2013年、2017年、2020年考核的都是这种方法。

设备的年平均使用成本＝年平均资产消耗成本＋年平均运行成本

式中，$年平均资产消耗成本＝\dfrac{设备目前实际价值－净残值}{设备使用年限}$

方法二：低劣化数值法

$经济寿命 N_0＝\sqrt{\dfrac{2（设备目前实际价值－第N年末的设备净残值）}{设备的劣化值}}$

2. 2020年的这道考试题目非常简单，已经给出了年平均使用成本，直接找出最小值就可以了。下面再来练习一道题目：

某设备在不同使用年限时的平均年度资产消耗成本和平均年度运行成本数据见下表。则该设备的经济寿命为（　　）年。【2017年真题】

使用年限（年）	1	2	3	4	5	6	7
平均年度资产消耗成本（万元）	90	50	35	23	20	18	15
平均年度运行成本（万元）	30	35	30	35	40	45	60

A. 7　　　　　　　　　　　　　　B. 5
C. 4　　　　　　　　　　　　　　D. 3

【答案】C

3. 关于第二种方法会如何命题，来看道题目：

某设备目前实际价值为10000元，预计残值为1000元，第1年的设备运行成本为600元，每年设备的劣化增量是均等的，年劣化值为500元，则该设备的经济寿命为（　　）年。

A. 7　　　　　　　　　　　　　　B. 6
C. 5　　　　　　　　　　　　　　D. 4

【答案】B

【解析】该设备的经济寿命$＝\sqrt{\dfrac{2×（10000－1000）}{500}}＝6$年。

4. 设备年平均使用成本由设备的平均年度资产消耗成本和设备的平均年度运行成本组成。应掌握以下采分点，会考核判断正确与错误说法的题目。

（1）设备的平均年度资产消耗成本随着设备使用年限的延长而逐渐减少。

（2）设备的平均年度运行成本随着设备使用年限的延长而逐渐增加。【2024年考过】

（3）设备的年平均使用成本曲线的最低点对应的使用年限为设备的经济寿命。

5. 确定设备经济寿命期的两个原则【2015年考过】：

（1）使设备在经济寿命内平均每年净收益（纯利润）达到最大；

（2）使设备在经济寿命内一次性投资和各种经营费总和达到最小。

4.3 设备更新方案经济分析

专项突破1 设备更新方案的比选原则

例题：某设备原值9万元，累计已提折旧3万元，现在市场价值4万元，若此时进行设备更新分析，则其沉没成本为（　　）万元。**【2023年真题】**

A. 3
B. 2
C. 4
D. 5

【答案】B

重点难点专项突破

1. 设备更新方案的必选应遵循3个原则：（1）设备更新分析只考虑未来发生的现金流量；（2）设备更新分析应站在咨询者（第三方）的视角分析问题；（3）设备更新分析以费用年值法为主。历年考试中都是考核沉没成本的计算。

$$沉没成本＝旧设备账面价值－当前市场价值$$
$$＝（旧设备原值－历年折旧费）－当前市场价值$$

2. 沉没成本的计算在2009年、2010年、2012年、2013年、2019年、2022年、2023年、2024年考核的都是下面这种题型：

某建筑企业拥有一台原值30万元的设备，预计使用年限10年，净残值3万元，年折旧额2.7万元，已计提折旧6年。若现在以10万元价格售出，则该设备的沉没成本为（　　）万元。**【2024年真题】**

A. 0.8
B. 3.0
C. 13.8
D. 3.8

【答案】D

【解析】沉没成本＝（30－2.7×6）－10＝3.8万元。

3. 如果设备更新分析采用费用年值法，可能会这样命题：

某建筑企业持有的设备A在4年前购置，价格为260万元，预计可以使用10年，在第10年末预计净残值25万元，年运行成本为80万元，目前市场转让价格为90万元。现在市场上同类设备B的购置价值为300万元，预计可以使用10年，在第10年末预计净残值为35万元，年运行成本为50万元，已知基准收益率为10%，利用费用年值法进行两方案的比较，下列说法正确的是（　　）。[$(A/P, 10\%, 6)＝0.2296$；$(A/F, 10\%, 6)＝0.1296$；$(A/P, 10\%, 10)＝0.1627$；$(A/F, 10\%, 10)＝0.0627$]

A. 两方案结果一致
B. 继续使用设备A的方案较优
C. 两方案无法比较
D. 购买新设备B的方案较优

【答案】D

【解析】根据设备更新不考虑沉没成本的原则，设备A的原始购置价值260万元在4年前发生，对设备更新决策不会产生影响。从第三方视角分析，决策者现在可以用90万元购买旧设备A，也可以用300万元购买新设备B。需要注意的是：不能将旧设备的重置价90万元作为新设备B的收入，因为这笔收入不是新设备B本身带来的，不能将两个方案的现金流混淆。利用费用年值法进行两个方案的比较，各自的费用年值计算如下：

$$AC_A = 90 \times (A/P, 10\%, 6) + 80 - 25 \times (A/F, 10\%, 6)$$
$$= 90 \times 0.2296 + 80 - 25 \times 0.1296$$
$$= 97.42 万元$$
$$AC_B = 300 \times (A/P, 10\%, 10) + 50 - 35 \times (A/F, 10\%, 10)$$
$$= 300 \times 0.1627 + 50 - 35 \times 0.0627$$
$$= 96.62 万元$$

因为 $AC_A > AC_B$，则购买新设备B的方案较优。

专项突破2 设备更新的技术经济分析

项目	内容
原型设备更新分析	如果设备在整个使用期内技术上、功能上并不过时，即在一定时期内没有出现更先进的设备，只是设备运行成本及修理费用不断增加，在适当的时候使用原型设备替换，在经济上比较合算，这就是原型设备更新问题
新型设备更新分析	新型设备更新分析通常可采用年值法。 （1）无限期情况下的设备更新分析（年值法）。可以根据以下步骤来进行更新分析： ①分别计算现有旧设备和新型设备的经济寿命。 ②比较新设备和旧设备在各自经济寿命期内的年平均使用成本。若旧设备的年平均使用成本大于新型设备的年平均使用成本，则旧设备应该现在更换；否则，不应现在更新。 ③旧设备若不应该现在更新，那何时更新？具体分析方法是连续计算旧设备再保留使用一年的成本（边际分析法），与新型设备的年平均使用成本进行比较。直到某一年，旧设备的年成本高于新型设备的年平均使用成本，则在该年年初或上一年年末更新现有设备。 （2）有限研究期的设备更新分析。解决有限研究期问题的方法是对所有方案建立合理的共同研究期，然后根据研究期内的总使用成本做出合理的选择

重点难点专项突破

本考点主要考核上表中的内容，考试时可能会这样命题：

关于设备更新的说法，正确的是（　　）。

A. 如果设备在整个使用期内技术上、功能上并不过时，只是设备运行成本及修理费用不断增加，这是原型设备更新问题

B. 原型设备更新分析通常可采用年值法

C. 若旧设备的年平均使用成本大于新型设备的年平均使用成本，则旧设备应该现在更换

D. 如果研究期是有限的，基于设备的经济寿命期内的年度等值比较适用

【答案】C

4.4 设备租赁方案经济分析

专项突破1 设备租赁方式

例题：经营租赁的任何一方都可以随时以一定方式在通知对方的规定时间内取消或终止租赁。该类租赁具有（　　）的特点。

A．可撤销性　　　　　　　　　　B．短期性

C．租金高　　　　　　　　　　　D．不可撤销性

E．周期长

【答案】A、B、C

重点难点专项突破

1. 本考点还可以考核的题目有：

融资租赁具有（D、E）特点。

2. 注意区分融资租赁与经营租赁的特点及适用范围。

（1）经营租赁适用于技术进步快、用途较广泛、使用具有季节性的设备。

（2）融资租赁适用于大型设备、专有技术设备等。

这部分内容还会考核判断正确与错误说法的表述题目，可能会结合设备租赁的优越性及不足考核。

专项突破2 设备租赁优缺点

设备租赁与设备购买相比的优越性	设备租赁的不足
（1）节省设备投资，可用较少资金获得生产急需的设备。【2011年、2019年考过】 （2）可以引进先进设备，加快设备更新速度。 （3）提高设备的利用率。 （4）可以保持资金的流动状态，不会使企业资产负债情况恶化。 （5）可避免通货膨胀和利率波动的冲击，减少投资风险。【2011年考过】 （6）设备租金可在所得税前扣除，能享受税费上的利益【2010年、2011年、2019年考过】	（1）在租赁期间承租人对租用设备无所有权，只有使用权，因此不能随意对设备进行改造或处置，也不能用于担保、抵押贷款。【2021年考过】 （2）承租人在租赁期间所交的租金总额一般比直接购置设备的费用要高。【2021年考过】 （3）长期支付租金，形成长期负债。【2021年考过】 （4）融资租赁合同规定严格，毁约要赔偿损失，罚款较多等。 速记：债权高筑，不容毁约

重点难点专项突破

1. 本考点一般会有以下几种命题方式：

（1）对于承租人来说，设备租赁相对于设备购买的优势有（　　　）。

（2）对于承租人来说，设备租赁与设备购买相比，不足之处主要在于（　　　）。

（3）关于设备融资租赁的说法，正确的是（　　　）。

2. 本考点可能会这样命题:

(1) 对于承租人来说,设备租赁与设备购买相比的优越性有( )。【2019年真题】

A. 能用较少资金获得生产急需的设备　　B. 设备可用于担保、抵押贷款

C. 设备租金可在所得税前扣除　　D. 可获得设备出租方的技术服务

E. 不需要考虑设备的维护保养

【答案】A、C、D

(2) 某施工企业以经营租赁的方式向设备租赁公司租赁了自卸汽车一辆,在租赁期间,施工企业不能将该自卸汽车( )。

A. 已经磨损的轮胎进行更换　　B. 为防止扬尘进行改装

C. 交由多位驾驶员驾驶使用　　D. 用于为另一施工企业的贷款提供担保

E. 用作本企业抵押贷款的担保物

【答案】B、D、E

专项突破3　影响设备租赁与购置的主要因素

例题: 设备租赁或购置都需要考虑的影响因素包括( )。

A. 设备的寿命周期及经济寿命、技术寿命

B. 企业需要占有设备的时间长短

C. 设备的技术性能和生产效率、安全性及对工程质量(产品质量)的保证程度

D. 设备的成套性、灵活性、耐用性、环保性和维修的难易程度

E. 设备的资金预算计划、融资方式,融资资金时借款利息或利率高低

F. 租赁期长短及租赁期满后资产的处理方式

G. 设备租金额及租金的支付方式

H. 企业经营费用减少与折旧费和利息减少的关系、租赁的节税优惠

I. 预付资金(定金)、租赁保证金和租赁担保费用

J. 维修方式

K. 租赁机构的信用度、经济实力,与承租人的配合情况

L. 设备的购置价格、设备价款的支付方式,支付币种和支付利率

M. 设备的年运转费用和维修方式、维修费用

N. 购置设备的运输保险费,设备在使用过程中的各种财产保险费

【答案】A、B、C、D、E

重点难点专项突破

本考点还可以考核的题目有:

(1) 设备租赁需考虑的影响因素包括(A、B、C、D、E、F、G、H、I、J、K)。

(2) 设备购置需考虑的影响因素包括(A、B、C、D、E、L、M、N)。

专项突破4　租赁费用的内容

例题： 某施工企业以经营租赁方式租入一台设备，租赁保证金2万元，担保费5万元，年租金10万元。预计租赁设备年运行成本10万元，其中原材料消耗2万元，则设备第一年的租赁费是（　　）万元。【2022年真题】

A. 19 　　　　　　　　　　　　　　　B. 17

C. 20 　　　　　　　　　　　　　　　D. 27

【答案】B

重点难点专项突破

1. 租赁费用包括：租赁保证金、租金、担保费，这也是一个多项选择题采分点。

2. 租赁费用的计算也应掌握，当租赁合同结束时，租赁保证金将被退还承租人或在支付最后一期租金时加以抵消。上述例题中，第一年租赁费＝2＋5＋10＝17万元。

3. 本考点可能会这样命题：

对承租人而言，租赁设备的租赁费主要包括租赁保证金、租金和（　　）。

A. 贷款利息 　　　　　　　　　　　　B. 折旧费用

C. 担保费 　　　　　　　　　　　　　D. 运转成本

【答案】C

专项突破5　租金的计算

例题： 某施工企业拟租赁一台施工机械，设备价格500万元，租期为6年，每年末支付租金，折现率为8%，附加率为4%。租赁保证金为50万元，租赁保证金在租赁期满时退还；担保费为5万元。租赁保证金和担保费的时间价值忽略不计。则按附加率法计算的年租金为（　　）万元。

A. 100.15 　　　　　　　　　　　　　B. 105.15

C. 108.16 　　　　　　　　　　　　　D. 143.33

【答案】D

重点难点专项突破

1. 本考点还可以考核的题目有：

（1）若上述数据不变，按每年末支付方式计算的租金为（C）万元。

（2）若上述数据不变，按每年初支付方式计算的租金为（A）万元。

2. 对于租金的计算主要有附加率法和年金法。考试时主要考核附加率法，在历年考试只有2011年考核的年金法概念，2010年、2012年、2013年、2014年、2015年、2016年、2018年、2020年考核的都是附加率法的计算题目。

附加率法计算租金：

$$R = 租赁资产价格P \times \frac{(1+N \times i)}{N} + 租赁资产价格P \times 附加率r$$

将资金的时间价值考虑为两部分：按单利计算＋用附加率作补充

3. 下面来看下这三个题目的计算过程：

例题中，"租赁保证金为50万元，租赁保证金在租赁期满时退还；担保费为5万元"这是两个干扰条件，不需要考虑，直接带入附加率法计算公式，即可解答本题。年租金 $=500 \times \dfrac{(1+6 \times 8\%)}{6} + 500 \times 4\% = 143.33$ 万元

$$年末支付的租金额 = P\frac{i(1+i)^N}{(1+i)^N-1} = 500 \times \frac{8\% \times (1+8\%)^6}{(1+8\%)^6-1} = 108.16 万元$$

$$年初支付的租金额 = P\frac{i(1+i)^{N-1}}{(1+i)^N-1} = 500 \times \frac{8\% \times (1+8\%)^{6-1}}{(1+8\%)^6-1} = 100.15 万元$$

4. 本考点可能会这样命题：

（1）将租赁资产价值按动态等额分摊到未来各租赁期间以确定租金的方法，称为（　　）。

A. 附加率法　　　　　　　　　B. 折现率法

C. 低劣化数值法　　　　　　　D. 年金法

【答案】D

（2）采用附加率法估算租赁设备租金时，影响每期租金的因素有（　　）。【2023年真题】

A. 租赁设备的价格　　　　　　B. 租赁期数

C. 与租赁期数相对应的利率　　D. 出租方的股权结构

E. 承租方的资金来源

【答案】A、B、C

专项突破6　设备租赁与购置方案的比较

例题：某企业急需更新某种设备，其购置费为500000元，使用寿命为5年，期末残值为50000元。如果租赁该种设备，每年租赁费为150000元，所得税税率为25%，年末纳税。折旧采用直线法，基准收益率为10%。若购买设备，资金全部为借款，借款利率为8%，每年支付利息到期还本，借款期和设备使用寿命均为5年。根据上述条件，该种设备应（　　）。[（P/A，10%，5）=3.7908]

A. 无法判断　　　　　　　　　B. 选择购买新设备的方案

C. 两方案均可选择　　　　　　D. 选择租赁设备的方案

【答案】B

重点难点专项突破

1. 如果设备带来的收入相同，则只需要比较租赁费用和购置费用。当设备寿命相同时，一般可以采用净现值法；设备寿命不同时，可以采用年值法。无论采用净现值法还是年值法，都以收益效果最大或成本较少的方案为优。

2. 根据税法和财务制度，租赁设备时，承租人可以将租金计入成本而抵税，故计算设备租赁方案的现值时应扣除租金产生的免税金额。借款购置设备时，企业可以将所支付的利息和折旧计入成本中而抵所得税，同时可以回收预计净残值。因此，借款购置设备的成本现值应扣除折旧和利息支付产生的免税金额。

3. 根据上述理论依据，对该设备租赁或购买的分析如下：

设备租赁方案：

$$PC_R = 150000 \times (P/A, 10\%, 5) - 0.25 \times 150000 \times (P/A, 10\%, 5)$$
$$= 150000 \times 3.7908 - 0.25 \times 150000 \times 3.7908$$
$$= 426465 \, 万元$$

设备购置方案：

年折旧费 $= (500000 - 50000) \div 5 = 90000$ 元

借款年利息 $= 500000 \times 8\% = 40000$ 元

$$PC_B = 500000 - 0.25 \times 90000 \times (P/A, 10\%, 5) - 0.25 \times 40000 \times (P/A, 10\%, 5)$$
$$= 500000 - 0.25 \times 90000 \times 3.7908 - 0.25 \times 40000 \times 3.7908$$
$$= 376799 \, 万元$$

因 $PC_B < PC_R$，则应选择购买新设备的方案。

第5章 价值工程

5.1 价值工程原理

专项突破1 价值工程的概念及特点

项目	内容
概念	价值工程，也称价值分析、价值管理，是通过各相关领域的协作，对研究对象的功能和费用进行系统分析，持续创新，旨在提高研究对象价值的一种管理思想和管理技术。 价值工程中的"工程"是指为提高对象价值所进行的一系列活动【2024年考过】，包括选取价值高的备选对象付诸实施、提高对象价值（针对价值较低的备选对象）以及两者的综合应用（选取价值较高的对象并进一步优化提高其价值）
理论公式	$$V = \frac{F}{C}$$ 式中　V——价值； 　　　F——对象的功能，即对象能满足某种需求的效用或属性； 　　　C——对象获得功能所发生的费用（成本），包括获得功能所有权/使用权的费用（成本）和保证功能发挥作用的费用（成本），即寿命周期成本
特点	（1）价值工程能有效实现对象技术和经济的结合。 （2）价值工程基于用户/顾客（消费者）视角解决问题。 （3）价值工程的目标是提高对象的价值。价值工程的"价值"是功能与费用（成本）的比较价值，体现的是功能与成本之间的协调关系，不是单纯地提高或增加功能，也不是为降低成本而节省费用，目标是提高对象的价值。 （4）价值工程活动的核心是功能分析。【2013年、2017年、2022年考过】 （5）价值工程强调技术方案创新。 （6）价值工程需要进行量化分析。【2017年、2022年考过】 （7）价值工程是一种有组织的管理活动

重点难点专项突破

1. 本考点不仅会以判断正确与错误说法的题目综合考核，还可能会就某一句话单独成题。

2. 价值工程中的"价值""工程"的含义要掌握。

3. 本考点可能会这样命题：

（1）价值工程中"价值"的含义是（　　　）。

A. 产品的使用价值

B. 产品的交换价值

C. 产品全寿命时间价值

D. 产品功能与费用的比较价值

【答案】D

（2）价值工程活动的核心工作是对产品进行（　　）。

A. 成本分析 　　　　　　　　　　B. 功能分析

C. 方案创造 　　　　　　　　　　D. 设计方案优化

【答案】B

（3）关于价值工程特点的说法，正确的有（　　）。

A. 价值工程的核心是对产品进行功能分析

B. 价值工程能有效实现对象技术和经济的结合

C. 价值工程基于用户／顾客（消费者）视角解决问题

D. 价值工程中的"价值"是指产品的使用价值

E. 价值工程的目的是降低产品的生产成本

【答案】A、B、C

专项突破2　提高价值的途径

例题： 某工程施工方案的计划工期为350d，对方案运用价值工程原理优化后工期缩短了10d，可实现同样的功能，并降低了工程费用。根据价值工程原理，该价值提升的途径属于（　　）。【2020年真题题干】

A. 功能提高，费用降低 　　　　　B. 功能提高，费用不变

C. 功能不变，费用降低 　　　　　D. 功能较大幅度提高，费用较少提供

E. 功能略有下降，费用大幅度降低

【答案】C

重点难点专项突破

1. 本考点还可以考核的题目有：

人防工程设计时，在考虑战时能发挥其隐蔽功能的基础上平时利用为地下停车场。这种提高产品价值的途径是（B）。【2018年真题题干】

2. 提高价值工程的五个途径 $[F——功能、C——费用（成本）、V——价值]$：

（1）双向型：$\dfrac{F\uparrow}{C\downarrow}\rightarrow V\uparrow$，F提高，C降低。

（2）改进型：$\dfrac{F\uparrow}{C}\rightarrow V\uparrow$，F提高，C不变。

（3）节约型：$\dfrac{F}{C\downarrow}\rightarrow V\uparrow$，F不变，C降低。

（4）投资型：$\dfrac{F\uparrow\uparrow}{C\uparrow}\rightarrow V\uparrow$，F大幅度提高，C较少提高。

（5）牺牲型：$\dfrac{F\downarrow}{C\downarrow\downarrow}\rightarrow V\uparrow$，F略有下降，C大幅度降低。

5.2　价值工程实施步骤

专项突破1　价值工程的工作程序

例题：价值工程的工作程序一般可分为准备、分析、创新、实施四个阶段。价值工程分析阶段的工作有（　　　）。【2015年考过】

A. 工作对象选择　　　　　　　B. 组成价值工程工作组

C. 制订工作计划　　　　　　　D. 收集整理信息资料

E. 功能分析　　　　　　　　　F. 功能评价

G. 方案创新　　　　　　　　　H. 方案评价

I. 提案编写　　　　　　　　　J. 方案审批

K. 方案实施与检查　　　　　　L. 成果鉴定

【答案】D、E、F

A. 设计方案优化   B. 工作对象选择
C. 方案创新   D. 方案评价
E. 功能分析
【答案】B、E

专项突破2　价值工程对象的选择

例题：从设计方面，优先作为价值工程研究对象的有（　　　）。【2022年考过】

A. 结构复杂、性能和技术指标较差的工程项目【2022年考过】
B. 体积和重量大的工程项目
C. 工程量大、工序繁琐、工艺复杂的工程项目
D. 原材料和能源消耗高、质量难于保证的工程项目
E. 用户意见多和竞争力差的工程项目
F. 成本高或成本比重大的工程项目

【答案】A、B

重点难点专项突破

1. 本考点还可以考核的题目有：
（1）从施工生产方面，优先作为价值工程研究对象的有（C、D）。
（2）从市场方面，优先作为价值工程研究对象的是（E）。
（3）从成本方面，优先作为价值工程研究对象的是（F）。
2. 考试时会从相反方向设置干扰选项，比如：
（1）用户意见少且竞争力较强的工程产品。
（2）成本较低或占总成本比重较小的工程产品。
（3）工艺简单、原材料能耗较低、质量有一定保障的工程产品。
3. 价值工程对象选择常用的方法有：因素分析法、ABC分析性、强制确定法、百分比分析法、价值指数法。
（1）因素分析法是一种定性分析方法，适用于备选对象彼此差异较大因而量化比较意义不大和时间紧迫难以量化比较的情形。
（2）ABC分析法的原理最先来自于库存分类管理，将备选对象分为ABC三类，A类产品或商品种类少但销售额或成本占比高，应重点管理；C类产品或商品种类多但销售额或成本占比低，实行一般管理；B类位居两者之间。在价值工程活动中，以构成产品的零部件为备选对象时，A类是指累计成本占比70%～80%而数量仅占10%～20%的零部件。对工程项目而言，可以按照工程项目类型或者一个项目中的组成部分及相应的造价或成本划分ABC类，应优先选择A类为价值工程对象。
（3）强制确定法以功能重要程度作为选择价值工程对象的一种分析方法。
（4）百分比分析法侧重于从成本/费用维度选择价值工程对象。

（1）应用ABC分析法选择价值工程对象，是将（　　）的零部件或工序作为价值工程对象。

A. 生产工艺复杂　　　　　　　　　B. 价值系数高

C. 成本占比高　　　　　　　　　　D. 功能评分值高

【答案】C

（2）根据功能重要程度选择价值工程对象的方法称为（　　）。

A. 因素分析法　　　　　　　　　　B. ABC分析法

C. 强制确定法　　　　　　　　　　D. 价值指数法

【答案】C

4. 可能会与价值工程对象选择方法混淆的方法是方案创造的方法。方案创造以定性方法为主，包括头脑风暴法、哥顿法（模糊目标法）、专家意见法（德尔菲法）、专家检查法等。【2024年考过】

专项突破3　功能分析

项目	内容
功能定义	功能定义应该从主要向次要，从大到小的步骤依次进行。 功能定义的目的有：（1）明确现有产品所具有的功能状况；（2）明确用户要求的功能；（3）便于确定功能系统结构；（4）为功能评价提供条件；（5）为改进和创新拓宽思路
功能整理	功能整理通常用功能系统图直观地描述对象功能得以实现的各项细分功能的逻辑关系
功能计量	功能计量是在功能定性分析基础上对各项功能的定量分析。功能计量是功能的具体量化表述，是功能定义的延伸，实际工作中通常将两者结合确定

重点难点专项突破

1. 本考点主要掌握上表中内容即可。

2. 本考点可能会这样命题：

（1）功能整理通常用（　　）直观地描述对象功能得以实现的各项细分功能的逻辑关系。

A. 功能系统图　　　　　　　　　　B. 功能结构图

C. 功能关联表　　　　　　　　　　D. 信息结构图

【答案】A

（2）功能分析工作包括（　　）。

A. 功能定义　　　　　　　　　　　B. 功能整理

C. 功能评估　　　　　　　　　　　D. 功能计量

E. 功能改进

【答案】A、B、D

专项突破4 功能评价

例题：现有四个施工方案可供选择，其功能评分和寿命周期成本相关数据见下表，则根据价值工程原理应选择的最佳方案是（   ）。【2017年真题】

方案	甲	乙	丙	丁
功能评分	9	8	7	6
寿命周期成本（万元）	100	80	90	70

A. 乙   B. 甲
C. 丙   D. 丁
【答案】A

重点难点专项突破

1. 利用价值系数选择最优方案：

$$价值系数\ V = \frac{功能评价值（目标成本）F_i}{功能目前成本\ C_i}$$

$V=1$，$F=C$，评价对象的价值为最佳，无须改进；

$V<1$，$F<C$，存在过剩功能，条件、方法不佳；

$V>1$，$F>C$，功能评价值估计过高，实现了低投入，有外部因素影响。

命题总结：

一是通过计算选择最优方案。在2010年、2015年、2017年都是考核的这类型题目。

二是根据价值系数判断产生原因。在2012年考核了这类型题目。

三是判断价值工程对象的改进范围。在2021年考核了这类型题目。

某单位工程由甲、乙、丙和丁4个分部工程组成，相关数据如下表。运用价值工程原理判断，应作为优先改进对象的是（   ）。【2021年真题】

项目	甲	乙	丙	丁
现实成本（万元）	1100	2350	1220	1630
目标成本（万元）	1000	2000	1230	1500
功能价值	0.909	0.851	1.008	0.920

A. 甲   B. 丙
C. 乙   D. 丁
【答案】C

2. 接下来看上述例题如何解答。

计算各方案的功能系数：$F_{甲}=9/(9+8+7+6)=0.30$；$F_{乙}=8/(9+8+7+6)=$

0.27；$F_丙$＝7/（9＋8＋7＋6）＝0.23；$F_丁$＝6/（9＋8＋7＋6）＝0.20。

计算各方案的成本系数：$C_甲$＝100/（100＋80＋90＋70）＝0.29；$C_乙$＝80/（100＋80＋90＋70）＝0.24；$C_丙$＝90/（100＋80＋90＋70）＝0.26；$C_丁$＝70/（100＋80＋90＋70）＝0.21。

计算各方案的价值系数：$V_甲$＝0.30/0.29＝1.03；$V_乙$＝0.27/0.24＝1.13；$V_丙$＝0.23/0.26＝0.88；$V_丁$＝0.20/0.21＝0.95。

所以，最优方案为乙方案。

3. 如果对价值结果判断进行考核，可能会这样出题：

造成价值工程活动对象的价值系数V小于1的可能原因有（　　　　）。

A. 评价对象的现实成本偏低　　　　B. 功能目前成本大于功能评价值

C. 可能存在着不足的功能　　　　　D. 实现功能的条件或方法不佳

E. 可能存在着过剩的功能

【答案】B、D、E

第2篇 工程财务

第6章 财务会计基础

6.1 会计要素组成及计量

专项突破1 会计要素的组成

例题：企业的资本公积属于会计要素中的（　　）。

A. 资产　　　　　　　　　　　　　　B. 负债

C. 所有者权益　　　　　　　　　　　D. 收入

E. 费用　　　　　　　　　　　　　　F. 利润

【答案】C

重点难点专项突破

1. 本考点还可以考核的题目有：

（1）某企业年初花费30万元购买归企业拥有且预期会给企业带来经济利益的一套设备，在会计核算中应归属的会计要素是（A）。【2018年真题题干】

（2）某施工企业以1000万元购入一宗城市土地的使用权，准备建造自用办公大楼，该项土地使用权在会计核算中应归属的会计要素是（A）。

（3）某企业的应付职工薪酬，在会计核算中应归属的会计要素是（B）。

（4）施工企业会计核算内容中，属于《企业会计准则》规定的会计要素的有（A、B、C、D、E、F）。【2024年考过】

（5）反映企业某一时点财务状况的会计要素有（A、B、C）。【2014年真题题干】

（6）反映企业某一时期经营成果的会计要素有（D、E、F）。【2010年真题题干】

（7）静态会计等式是由（A、B、C）等会计要素构成的。

（8）下列会计要素中，属于静态会计要素的有（A、B、C）。【2021年真题题干】

（9）动态会计等式是由（D、E、F）等会计要素构成的。【2009年、2022年考过】

（10）下列会计要素中，属于动态会计要素的有（D、E、F）。

2. 本考点在2009年、2010年、2011年、2012年、2013年、2014年、2018年、2019年、2021年、2023年、2024年均有考核，要重点掌握。

3. 资产分为流动资产和非流动资产，两者的内容在考核时相互作为干扰选项。

主要的考核形式是："下列资产中，属于流动资产的有（   ）。"【2010 年、2019 年、2023 年考过】

4. 负债分为流动负债和非流动负债，两者的内容在考核时相互作为干扰选项。主要的考核形式是："根据现行《企业会计准则》，应列入流动负债的有（   ）。"【2010年、2013 年考过】

5. 所有者权益包括：实收资本（或股本）、资本公积、盈余公积、未分配利润、其他权益工具、其他综合收益、专项储备。

6. 企业经济业务（仅指会计事项）的发生，导致企业资产总额与权益总额的增减变动，只有四种类型：（1）资产项目与权益项目同时增加，双方增加的金额相等；（2）资产项目与权益项目同时减少，双方减少的金额相等；（3）资产项目之间此增彼减，增减的金额相等；（4）权益项目之间此增彼减，增减的金额相等。（3）和（4）两种类型不影响静态会计等式左右两侧的总额。

7. 最后再补充下会计等式的应用。

静态会计等式反映企业在某一特定日期财务状况，公式为"资产＝负债＋所有者权益"。

动态会计等式反映企业在一定会计期间经营成果，公式为"收入－费用＝利润"。【2022 年考过】

专项突破 2　会计要素的计量属性

例题： 根据会计核算原则，若企业资产按照购置时支付的现金或者现金等价物的金额，或者按照购置资产时所付出的代价的公允价值计量，该资产计量属于按（   ）计量。【2012 年考过】

A. 历史成本
B. 重置成本
C. 可变现净值
D. 现值
E. 公允价值

【答案】A

重点难点专项突破

1. 本考点还可以考核的题目有：

（1）根据会计核算原则，若企业负债按照因承担现时义务而实际收到的款项或者资产的金额，或者承担现时义务的合同金额计量，该负债计量属于按（A）计量。

（2）根据会计核算原则，若企业负债按照日常活动中为偿还负债预期需要支付的现金或者现金等价物的金额计量，该负债计量属于按（A）计量。

（3）根据会计核算原则，若企业资产按照现在购买相同或者相似资产所需支付的现金或者现金等价物的金额计量，该资产计量属于按（B）计量。

（4）根据会计核算原则，若企业负债按照现在偿付该项债务所需支付的现金或者现金等价物的金额计量，该负债计量属于按（B）计量。

（5）根据会计核算原则，若企业按照其现在正常对外销售所能收到现金或者现金等价物的金额，扣减该资产至完工时估计将要发生的成本、估计的销售费用以及相关税费后的金额计量，该资产计量属于按（C）计量。

（6）根据会计核算原则，若企业资产按照预计从其持续使用和最终处置中所产生的未来净现金流入量的折现金额计量，该资产计量属于按（D）计量。

（7）根据会计核算原则，若企业负债按照预计期限内需要偿还的未来净现金流出量的折现金额计量，该负债计量属于按（D）计量。

（8）根据会计核算原则，若企业资产和负债按照市场参与者在计量日发生的有序交易中，出售资产所能收到或者转移负债所需支付的价格计量，其计量属于按（E）计量。

2. 应能区分资产或负债在计量时按照哪种属性计量。有四种命题形式：

（1）以判断正确与错误说法的题目考查；【2016年考过】

（2）判断资产或负债的计量属性；【2012年考过】

（3）根据计量属性，判断如何计量；【2014年、2024年考过】

（4）根据题干中数据，计算计量属性。【2020年、2021年、2022年考过】

3. 本考点可能会这样命题：

（1）按历史成本核算资产耗费时，确定资产历史成本的方法有（   ）。

A. 按购置资产时支付的现金金额计量

B. 按购置资产时资产的市场信息价计量

C. 按购置资产时支付的现金等价物金额计量

D. 按购置资产时资产的出厂价计量

E. 按购置资产时付出的对价的公允价值计量

【答案】A、C、E

（2）某企业3年前购置一台价值为30万元的设备，现在若以20万元卖出，卖出该设备需要发生维修成本2万元，发生销售费用1万元，缴纳税金0.5万元，则该设备的可变现净值为（   ）万元。【2022年真题】

A. 18.5   B. 19.5

C. 20   D. 16.5

【答案】D

【解析】设备可变现净值＝20－（2＋1＋0.5）＝16.5万元。

（3）某企业2年前20万元购买的一台设备，累计已提取折旧4万元，现在市场上购买同样的设备需要15万元，则在会计计量时该设备的历史成本和重置成本分别为（   ）。【2020年真题】

A. 20万元和15万元   B. 16万元和11万元

C. 16万元和15万元   D. 20万元和16万元

【答案】A

（4）关于会计核算中历史成本计量原则的说法，正确的是（   ）。【2016年真题】

A. 负债按照现在偿付该项债务所需支付的现金的金额计量

B. 资产按照市场参与者在交易日发生的有序交易中，出售资产所能收到的价格计量

C. 资产按照购置时所付出的代价的公允价值计量

D. 负债按照现在偿付该项债务所需支付的现金等价物的金额计量

【答案】C

6.2　财务会计工作基本内容

专项突破　财务会计工作基本内容

例题： 财务会计的基本职能包括（　　）。【2014年真题题干】

A. 核算　　　　　　　　　　　　　B. 监督

C. 确认　　　　　　　　　　　　　D. 计量

E. 记录　　　　　　　　　　　　　F. 报告

【答案】A、B

重点难点专项突破

1. 本考点还可以考核的题目有：

（1）会计关键环节包括（C、D、E、F）。

（2）会计（C）是指对发生的交易或事项，按照一定的标准辨析其能否确认为会计主体的一个或多个会计要素、何时输入会计信息系统以及如何进行会计报告的过程。

（3）施工企业会计对项目购货发票反映的经济内容能否记入会计要素以及何时记入会计信息系统进行辨析的过程，是会计工作环节中的会计（C）。【2024年真题题干】

（4）会计（E）是指对经确认和计量的交易或事项及其金额，按照一定的规则和方法，通过分解、综合、汇总等手段记入有关账簿的过程。

（5）会计（A）工作的主要作用是客观反映经济活动，把已经发生或已经完成的经济活动以价值形态记录下来，并经过必要的计算、分析、综合，形成系统的会计信息，反映企业已经形成的财务状况、经营成果和财务状况的变化。

（6）会计（B）的主要作用是控制经济活动，引导经济活动按照预定的计划和要求进行，以实现既定的目标。

2. 会计核算和监督形成的会计信息具有综合性、连续性和系统性。会计信息主要为外部利害关系人提供以财务会计报告为载体的会计信息。

3. 企业下列经济业务事项，应当办理会计手续，进行会计核算：（1）资产的增加和使用；（2）负债的增减；（3）净资产（所有者权益）的增减；（4）收入、支出、费用、成本的计算；（5）财务成果的计算和处理；（6）需要办理会计手续、进行会计核算的其他事项。

6.3 会计假设与会计基础

专项突破1 会计基本假设

例题：会计核算的基本假设包括（　　　　）。

A．会计主体假设　　　　　　　　　　B．持续经营假设

C．会计分期假设　　　　　　　　　　D．货币计量假设

【答案】A、B、C、D

重点难点专项突破

本考点还可以考核的题目有：

（1）对会计核算的范围从空间上加以界定是通过（A）实现的。**【2011年真题题干】**

（2）判定一次经济业务是否记入某一会计实体的会计假设是（A）。**【2024年真题题干】**

（3）根据现行《企业会计准则》，（B）假定企业在可以预见的未来不会面临破产和清算，它所拥有的资产将在正常的经营过程中被耗用或出售，所承担的债务也将在同样的过程中被偿还。

（4）对会计核算的对象从时间上加以界定是通过（C）实现的。

（5）规定了会计的计量手段，指出企业的生产经营活动及其成果可以通过货币反映的基本假设是（D）。

专项突破2 会计核算的基础

例题：某工程建设单位2019年5月审核了竣工结算书，按合同建设单位应于2019年6月支付结算款项，实际上施工企业于2020年1月收到该笔款项，根据现行《企业会计准则》，则该笔款项在权责发生制下正确的处理方式是计入（　　　　）。

A．2019年5月的收入　　　　　　　　B．2019年5月的负债

C．2019年6月的收入　　　　　　　　D．2019年6月的负债

E．2020年1月的收入　　　　　　　　F．2020年1月的负债

【答案】A

重点难点专项突破

1．本考点还可以考核的题目有：

某工程建设单位2019年5月审核了竣工结算书，按合同建设单位应于2019年6月支付结算款项，实际上施工企业于2020年1月收到该笔款项，根据现行《企业会计准则》，该笔款项在收付实现制下正确的处理方式是计入（E）。

2．考生应能区分在收付实现制与权责发生制下的会计核算处理。

收付实现制——不论应该归属于哪个期间都按照收款的当期确认为收入。

权责发生制——凡是当期实际发生并应归属当期的收入、支出和费用，无论款项是否收付，都应当作为当期的收入和费用；凡是不属于当期的收入和费用，即使款项已经收到或支付，也不应作为当期的收入和费用。

　　3. 本考点还会考核计算题目，比如：

　　某企业2017年5月30日销售货物10万元（当月无其他销售），当年5月31日收到银行转账货款2万元，6月3日收到银行转账货款8万元。按照权责发生制，该企业5月份应计销售收入为（　　）万元。【2017年真题】

　　A. 12　　　　　　　　　　　　　B. 10
　　C. 2　　　　　　　　　　　　　D. 0

【答案】B

6.4　会计核算过程与会计等式

专项突破1　会计核算原则

　　例题：根据《企业会计准则》，企业提供的会计信息应当反映与企业财务状况、经营成果和现金流量等有关的所有重要交易或者事项，体现了会计核算的（　　）原则。

　　A. 重要性　　　　　　　　　　B. 谨慎性
　　C. 实质重于形式　　　　　　　D. 可比性
　　E. 相关性　　　　　　　　　　F. 明晰性
　　G. 及时性　　　　　　　　　　H. 客观性

【答案】A

重点难点专项突破

　　本考点还可以考核的题目有：

　　（1）企业对交易或者事项进行会计确认、计量和报告应当保持应有的谨慎，不应高估资产或者收益、低估负债或者费用，体现了会计核算的（B）原则。

　　（2）企业应当按照交易或者事项的经济实质进行会计确认、计量和报告，不应仅以交易或者事项的法律形式为依据，体现了会计核算的（C）原则。

　　（3）企业在会计核算中，对融资租赁方式租入的固定资产提取折旧，这种会计处理方式遵循的会计核算原则是（C）。【2024年真题题干】

　　（4）企业应当以实际发生的交易或者事项为依据进行会计确认、计量和报告，如实反映符合确认和计量要求的各项会计要素及其他相关信息，体现了会计核算的（H）原则。

　　（5）会计核算原则包括（A、B、C、D、E、F、G、H）。

专项突破2　会计核算的基本过程

基本过程		内容
设置会计科目和账簿		会计科目是会计核算反映经济活动基本依据，主要作用有：（1）会计科目是记账的基础；（2）会计科目是编制记账凭证的基础；（3）会计科目为编制会计报表提供了方便。 　　从事生产、经营的纳税人应当自领取营业执照或者发生纳税义务之日起15日内，按照国家有关规定设置账簿。账簿包括总账、明细账、日记账以及其他辅助性账簿
填制会计凭证	原始凭证	（1）原始凭证的内容必须具备：凭证的名称；填制凭证的日期；填制凭证单位名称或者填制人姓名；经办人员的签名或者盖章；接受凭证单位名称；经济业务内容；数量、单价和金额。 　　（2）从外单位取得的原始凭证，必须盖有填制单位的公章；从个人取得的原始凭证，必须有填制人员的签名或者盖章。自制原始凭证必须有经办单位领导人或者其指定的人员签名或者盖章。对外开出的原始凭证，必须加盖本单位公章。 　　（3）凡填有大写和小写金额的原始凭证，大写与小写金额必须相符。购买实物的原始凭证，必须有验收证明。支付款项的原始凭证，必须有收款单位和收款人的收款证明。 　　（4）一式几联的原始凭证，应当注明各联的用途，只能以一联作为报销凭证。 　　（5）发生销货退回的，除填制退货发票外，还必须有退货验收证明；退款时，必须取得对方的收款据或者汇款银行的凭证，不得以退货发票代替收据。 　　（6）职工公出借款凭据，必须附在记账凭证之后。收回借款时，应当另开收据或者退还借据副本，不得退还原借款收据。 　　（7）经上级有关部门批准的经济业务，应当将批准文件作为原始凭证附件。如果批准文件需要单独归档的，应当在凭证上注明批准机关名称、日期和文件字号。 　　原始凭证记载的各项内容均不得涂改；原始凭证有错误的，应当由出具单位重开或者更正，更正处应当加盖出具单位印章。原始凭证金额有错误的，应当由出具单位重开，不得在原始凭证上更正
	记账凭证	由会计机构和会计人员根据审核无误的原始凭证或原始凭证汇总表编制
登记账簿、对账和结账		登记账簿即记账。会计记账方法有单式记账法、复式记账法。复式记账法主要有借贷记账法、增减记账法和收付记账法。 　　企业应当定期将会计账簿记录与实物、款项及有关资料相互核对。 　　企业应当按照规定定期结账。结账前，必须将本期内所发生的各项经济业务全部登记入账；结账时，应当结出每个账户的期末余额；年度终了，要把各账户的余额结转到下一会计年度
编制财务会计报告		企业应当根据会计分期，分期结算账目和编制财务会计报告。 　　财务会计报告应当由单位负责人和主管会计工作的负责人、会计机构负责人（会计主管人员）签名并盖章；设置总会计师的单位，还须由总会计师签名并盖章。企业负责人应当保证财务会计报告真实、完整

重点难点专项突破

1. 本考点考生主要熟悉上表中的内容即可。

2. 本考点可能会这样命题：

（1）从事生产、经营的纳税人应当自领取营业执照或者发生纳税义务之日起（　　）日内，按照国家有关规定设置账簿。

A. 7　　　　　　　　　　　　　　B. 10

C. 15　　　　　　　　　　　　　　D. 25

【答案】C

（2）关于原始凭证填制的说法，正确的有（　　）。

A. 原始凭证的内容必须具备凭证的名称和填制凭证的日期

B. 自制原始凭证必须有经办单位领导人或者其指定的人员签名或者盖章

C. 一式几联的原始凭证，应当注明各联的用途，只能以一联作为报销凭证

D. 经上级有关部门批准的经济业务，应当将批准文件作为原始凭证附件

E. 退款时，必须取得对方的收款收据或者汇款银行的凭证，可以退货发票代替收据

【答案】A、B、C、D

6.5　会　计　监　督

专项突破1　内部会计控制

例题：为实施内部会计控制，需要将与内部会计控制相关内容的管理制度化。主要内部会计管理制度包括（　　）。

A. 内部会计管理体系　　　　　　　B. 会计人员岗位责任制度

C. 账务处理程序制度　　　　　　　D. 内部牵制制度

E. 稽核制度　　　　　　　　　　　F. 原始记录管理制度

G. 定额管理制度　　　　　　　　　H. 计量验收制度

I. 财产清查制度　　　　　　　　　J. 财务收支审批制度

K. 成本核算制度　　　　　　　　　L. 财务会计分析制度

【答案】A、B、C、D、E、F、G、H、I、J、K、L

重点难点专项突破

1. 熟悉各内部管理制度包括的内容。可能会这样命题：

账务处理程序制度主要内容包括（　　）。

A. 会计核算的组织形式　　　　　　B. 会计核算方法

C. 会计账簿的设置　　　　　　　　D. 财务收支审批程序

E. 会计凭证的格式、审核要求和传递程序

【答案】B、C、E

2. 内部会计控制的方法主要包括：不相容职务相互分离控制、授权批准控制、会计系统控制、预算控制、财产保全控制、风险控制、内部报告控制、电子信息技术控制等。不相容职务相互分离控制是内部控制的核心。

不相容职务主要包括：授权批准、业务经办、会计记录、财产保管、稽核检查等职务。出纳人员不得兼任稽核、会计档案保管和收入、支出、费用、债权债务账目的登记工作。【2024年考过】

专项突破 2　会计监督

例题： 会计监督可分为（　　　）。

A．企业内部监督　　　　　　　　B．政府监督

C．社会监督　　　　　　　　　　D．行政监督

【答案】A、B、C

重点难点专项突破

1．本考点还可以考核的题目有：

（1）各单位的会计机构、会计人员依据法律法规、相关制度规定，在会计工作中对本单位经济活动的真实性、合法性、合理性进行的监督是（A）。

（2）财税等部门代表国家对各单位和单位中相关人员的会计行为实施的监督检查是（B）。

（3）由注册会计师及其所在的会计师事务所等中介机构接受委托依法对单位的经济活动进行审计的监督是（C）。

2．选项D是可能会出现的干扰选项。

3．熟悉企业内部监督的主要内容和财政部门实施监督的情况。

第7章　费用与成本

7.1　费用与成本的关系

专项突破1　企业支出分类

例题：下列企业支出中，属于资本性支出的有（　　　）。【2021年、2023年考过】

A. 建造厂房支出
B. 购买机械设备支出【2024年考过】
C. 修建道路支出
D. 自建办公楼支出【2024年考过】
E. 购买小汽车支出
F. 无形资产支出
G. 长期待摊费用支出
H. 企业外购材料支出
I. 支付劳动报酬支出
J. 管理费用支出
K. 销售费用（营业费用）支出
L. 财务费用支出
M. 车船使用税支出
N. 消费税支出
O. 城市维护建设税支出
P. 教育费附加及房产税支出
Q. 土地使用税支出
R. 股利分配支出【2023年考过】
S. 非常损失
T. 公益性捐赠支出【2021年、2023年考过】
U. 盘亏损失
V. 非流动资产损毁报废损失
W. 购买股票
X. 购买债券
Y. 缴纳所得税费用支出

【答案】A、B、C、D、E、F、G

重点难点专项突破

1. 本考点还可以考核的题目有：

（1）下列企业支出中，属于收益性支出的有（H、I、J、K、L、M、N、O、P、Q）。【2024年考过】

（2）下列企业支出中，属于利润分配支出的有（R）。

（3）下列企业支出中，属于营业外支出的有（S、T、U、V）。

（4）下列企业支出中，属于企业对外投资支出的有（W、X）。

> 命题总结：
>
> 还可能会逆向命题："根据我国现行《企业会计准则》，收益性支出不包括（　　　）。【2012年真题题干】"

2. 选项 Y，缴纳所得税费用支出是企业按规定缴纳所得税费用发生的支出。
3. 支出与费用的关系应熟悉。

专项突破 2　费用与成本的关系与区别

项目	内容
联系	（1）费用和成本两者都是资产的耗费。 （2）费用和成本两者都是针对特定会计期间而言的。 （3）成本是按照成本核算对象进行的费用归集，由费用转化而来。 （4）成本可以转化为费用。会计期末应将当期已销产品的成本结转进入当期损失，作为费用与当期收入配比计算经营成果
区别	（1）费用是针对特定会计期间而言的；成本不仅是针对特定会计期间而言的，而且是针对特定成本核算对象而言的，成本是对象化了的费用。 （2）并非所有的费用均计入成本核算对象进行成本核算。哪些费用计入成本与成本核算方法相关

重点难点专项突破

1. 本考点内容不多，熟悉上表内容即可。
2. 本考点可能会这样命题：
关于成本与费用的说法，正确的有（　　　）。
A. 费用和成本两者都是资产的耗费
B. 成本可以转化为费用
C. 成本是按照成本核算对象进行的费用归集
D. 成本是针对特定会计期间而言的，费用是针对特定成本核算对象而言的
E. 所有的费用均计入成本核算对象计算成本
【答案】A、B、C

7.2　施工企业费用确认及计量

专项突破 1　费用确认

项目	内容
费用确认条件	应同时满足下列条件才能确认： （1）与费用相关的经济利益很可能流出企业； （2）经济利益流出的结果会导致企业资产的减少或者负债的增加； （3）经济利益的流出额能够可靠地计量
费用所属会计期间确认	费用所属会计期应遵循划分资本性支出和收益性支出原则、权责发生制原则和配比原则。

项目	内容
费用所属会计期间确认	如果支出所带来的效益只与本会计年度有关，那么该项支出就是收益性支出，确认当期费用；如果支出所带来的效益不仅与本会计年度有关，而且同时与几个会计年度有关，那么该项支出就是资本性支出，先应进行资产价值核算，再按一定规则和方法将资产价值在有关会计年度分配确认费用

重点难点专项突破

1. 本考点内容不多，熟悉上表内容即可。

2. 本考点可能会这样命题：

费用是指企业在日常活动中发生的、会导致所有者权益减少的、与向所有者分配利润无关的经济利益的总流出。应当同时满足（　　）条件才能确认。

A. 与费用相关的含有服务潜力或者经济利益的经济资源很可能流出

B. 与费用相关的经济利益应当很可能流出企业

C. 经济利益流出的结果会导致企业资产的减少或者负债的增加

D. 经济利益的流出额能够可靠地计量

E. 流入金额能够可靠地计量

【答案】B、C、D

专项突破2　存货计量

例题：投资者投入存货的成本，应当按照投资合同或协议约定的价值确定，但合同或协议约定价值不公允的，应按照（　　）计量。

A. 外购成本　　　　　　　　　　B. 公允价值

C. 相应的会计准则　　　　　　　D. 重置成本

E. 间接费用

【答案】B

重点难点专项突破

1. 本考点还可以考核的题目有：

（1）施工企业消耗的原材料一部分是直接运抵现场使用的，按（A）计量。

（2）通过非货币性资产交换、债务重组、企业合并取得的存货，按照（C）进行计量。

（3）盘盈存货按照（D）计量。

（4）提供劳务取得的存货，按照从事劳务提供人员的直接人工和其他直接费用以及可以归属于该存货的（E）计量。

2. 存货的特点应熟悉，会这样命题："相对于固定资产，施工企业存货独有的特点是（　　）。【2024年真题题干】"

3. 关于发出存货的计量主要掌握以下知识点：

（1）对于性质和用途相似的存货，应当采用相同的成本计算方法确定发出存货的成本。

（2）对于不能替代使用的存货、为特定项目专门购入或制造的存货以及提供的劳务，通常采用个别计价法确定发出存货的成本。

（3）施工企业工程项目消耗的原材料等存货，通常按项目需要进行采购，应采用个别计价法计量。

（4）对于施工企业集中采购的情形或者非工程项目使用的存货，存在循环采购、循环发出和消耗的情形，则应采用先进先出法、加权平均法或者个别计价法确定成本进行计量。

4. 存货的后续计量：资产负债表日，存货应当按照成本与可变现净值孰低计量。存货成本高于其可变现净值的，应当计提存货跌价准备，计入当期损益。

专项突破3　固定资产计量

项目	内容
固定资产初始计量	固定资产应当按照成本进行初始计量。 （1）外购固定资产的成本，包括购买价款、相关税费、使固定资产达到预定可使用状态前所发生的可归属于该项资产的运输费、装卸费、安装费和专业人员服务费等【2020年考过】。以一笔款项购入多项没有单独标价的固定资产，应当按照各项固定资产公允价值比例对总成本进行分配，分别确定各项固定资产的成本。 （2）自行建造固定资产的成本，由建造该项资产达到预定可使用状态前所发生的必要支出构成。 （3）投资者投入固定资产的成本，应当按照投资合同或协议约定的价值确定，但合同或协议约定价值不公允的除外。 （4）非货币性资产交换、债务重组、企业合并和融资租赁取得的固定资产的成本，应当分别按照相应会计准则确定
固定资产后续计量	企业应当对所有固定资产计提折旧。但是，已提足折旧仍继续使用的固定资产和单独计价入账的土地除外。固定资产应当按月计提折旧，并根据用途计入相关资产的成本或者当期损益

重点难点专项突破

1. 本考点主要熟悉上表内容。

2. 本考点可能会这样命题：

施工企业以一笔款项购入三项没有单独标价的固定资产后，在确定各项固定资产的成本时，应按照各项固定资产的（　　）对总成本进行分配。

A. 重要性评分比例　　　　　　　B. 寿命期比例

C. 制造成本比例　　　　　　　　D. 公允价值比例

【答案】D

专项突破 4　固定资产折旧方法

例题：下列固定资产折旧方法中，属于加速折旧方法的有（　　　）。【2017年真题题干】

A．年限平均法　　　　　　　　　B．行驶里程法

C．工作台班法　　　　　　　　　D．双倍余额递减法

E．年数总和法

【答案】D、E

重点难点专项突破

1．本考点还可以考核的题目有：

（1）将固定资产按预计使用年限平均计算折旧均衡地分摊到各期的方法是（A）。

（2）适用于车辆、船舶等运输设备计提折旧的方法是（B）。

（3）适用于机械、设备等计提折旧的方法是（C）。

（4）固定资产账面余额随着折旧的计提逐年减少，而折旧率不变的方法是（D）。

（5）将固定资产的应计折旧额乘以一个逐年递减的折旧率计算每年折旧额的方法是（E）。

2．固定资产折旧方法应重点掌握，在此会有折旧费用的计算。在2010年、2021年都考核了计算题目。

某施工企业购入一台施工机械，原价60000元，预计残值率3%，使用年限8年，按年限平均法计提折旧，该设备每年应计提的折旧额为（　　　）元。【2010年真题】

A．606.25　　　　　　　　　　　B．7275

C．6000　　　　　　　　　　　　D．7500

【答案】B

【解析】该设备每年应计提的折旧额 $=\dfrac{\text{固定资产应计折旧额}}{\text{固定资产的使用年限}}=\dfrac{60000\times(1-3\%)}{8}=7275$ 元。

> 若上述数据不变，则该设备每月应计提的折旧额为（A）元。
>
> 固定资产月折旧额 $=\dfrac{\text{年折旧额}}{12}=\dfrac{7275}{12}=606.25$ 元

3．固定资产折旧方法的总结：

折旧方法	折旧基数	折旧率变化	折旧额变化	归类
年限平均法	不变	不变	不变	平摊（属直线法）
工作量法				
双倍余额递减法	逐年减少	不变	逐年减少	折旧额前多后少，逐年减少（属加速折旧法）
年数总和法	不变	逐年减少		

专项突破5 无形资产计量与摊销

例题：购买无形资产的价款超过正常信用条件延期支付，实质上具有融资性质的，无形资产的成本以（　　）为基础确定。

A. 购买价款的现值　　　　　　　　B. 投资合同或协议约定的价值

C. 实际成本　　　　　　　　　　　D. 可变现净值

【答案】A

重点难点专项突破

1. 本考点还可以考核的题目有：

投资者投入无形资产的成本，应当按照（B）确定，但价值不公允的除外。

2. 选项C、D是可能会出现的干扰选项。

3. 关于无形资产摊销主要掌握以下知识点：

（1）企业摊销无形资产，应当自无形资产可供使用时起，至不再作为无形资产确认时止。

（2）无形资产的应摊销金额为其成本扣除预计残值后的金额。已计提减值准备的无形资产，还应扣除已计提的无形资产减值准备累计金额。

（3）使用寿命不确定的无形资产不应摊销。

7.3　工程成本核算

专项突破1 成本核算方法

例题：制造成本法是指将生产产品或提供劳务过程中的（　　）作为制造成本，作为产品的成本进行核算。

A. 直接材料成本　　　　　　　　　B. 直接人工成本

C. 制造费用　　　　　　　　　　　D. 管理费用

E. 销售费用　　　　　　　　　　　F. 财务费用

【答案】A、B、C

重点难点专项突破

1. 本考点还可以考核的题目有：

按完全成本法进行施工成本核算时，产品成本包括（A、B、C、D、E、F）。

2. 施工成本核算方法还包括作业成本法。成本计算的思路是：首先按经营活动中发生的各项作业来归集成本，计算出作业成本（作业消耗的资源）；然后再按各项作业成本与成本对象之间的因果关系，将作业成本分配到成本核算对象，完成成本计算。

3. 作业量的计量和分配通常采用三种方式：业务动因、持续动因、强度动因。2024年考试这样命题：按作业成本法进行产品成本核算时，以"业务动因"为基础进行作业量计量和分配依据的假设是（　　　　）。

4. 现行《企业会计准则》和相关制度规定采用制造成本法进行会计核算。

专项突破2　施工成本项目划分

例题：施工成本中其他直接费用包括施工过程中发生的（　　　　）。【2009年考过】

A. 直接从事建筑安装工程施工工人的职工薪酬

B. 在施工现场直接为工程制作构件和运料、配料等工人的职工薪酬

C. 构成工程实体的材料、结构件、机械配件和有助于工程形成的其他材料费用

D. 周转材料的租赁费和摊销

E. 使用自有施工机械所发生的机械使用费

F. 使用外单位施工机械的租赁费

G. 按照规定支付的施工机械进出场费

H. 材料搬运费

I. 材料装卸保管费

J. 燃料动力费

K. 临时设施摊销

L. 生产工具用具使用费

M. 检验试验费

N. 工程定位复测费

O. 工程点交费

P. 场地清理费

Q. 能够单独区分和可靠计量的为订立建造承包合同而发生的差旅费、投标费

R. 管理人员工资、奖金、职工福利费

S. 固定资产折旧费及修理费

T. 物料消耗

U. 低值易耗品摊销

V. 取暖费，水电费

W. 办公费，差旅费

X. 财产保险费

Y. 工程保修费

Z. 劳动保护费

【答案】H、I、J、K、L、M、N、O、P、Q

重点难点专项突破

1. 本考点还可以考核的题目有：

（1）建筑企业一般设置直接人工成本、直接材料成本、机械使用费、其他直接费用和间接费用等成本项目。下列属于直接人工成本项目的有（A、B）。

（2）直接材料成本项目包括（C、D）。

（3）机械使用费包括（E、F、G）。

（4）成本分为直接费用和间接费用。间接费用包括施工企业下属施工单位或生产单位为组织和管理工程施工所发生的（K、M、R、S、T、U、V、W、X、Y、Z）。

2. 注意区分直接费用和间接费用的具体内容。考核题型有两种：一是判断备选项是否属于直接费用、间接费用；二是计算题目【2013年考过】：

某装饰企业施工的M项目于2012年10月工程完工时共发生材料费30万元，项目管理人员工资8万元，企业行政管理部门发生水电费2万元。根据现行《企业会计准则》，应计入工程成本的费用为（　　　）万元。【2013年真题】

A. 30 　　　　　　　　　　　　B. 38

C. 32 　　　　　　　　　　　　D. 40

【答案】B

【解析】应计入工程成本的费用＝30＋8＝38万元。

专项突破3　工程成本核算过程

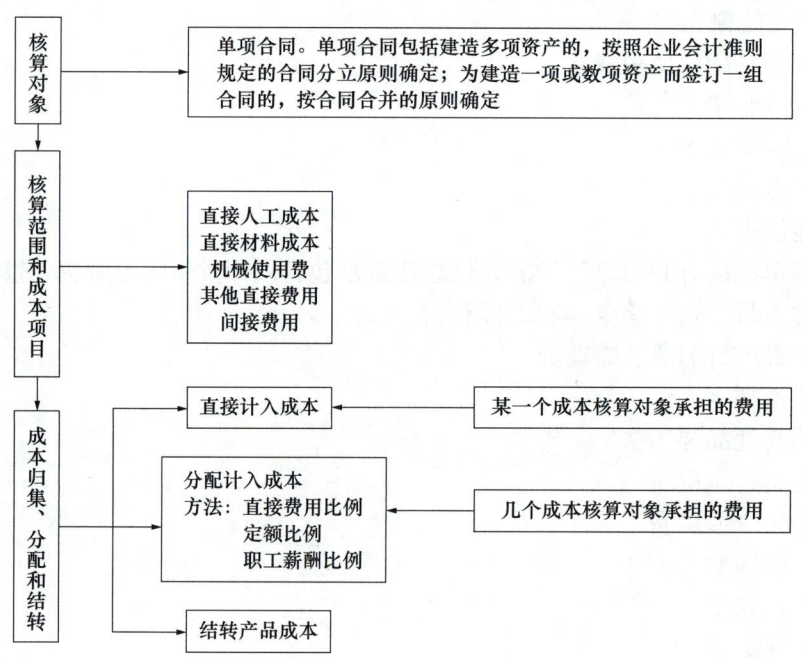

7.4　施工企业期间费用核算

专项突破　施工企业期间费用核算

例题：期间费用分为销售费用、管理费用和财务费用。下列费用应计入财务费用核算的有（　　）。【2016年考过】

A. 保险费

B. 包装费

C. 展览费和广告费

D. 商品维修费

E. 运输费

F. 装卸费

G. 销售机构的职工薪酬

H. 销售机构的业务费

I. 折旧费

J. 销售机构相关的固定资产修理费用

K. 利息支出【2015年、2020年考过】

L. 汇兑损失【2015年、2020年考过】

M. 因借入资金所付出的不符合资本化条件的借款费用

N. 除外币专门借款之外的其他外币借款本金

O. 企业在筹建期间发生的开办费

P. 董事会成员津贴、会议费和差旅费

Q. 聘请行政管理部门职工工资

R. 修理费

S. 物料消耗

T. 低值易耗品摊销

U. 工会经费

V. 中介机构费

W. 咨询费（含顾问费）

X. 业务招待费

Y. 诉讼费

Z. 研究费用

【答案】K、L、M、N

重点难点专项突破

1. 本考点还可以考核的题目有：

（1）施工企业发生的期间费用中，应计入管理费用核算的有（O、P、Q、R、S、T、U、V、W、X、Y、Z）。【2013年考过】

（2）施工企业发生的期间费用中，应计入销售费用核算的有（A、B、C、D、E、F、G、H、I、J）。

2. 本考点有两种命题形式：

第一种：上述例题题目。在2010年、2013年、2016年考核的都是这类型题目。

第二种：题干中给出某项费用，判断应计入哪一项费用核算。在2009年、2012年、2015年、2017年、2018年、2020年考核的都是这类型题目。

第8章 收　入

8.1　收入的分类、确认及计量

专项突破1　收入的概念

例题： 下列款项中，应作为企业广义上的收入的有（　　　）。【2011年真题题干】

A. 销售商品的收入
B. 提供劳务的收入
C. 让渡资产使用权的收入
D. 企业对外投资的收益【2011年考过】
E. 政府对企业的补贴【2011年考过】
F. 营业外收入
G. 企业代收的货物运杂费
H. 企业代收的增值税【2011年考过】
I. 代扣职工个人所得税【2014年考过】

【答案】 A、B、C、D、E、F

重点难点专项突破

1. 本考点还可以考核的题目有：
下列款项中，应作为企业狭义上的收入的有（A、B、C）。

2. 注意选项G、H、I，为第三方或客户代收的款项，不属于营业收入。2018年对这一采分点考核了一道计算题目，是这样命题的：

2017年某施工企业施工合同收入为2000万元，兼营销售商品混凝土收入为500万元，出租起重机械收入为80万元，代收商品混凝土运输企业运杂费为100万元，则2017年该企业的营业收入为（　　　）万元。【2018年真题】

A. 2680
B. 2580
C. 2500
D. 2000

【答案】 B

【解析】 营业收入＝主营业务收入＋其他业务收入，不包括代收的款项。接下来判断题干中的条件：施工企业施工合同收入属于主营业务收入；兼营销售商品混凝土收入、出租起重机械收入属于其他业务收入，则该企业的营业收入＝2000＋500＋80＝2580万元。

3. 狭义上的收入即营业收入，它包括主营业务收入和其他业务收入。

4. 广义的收入与企业支出的关系如下图所示。

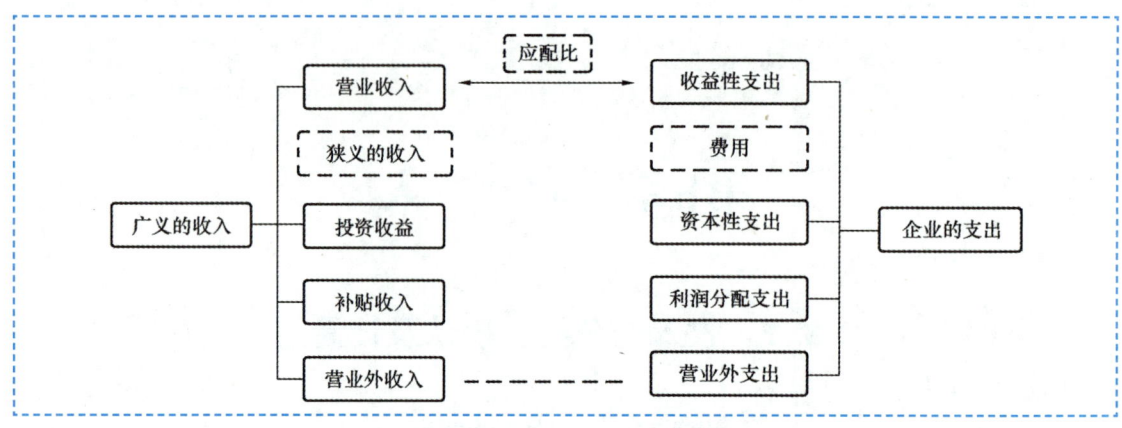

专项突破2　收入分类

例题：下列施工企业取得的收入中，属于让渡资产使用权收入的是（　　）。【2020年真题题干】

A. 建造房屋取得的收入

B. 设计和建造道路取得的收入

C. 建造大型机械设备取得的收入

D. 销售自行加工的碎石取得的收入

E. 销售商品混凝土取得的收入

F. 销售门窗制品取得的收入

G. 销售原材料取得的收入

H. 销售低值易耗品取得的收入

I. 销售周转材料取得的收入

J. 销售包装物取得的收入

K. 提供机械作业取得的收入

L. 提供运输服务取得的收入

M. 提供设计业务取得的收入

N. 金融企业发放贷款取得的收入

O. 企业让渡无形资产使用权取得的收入

【答案】N、O

重点难点专项突破

1. 本考点还可以考核的题目有：

（1）下列施工企业取得的收入中，属于建造合同收入的有（A、B、C）。

（2）下列施工企业取得的收入中，属于销售商品收入的有（D、E、F、G、H、I、J）。

（3）下列施工企业取得的收入中，属于提供劳务收入的有（K、L、M）。【2022年、2023年考过】

2. 本考点还可能会进行逆向命题，给出企业取得的收入，判断是属于哪类收入，2012年、2013年、2021年、2023年考核的都是这类型题目。比如："施工企业单独对外提供机械作业服务取得的收入属于（　　）。"【2021年真题题干】

3. 上述知识点为按收入性质的分类。按企业营业的主次分类，企业的收入也可以分为主营业务收入和其他业务收入两部分。

（1）建筑业企业的主营业务收入主要是建造合同收入。

（2）其他业务收入也称附营业务收入，是指企业非经常性的、兼营的业务所产生的收入，如销售原材料、转让技术、代购代销、出租包装物等取得的收入等【2024年考过】。建筑业企业的其他业务收入主要包括产品销售收入、材料销售收入、机械作业收入、无形资产出租收入、固定资产出租收入等。

> 这部分内容可能会这样命题：
>
> 按现行会计制度及有关规定，下列收入项目中属于建筑业企业其他业务收入的有（　　）。
>
> A．产品销售收入　　　　　　　　B．施工承包合同收入
>
> C．劳务销售收入　　　　　　　　D．材料销售收入
>
> E．机械作业收入
>
> 【答案】A、D、E

专项突破3　收入的确认和计量

收入的确认和计量原则	收入的确认和计量过程
（1）实现原则。 （2）关联原则。 （3）可靠性原则。 （4）一致性原则。 （5）主体原则	（1）确定收入的来源。 （2）确定收入发生的时间。 （3）确定收入的金额。 （4）确定收入的确认时机。 （5）记账处理。 （6）核对与调整。 （7）确认收入。 （8）报告与披露

> **重点难点专项突破**
>
> 1．收入的确认和计量原则可能会考核多项选择题。
>
> 2．收入的确认和计量过程在考核时，可能会给出几项工作，判断正确的顺序。
>
> 3．本考点可能会这样命题：
>
> 收入的确认和计量原则包括（　　）。
>
> A．实现原则　　　　　　　　　　B．关联原则
>
> C．可靠性原则　　　　　　　　　D．及时原则
>
> E．主体原则
>
> 【答案】A、B、C、E

8.2　建造合同收入

专项突破1　建造合同的分立与合并

合同的分立【2023年考过】	合同的合并
一项包括建造数项资产的建造合同，同时满足下列条件的，每项资产应当分立为单项合同： 　（1）每项资产均有独立的建造计划；【2023年考过】 　（2）与客户就每项资产单独进行谈判，双方能够接受或拒绝与每项资产有关的合同条款；【2023年考过】 　（3）每项资产的收入和成本可以单独辨认。【2023年考过】 　三个条件要同时具备，才能将建造合同进行分立	一组合同无论对应单个客户还是多个客户，同时满足下列条件的，应当合并为单项合同： 　（1）该组合同按一揽子交易签订； 　（2）该组合同密切相关，每项合同实际上已构成一项综合利润率工程的组成部分； 　（3）该组合同同时或依次履行。 　三个条件要同时具备，才能将该组合同进行合并

重点难点专项突破

　1. 首先要熟悉建造合同的概念和特征。建造合同的特征会考核多项选择题，2024年是这样命题的：与一般的材料采购合同相比，建造合同的主要特征有（　　）。

　2. 注意合同的分立与合并，要同时符合三个条件。

　3. 本考点可能会这样命题：

　一组合同无论对应单个客户还是多个客户，同时满足（　　）条件的，应当合并为单项合同。

　A. 该组合同按一揽子交易签订

　B. 每项合同实际上已构成一项综合利润率工程的组成部分

　C. 该组合同同时或依次履行

　D. 每项资产均有独立的建造计划

　E. 每项资产的收入和成本可以单独辨认

　【答案】A、B、C

专项突破2　建造合同收入的内容

　建造合同的收入包括两部分内容：合同规定的初始收入和因合同变更、索赔、奖励等形成的收入。具体内容见下表。

项目	内容
初始收入	建造承包商与客户在双方签订的合同中最初商定的合同总金额，它构成了合同收入的基本内容
合同变更收入	合同变更款应同时满足下列条件，才能构成合同收入： （1）客户能够认可因变更而增加的收入； （2）该收入能够可靠地计量

项目	内容
索赔款收入	索赔款应同时满足下列条件，才能构成合同收入： （1）根据谈判情况，预计对方能够同意该项索赔； （2）对方同意接受的金额能够可靠地计量
奖励款收入	奖励款应同时满足下列条件，才能构成合同收入： （1）根据合同目前完成情况，足以判断工程进度和工程质量能够达到或超过规定的标准； （2）奖励金额能够可靠地计量

重点难点专项突破

本考点在2014年、2017年、2020年进行过考核，考核题型一般有两种：

一是判断建造合同收入的内容，比如2017年考试题目：

从施工企业的角度，建造合同收入包括（　　　）。【2017年真题】

A. 变卖项目废弃材料的收入　　　B. 建造合同规定的初始收入

C. 企业出租施工机械的收入　　　D. 合同执行过程中变更形成的收入

E. 项目提前完工而获得的额外奖励款项

【答案】B、D、E

二是判断合同变更、索赔、奖励等形成收入的条件，比如2020年考试题目：

根据《企业会计准则》合同执行过程中，合同变更形成的收入确认为合同收入时，应同时满足的条件有（　　　）。【2020年真题】

　A. 合同变更增加了企业履约的义务

　B. 客户能够认可因变更而增加的收入

　C. 合同变更部分双方的义务已经开始履行

　D. 客户已支付变更部分的相应款项

　E. 该收入能够可靠地计量

　【答案】B、E

专项突破3　合同结果能够可靠估计的标准

例题：判断成本加成合同的结果能够可靠估计，至少需同时具备的条件有（　　　）。【2015年真题题干】

　A. 合同总收入能够可靠地计量【2015年考过】

　B. 与合同相关的经济利益很可能流入企业【2015年考过】

　C. 实际发生的合同成本能够清楚地区分和可靠地计量【2015年考过】

　D. 合同完工进度和为完成合同尚需发生的成本能够可靠地确定【2015年考过】

　【答案】B、C

专项突破4　确定建造合同完工进度的方法

例题：某建筑业企业与业主订立的一项总造价为 5000 万元的建造合同，合同工期为 3 年。第 1 年实际发生合同成本 1600 万元，年末预计为完成合同尚需发生成本 3000 万元；第 2 年实际发生合同成本 2100 万元，年末预计完成合同尚需发生成本 1400 万元。则第 1 年合同完成进度为（　　　）。

A. 9.0%
B. 34.78%
C. 72.55%
D. 32.0%

【答案】B

（2）根据已经完成的合同工作量占合同预计总工作量的比例确定。【2014年考过】

$$合同完工进度 = \frac{已经完成的合同工程量}{合同预计总工程量} \times 100\%$$

这种方法在考核时会这样命题：

某建筑业企业与业主签订了一份修建15km地铁的建造合同，合同约定工程总造价45亿元，建设期3年，第1年该施工企业修建了4km，第2年修建了8km，则第2年合同完工进度为（　　）。【2011年考过】

A．80.00%

B．20.00%

C．26.67%

D．53.33%

【答案】A

【解析】合同完工进度为（4＋8）/15×100%＝80%。

（3）根据已完成合同工作的技术测量确定。【2014年考过】

专项突破5　建造合同收入的确认

例题：某总造价5000万元的固定总价建造合同，约定工期为3年。假定经计算第1年完工进度为30%，第2年完工进度为70%，第3年全部完工交付使用。则第1年确认的合同收入为（　　）万元。

A．0

B．1500

C．2000

D．5000

【答案】B

重点难点专项突破

1. 本考点还可以考核的题目有：

（1）若上述数据不变，则第2年确认的合同收入为（C）万元。

（2）若上述数据不变，则第3年确认的合同收入为（B）万元。

（3）若上述数据不变，则3年累计确认的合同收入为（D）万元。

2. 建造合同收入的确认分为两种情况：

第一种情况：合同结果能够可靠估计时的确认。主要考核计算题目，需要掌握以下采分点：

（1）当期完成建造合同收入的确认：

当期确认的合同收入＝实际合同总收入－以前会计期间累计已确认的收入

（2）资产负债表日建造合同收入的确认：

当期确认的合同收入＝合同总收入×完工进度－以前会计期间累计已确认的收入

> 重点提示：
> ①当年开工当年末完工的建造合同，以前会计年度累计已确认的合同收入为零。
> ②以前年度开工本年末完工的建造合同，企业可直接运用上述计算公式计量和确认当期合同收入。

学习了这些知识点，再来看上例题的解答过程：

第1年确认的合同收入＝5000×30%＝1500万元；

第2年确认的合同收入＝5000×70%－1500＝2000万元；

第3年确认的合同收入＝5000－（1500＋2000）＝1500万元。

3年累计确认的合同收入为5000万元。

在2009年、2012年、2013年、2014年、2015年、2016年、2021年、2023年、2024年考核的都是计算题目，下面列举两个题目：

（1）某施工企业与业主签订了一项总造价为5000万元的固定造价合同，合同约定工期3年。若第1年完工进度30%，第2年完工进度80%，第3年完工进度100%，则该施工企业第2年应确认的合同收入为（　　　　）万元。【2024年真题】

A. 2500 　　　　　　　　　　　B. 1000

C. 1500 　　　　　　　　　　　D. 4000

【答案】A

【解析】第1年确认的合同收入＝5000×30%＝1500万元；第2年确认的合同收入＝5000×80%－1500＝2500万元。

（2）某固定造价施工合同，合同造价为4000万元，合同工期3年。假定第1年完工进度为30%，第2年完成合同工程量的35%，第3年完工交付使用。合同结果能可靠估计。关于该合同完工进度和收入确认的说法，正确的有（　　　　）。【2016年真题】

A. 第1年应确认合同收入1200万元　　B. 第2年应确认合同收入1400万元

C. 第3年合同完工进度为100%　　　　D. 第3年应确认合同收入1400万元

E. 第2年合同完工进度为35%

【答案】A、B、C、D

第二种情况：合同结果不能可靠估计时的确认。

（1）合同成本能够回收的，合同收入根据能够收回的实际合同成本来确认，合同成本在其发生的当期确认为费用。【2010年考过】

（2）合同成本不能回收的，应在发生时立即确认为费用，不确认收入。【2013年考过】

A．合同初始收入　　　　　　　　　B．实际合同成本＋合理利润

C．已经发生的全部成本　　　　　　D．能够收回的实际合同成本

【答案】D

二是根据题干中某事件资料，判断合同收入与费用的确认。比如：

某建筑业企业与甲公司签订了一项总造价为1000万元的建造合同，建设期为2年。第1年实际发生工程成本400万元，双方均履行了合同规定义务，但在第1年末，由于建筑企业对该项工程的完工进度无法可靠的估计，所以与甲公司只办理了工程价款结算360万元，随后甲公司陷入经济危机而面临破产清算，导致其余款可能无法收回。则关于该合同收入与费用确认的说法，正确的有（　　　）。【2013年真题】

A．合同收入确认方法应采用完工百分比法

B．1000万元可确认为合同收入

C．360万元确认为当年的收入

D．1000万元可确认为合同费用

E．400万元应确认为当年费用

【答案】C、D、E

第9章 利润与所得税费用

9.1 利 润

专项突破1 利润的计算

例题：某施工企业2017年的经营业绩为：营业收入3000万元，营业成本1800万元，税金及附加180万元，期间费用320万元，投资收益8万元，营业外收入20万元，所得税为15万元。则该企业2017年的利润总额为（ ）万元。

A．908

B．728

C．713

D．708

【答案】B

重点难点专项突破

1. 本考点还可以考核的题目有：

若上述数据不变，该企业的营业利润为（D）万元。

若上述数据不变，该企业的净利润为（C）万元。

> 上述例题中，营业利润＝3000－1800－320－180＋8＝708万元；利润总额＝708＋20＝728万元。净利润＝728－15＝713万元。

2. 掌握三个公式：

营业利润＝营业收入－营业成本（或营业费用）－税金及附加－期间费用＋收益－损失＝营业收入－营业成本（或营业费用）－税金及附加－销售费用－管理费用－财务费用－资产减值损失＋公允价值变动收益（损失为负）＋投资收益（损失为负）［营业利润是企业利润的主要来源］

利润总额＝营业利润＋营业外收入－营业外支出

净利润＝利润总额－所得税费用

3. 该考点除了会考核营业利润【2012年、2013年、2024年考过】、净利润与利润总额【2018年、2023年考过】的计算，还会考核公式表述是否正确的题目。比如：

（1）某企业2023年的收支情况为：营业收入9000万元，营业成本5500万元，税金及附加150万元，销售费用1200万元，管理费用500万元，财务费用600万元，投资收益50万元。该企业2023年度的营业利润为（ ）万元。【2024年真题】

A. 1050　　　　　　　　　　　　　　B. 1200

C. 1100　　　　　　　　　　　　　　D. 2200

【答案】C

【解析】营业利润＝9000－5500－150－1200－500－600＋50＝1100万元。

（2）某施工企业在2022年取得营业利润5000万元，固定资产盘亏600万元，处置无形资产净收益500万元，缴纳罚款支出20万元，债务重组损失800万元。该企业2022年度的利润总额为（　　）万元。【2023年真题】

A. 4080　　　　　　　　　　　　　　B. 3080

C. 4100　　　　　　　　　　　　　　D. 5000

【答案】A

（3）根据《企业会计准则》，下列关于利润总额的计算公式表述正确的是（　　）。

【2010年考过】

A. 营业利润＋营业外收入－营业外支出

B. 营业收入－营业成本＋营业外收支净额

C. 营业利润＋投资收益＋营业外收支净额

D. 营业利润＋投资收益

【答案】A

专项突破2　利润分配

项目	内容
分配原则	（1）依法分配原则。 （2）资本保全分配原则。 （3）充分保护债权人利益原则。 （4）多方及长短期利益兼顾原则。 （5）公司持有的本公司股份不得分配利润
分配顺序	（1）弥补公司以前年度亏损。 （2）提取法定公积金。 （3）经股东会或者股东大会决议提取任意公积金。 （4）向投资者分配利润

重点难点专项突破

1. 利润分配原则可能会考核多项选择题。

2. 利润分配顺序会有以下两种命题形式：

（1）某项某一顺序前或后应进行的工作，比如：

公司进行利润分配时，应在提取任意公积金前分配的有（　　）。【2011年真题】

A. 弥补公司以前年度亏损　　　　　　B. 向投资者分配利润

C. 提取法定公积金　　　　　　　　　D. 向股东分配股利

E. 提取留作以后年度分配的利润

【答案】A、C

（2）判断各项工作的正确顺序，比如：

按照《公司法》，公司税后利润的分配工作包括：① 提取法定公积金；② 弥补公司以前年度亏损；③ 向投资者分配利润；④ 经股东会或者股东大会决议提取任意公积金。正确的分配顺序是（　　　　）。

A. ③④②①　　　　　　　　　　B. ②①④③

C. ①③④②　　　　　　　　　　D. ②①④③

【答案】B

助记：

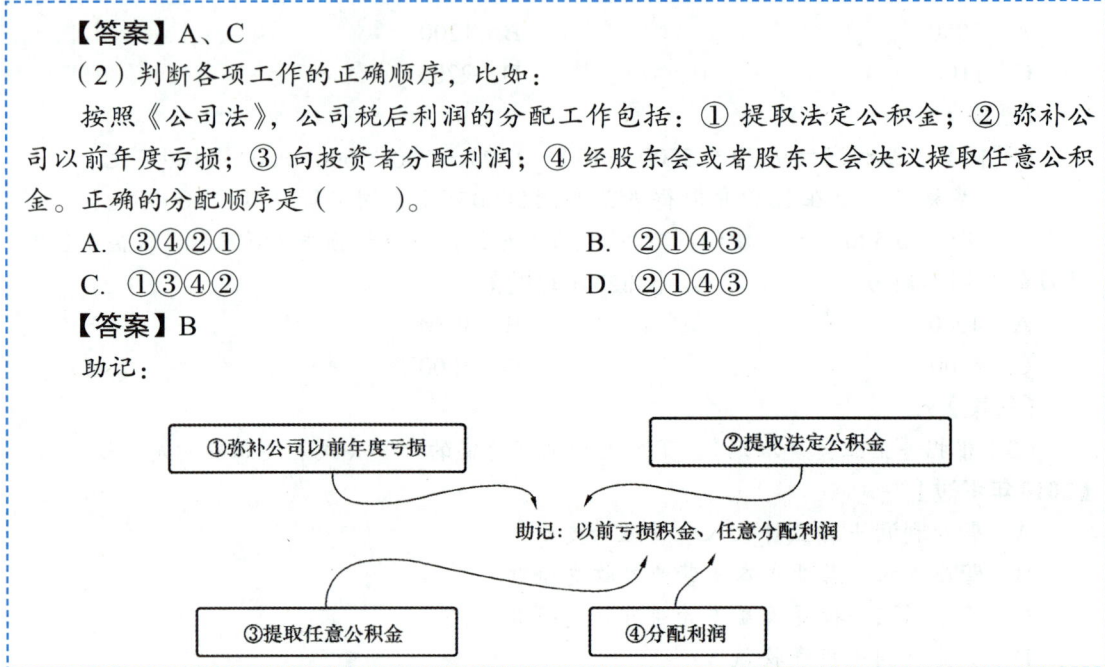

9.2　所得税费用

专项突破　所得税费用的计税基础和确认

例题： 企业发生的公益性捐赠支出，在年度利润总额12%以内的部分，准予在计算应纳税所得额时扣除。在计算应纳税所得额时，不得扣除的支出包括（　　　　）。**【2014年、2024年考过】**

A. 向投资者支付的股息**【2024年考过】**

B. 向投资者支付的红利

C. 企业所得税税款

D. 税收滞纳金**【2014年、2024年考过】**

E. 罚金损失

F. 罚款损失

G. 被没收财物的损失

H. 赞助支出**【2024年考过】**

I. 未经核定的准备金支出**【2024年考过】**

J. 与取得收入无关的其他支出

K. 销售成本、销货成本**【2014年、2024年考过】**

L. 业务支出

M. 销售费用、管理费用和财务费用

N. 固定资产和存货的盘亏、毁损、报废损失

O. 转让财产损失

P. 呆账损失

Q. 坏账损失【2014年考过】

R. 自然灾害等不可抗力因素造成的损失

【答案】A、B、C、D、E、F、G、H、I、J

重点难点专项突破

1. 本考点还可以考核的题目有：

在计算应纳税所得额时，应扣除的支出包括（K、L、M、N、O、P、Q、R）。

2. 例题题干中的数字"12%"，也会作为采分点考核，在2015年考核了一道计算题目，是这样命题的：

某施工企业2014年度利润总额8000万元。企业当年发生公益性捐赠支出1000万元。公益性捐赠支出准予扣除的最大金额是（   ）万元。【2015年真题】

A. 1000   B. 250

C. 960   D. 125

【答案】C

3. 注意区分企业以货币形式和非货币形式从各种来源取得的收入。2016年考核过其他收入的内容。

4. 掌握不得计算年折旧扣除的固定资产、不得计算摊销费用扣除的无形资产。具体内容见下表。2019年、2021年都考查过不得计算折旧扣除的固定资产。

项目	内容
不得计算折旧扣除的固定资产	（1）房屋、建筑物以外未投入使用的固定资产。 （2）以经营租赁方式租入的固定资产。 （3）以融资租赁方式租出的固定资产。 （4）已足额提取折旧仍继续使用的固定资产。 （5）与经营活动无关的固定资产。 （6）单独估价作为固定资产入账的土地。 （7）其他不得计算折旧扣除的固定资产
不得计算摊销费用扣除的无形资产	（1）自行开发的支出已在计算应纳税所得额时扣除的无形资产。 （2）自创商誉。 （3）与经营活动无关的无形资产。 （4）其他不得计算摊销费用扣除的无形资产

5. 固定资产按照直线法计算的折旧，准予扣除。

企业应当自固定资产投入使用月份的次月起计算折旧；停止使用的固定资产，应当自停止使用月份的次月起停止计算折旧。

6. 注意区分不征税收入和免税收入的内容。

项目	内容
不征税收入【2022年、2023年考过】	（1）财政拨款。 （2）依法收取并纳入财政管理的行政事业性收费、政府性基金。 （3）国务院规定的其他不征税收入，企业取得的，由国务院财政、税务主管部门规定专项用途并经国务院批准的财政性资金
免税收入	（1）国债利息收入。 （2）符合条件的居民企业之间的股息、红利等权益性投资收益。 （3）在中国境内设立机构、场所的非居民企业从居民企业取得与该机构、场所有实际联系的股息、红利等权益性投资收益。 （4）符合条件的非营利组织的收入

注意：符合条件的小型微利企业，减按20%的税率征收企业所得税。国家需要重点扶持的高新技术企业，减按15%的税率征收企业所得税。

7. 本考点可能会这样命题：

（1）企业有一台设备因事故提前报废，对该台设备的折旧处理应是（　　）。

A. 从下月起停止计提折旧　　　　　B. 从开始停止计提折旧

C. 补提折旧　　　　　D. 继续按月计提折旧，直到提足为止

【答案】A

（2）计算企业应纳税所得额时，可以作为免税收入从企业收入总额中扣除的是（　　）。

A. 特许权使用费收入　　　　　B. 国债利息收入

C. 财政拨款　　　　　D. 接受捐赠收入

【答案】B

（3）对于国家需要重点扶持的高新技术企业，减按（　　）的税率征收企业所得税。

A. 10%　　　　　B. 12%

C. 15%　　　　　D. 20%

【答案】C

第10章 财 务 分 析

10.1 财务报告构成及列报基本要求

专项突破1 财务报表的构成

例题：企业财务报表至少应当包括（　　）。【2012年考过】
A. 资产负债表
B. 利润表
C. 现金流量表
D. 所有者权益（或股东权益）变动表
E. 附注
【答案】A、B、C、D、E

重点难点专项突破

本考点还可以考核的题目有：

（1）下列财务报表中，用于反映企业在某一特定日期财务状况的是（A）。【2024年真题题干】

> 该采分点还会逆向考查，比如："资产负债表是反映企业在某一特定日期（　　）的报表。"【2009年真题题干】

（2）反映企业在一定会计期间的经营成果的财务报表是（B）。【2011年真题题干】

> 该采分点在2012年、2014年是这样考查的："利润表是反映企业（　　）的财务报表。"

（3）反映企业一定会计期间现金和现金等价物流入和流出的财务报表是（C）。

（4）反映构成所有者权益的各组成部分当期增减变动情况的财务报表是（D）。

（5）财务报表中，（C）按照收付实现制编制，其他财务报表应当按照权责发生制编制。

专项突破2 利润表的内容

（1）营业收入。	（4）净利润。
（2）营业利润。	（5）其他综合收益各项目分别扣除所得税影响的净额。
（3）利润总额。	（6）综合收益总额

专项突破3　现金流量表的编制基础

项目	内容
现金等价物	从购买日起三个月到期或清偿的国库券、货币市场基金、可转换定期存单、银行承兑汇票等都可列为现金等价物【2013年、2016年、2019年考过】
作为现金等价物短期投资满足的条件【2011年、2022年考过】	（1）期限短。 （2）流动性强。 （3）易于转换为已知金额的现金。 （4）价值变动风险小。 快速记忆：短、小、转、强

专项突破 4　现金流量表的内容

例题：企业现金流量表中，属于经营活动产生的现金流量有（　　）。【2018 年真题题干】

A．销售商品、提供劳务收到的现金【2023 年考过】

B．收到的税费返还【2011 年、2018 年考过】

C．收到其他与经营活动有关的现金

D．购买商品、接受劳务支付的现金【2018 年考过】

E．支付给职工以及为职工支付的现金

F．支付的各项税费

G．收回投资收到的现金

H．取得投资收益收到的现金

I．处置固定资产、无形资产和其他长期资产收回的现金净额【2023 年考过】

J．处置子公司及其他营业单位收到的现金净额

K．收到其他与投资活动有关的现金

L．购建固定资产、无形资产和其他长期资产支付的现金

M．投资支付的现金

N．取得子公司及其他营业单位支付的现金净额

O．吸收投资收到的现金

P．取得借款收到的现金【2013 年、2020 年、2023 年考过】

Q．收到其他与筹资活动有关的现金

R．偿还债务支付的现金【2013 年考过】

S．分配股利、利润或偿付利息支付的现金【2013 年、2020 年、2023 年考过】

【答案】A、B、C、D、E、F

重点难点专项突破

1．本考点还可以考核的题目有：

（1）下列应计入投资活动产生的现金流量的有（G、H、I、J、K、L、M、N）。

（2）财务计划现金流量表的项目中，属于筹资活动现金流量的有（O、P、Q、R、S）。【2020 年真题题干】

2．本考点除了上述命题形式，还会逆向命题，比如："某建筑企业的现金流量表中，承包工程产生的现金流量属于（　　）产生的现金流量。"

3．现金流量表的内容可以这样记：

经营活动产生的：销售商品、提供劳务、购买商品、支付职工的现金，税费返还，支付税费。

投资活动产生的：投资收到、投资收益、处置资产的现金，购建资产支付的现金。

筹资活动产生的：吸收投资，取得借款，偿还债务，分配股利、利润或偿付利息的现金。

专项突破 5　资产负债表、利润表、现金流量表的作用

项目	作用
资产负债表	（1）能够反映企业在某一特定日期所拥有的各种资源总量及其分布情况，可以分析企业的资产构成，以便及时进行调整。【2011年考过】 （2）可以提供某一日期的负债总额及其结构，表明企业未来需要用多少资产或劳务清偿债务以及清偿时间。【2011年考过】 （3）能够反映企业在某一特定日期企业所有者权益的构成情况，可以判断资本保值、增值的情况以及对负债的保障程度【2011年考过】
利润表	（1）能反映企业在一定期间的收入实现和费用耗费情况以及获得利润或发生亏损的数额，表明企业投入与产出之间的关系。 （2）可以分析判断企业损益发展变化的趋势，预测企业未来的盈利能力。【2021年考过】 （3）可以考核企业的经营成果以及利润计划的执行情况，分析企业利润增减变化原因【2021年考过】
现金流量表	（1）有助于使用者对企业整体财务状况作出客观评价。 （2）有助于评价企业的支付能力、偿债能力和周转能力。 （3）有助于使用者预测企业未来的发展情况

重点难点专项突破

1. 本考点在2011年考核过资产负债表的作用，在2021年考核过利润表的作用，考核题型都是判断正确与错误说法的综合题目。

2. 本考点可能会这样命题：

（1）关于利润表作用的说法，正确的有（　　　）。【2021年真题】

A. 通过利润表可以分析判断企业损益变化的趋势

B. 通过利润表可以分析企业现金流量的发生及结余情况

C. 通过利润表可以了解企业一定期间的收入实现和费用耗费情况

D. 通过利润表可以分析企业资产负债的变动情况

E. 通过利润表可以考核企业的经营成果以及利润计划的执行情况

【答案】A、C、E

（2）关于资产负债表作用的说法，正确的有（　　　）。【2011年真题】

A. 能够反映构成净利润的各种要素

B. 能够反映企业在某一特定日期所拥有的各种资源总量及其分布情况

C. 能够反映企业在一定会计期间现金和现金等价物流入和流出的情况

D. 能够反映企业的偿债能力

E. 能够反映企业在某一特定日期企业所有者权益的构成情况

【答案】B、D、E

（3）关于现金流量表作用的说法，正确的有（　　　）。

A. 有助于使用者对企业整体财务状况作出客观评价

B. 有助于评价企业对负债的保障程度

C. 有助于评价企业的支付能力、偿债能力和周转能力

D. 有助于帮助企业分析资产构成

E. 有助于使用者预测企业未来的发展情况

【答案】A、C、E

专项突破6　财务报表附注的内容和作用

例题：企业财务报表附注应当披露的信息有（　　　）。

A. 企业的基本情况

B. 财务报表的编制基础【2017年考过】

C. 遵循企业会计准则的声明

D. 重要会计政策的说明

E. 重要会计估计的说明

F. 会计政策和会计估计变更以及差错更正的说明

G. 报表重要项目的说明

H. 或有和承诺事项、资产负债表日后非调整事项、关联方关系及其交易等需要说明的事项

I. 有助于会计报表使用者评价企业管理资本的目标、政策和程序的信息

【答案】A、B、C、D、E、F、G、H、I

重点难点专项突破

1. 企业财务报表附注披露的信息主要考核多项选择题。

2. 选项D，重要会计政策说明包括财务报表项目的计量基础和会计政策的确定依据等。

3. 选项E，重要会计估计的说明包括会计期间内很可能导致资产、负债账面价值重大调整的会计估计的确定依据等。

4. 附注是财务报表的补充，是对在会计报表中列示项目的文字描述或明细资料，以及对未能在这些报表中列示项目的说明等。【2017年考过】

专项突破7　财务报告列报的基本要求

《企业会计准则》对编制财务报表列报的基本要求包括以下九个方面：

（1）企业应依据实际发生的交易和事项，按照《企业会计准则》的规定进行确认和计量，在此基础上编制财务报表。【2020年考过】

（2）企业应以持续经营为基础。【2015年、2023年考过】

（3）除现金流量表按照收付实现制编制外，企业应当按照权责发生制编制其他财务报表。【2018年、2021年、2023年考过】

（4）财务报表项目的列报应当在各个会计期间保持一致，不得随意变更。【2020年

考过】

（5）重要项目单独列报【2015年考过】。重要性应当根据企业所处的具体环境，从项目的性质和金额两方面予以判断。【2010年、2023年考过】

（6）财务报表中的资产项目和负债项目的金额、收入项目和费用项目的金额、直接计入当期利润的利得和损失项目的金额不能相互抵消，但另有规定的除外。【2015年、2020年、2023年考过】

（7）企业在列报当期财务报表时，应当至少提供所有列报项目与上一个可比会计期间的比较数据，以及与理解当期财务报表相关的说明。【2015年、2020年考过】

（8）企业应当在财务报表的显著位置至少披露下列各项：编报企业的名称、资产负债表日或财务报表涵盖的会计期间、人民币金额单位，合并财务报表的，应当予以标明。【2014年考过】

（9）企业至少应当编制年度财务报表。年度财务报表涵盖的期间短于一年的，应当披露年度财务报表的涵盖期间以及短于一年的原因以及报表数据不具有可比性的事实。【2015年、2020年考过】

重点难点专项突破

1. 上述每一句话都要掌握，都有可能作为判断正确与错误说法的综合题目中的备选项出现。第（2）（3）（5）（8）条还会单独考核单项选择题或者多项选择题。

2. 本考点可能会这样命题：

（1）下列财务报表中，属于按照收付实现制原则编制的是（　　　）。【2021年真题】

A. 资产负债表　　　　　　　　　B. 利润表

C. 现金流量表　　　　　　　　　D. 所有者权益变动表

【答案】C

（2）关于企业财务报表列报要求的说法，正确的有（　　　）。【2020年真题】

A. 企业应依据实际发生的交易和事项依规定进行确认和计量

B. 项目的列报在各个会计期间保持一致，不得随意变更

C. 当期所有列报项目至少提供与上一个可比会计期间的比较数据

D. 相关的收入和费用项目应事先互相抵消，以净额列报

E. 年度报表涵盖期间少于一年的应说明原因

【答案】A、B、C、E

10.2 财务分析方法

专项突破1 财务分析的常用方法

例题：某施工企业8月份钢筋原材料的实际费用为22万元，而计划值为20万元，由于钢筋原材料费由工程数量、单位工程量钢筋耗用量和钢筋单价3个因素乘积构成，若分

析这3个因素对钢筋原材料费的影响方向及程度，适宜采用的财务分析方法是（ ）。

【2016年真题题干】

A. 因果分析法　　　　　　　　　　B. 比率分析法

C. 因素分析法　　　　　　　　　　D. 结构分析法

【答案】C

重点难点专项突破

1. 本考点还可以考核的题目有：

（1）通过计算各种比率来确定经济活动变动程度的分析方法，属于（B）。

（2）依据分析指标与其驱动因素之间的关系，从数量上确定各因素对分析指标的影响方向及程度的分析方法是（C）。

（3）要分别分析材料消耗量和采购单价对工程材料费用的影响，可以采用的财务分析方法是（C）。【2012年真题题干】

> 选项A、D为干扰选项。

2. 应区分每一种方法的概念。

3. 选项B中，常用的比率包括构成比率、动态比率、相关比率。可能会考核一道多项选择题。

4. 选项C，在2019年、2020年都考核了计算题目，下面通过2020年题目来分析。

某企业本月产品产量和材料消耗情况见下表。用因素分析法（三个因素的重要性按表中的顺序）计算，本月单位产品材料消耗量变化对材料费用总额的影响是（ ）。

【2020年真题】

项目	单位	计划值	实际值
产品产量	件	1000	1200
单位产品材料消耗量	kg/件	8	7
材料单价	元/kg	50	55

A. 节约5万元　　　　　　　　　　B. 增加5万元

C. 节约6万元　　　　　　　　　　D. 增加6万元

【答案】C

【解析】本题的计算过程为：

① 计划指标：$1000 \times 8 \times 50 = 400000$ 元

② 第一次替代：$1200 \times 8 \times 50 = 480000$ 元

③ 第二次替代：$1200 \times 7 \times 50 = 420000$ 元

④ 第三次替代：$1200 \times 7 \times 55 = 462000$ 元

因素分析：

产量增加对材料费用总额的影响：②－① $= 480000 - 400000 = 80000$ 元 $= 8$ 万元

材料节约对材料费用总额的影响：③－② $= 420000 - 480000 = -60000$ 元 $= -6$ 万元

价格提高对材料费用总额的影响：④－③＝462000－420000＝42000元＝4.2万元

全部因素的影响：8－6＋4.2＝6.2万元

因素分析法的计算步骤如下：

（1）确定分析对象，并计算出实际与目标数的差异。

（2）确定该指标是由哪几个因素组成的，并按其相互关系进行排序（排序规则是：先实物量，后价值量；先绝对值，后相对值）。

（3）以目标数为基础，将各因素的目标数相乘，作为分析替代的基数。

（4）将各个因素的实际数按照上面的排列顺序进行替换计算，并将替换后的实际数保留下来。

（5）将每次替换计算所得的结果，与前一次的计算结果相比较，两者的差异即为该因素对成本的影响程度。

（6）各个因素的影响程度之和，应与分析对象的总差异相等。

专项突破2　财务比率的计算和分析

例题： 下列财务指标中，属于企业营运能力指标的有（　　　　）。【2020年真题题干】

A. 流动比率【2012年、2013年、2022年考过】

B. 速动比率【2022年考过】

C. 资产负债率【2017年考过】

D. 利息备付率

E. 偿债备付率

F. 权益乘数

G. 总资产周转率【2012年、2015年、2020年考过】

H. 流动资产周转率【2020年考过】

I. 存货周转率【2013年、2015年、2017年考过】

J. 应收账款周转率【2017年、2020年、2023年考过】

K. 权益净利率

L. 总资产净利率【2015年、2017年考过】

M. 营业收入增长率【2012年、2015年考过】

N. 资本积累率【2013年、2017年、2022年、2023年考过】

【答案】 G、H、I、J

重点难点专项突破

1. 本考点还可以考核的题目有：

（1）财务比率中，属于企业偿债能力分析指标的是（A、B、C、D、E、F）。【2012年真题题干】

（2）财务分析指标中，属于反映企业短期偿债能力的有（A、B）。【2022年真题题干】

（3）下列财务比率中，既能反映企业利用债权人提供资金进行经营活动的能力，也能反映企业经营风险程度的指标是（C）。

（4）财务指标中，数值越大则表示企业销售能力越强的指标是（G）。【2017年真题题干】

（5）企业财务分析中，用于衡量资产管理效率的指标有（G、H、I、J）。【2017年真题题干】

（6）企业财务比率分析中，反映盈利能力的指标有（K、L）。【2015年真题题干】

（7）数值越高，则表明企业全部资产的利用效率越高、盈利能力越强的财务指标是（L）。【2016年真题题干】

（8）财务分析指标中，用来评价企业成长状况和发展能力，衡量企业经营状况和市场占有能力、预测企业经营业务拓展趋势的指标是（M）。

（9）反映企业所有者权益在当年的变动水平，体现企业资本积累能力的财务分析指标是（N）。

（10）财务分析指标中，属于企业发展能力的指标有（M、N）。【2023年、2024年考过】

2. 本考点在2009—2024年每年都会考核一道或者两道题目，要重点掌握。

3. 应区分偿债能力、营运能力、盈利能力和发展能力比率指标。可以按照下列方法记忆。

> 记忆方法：
> 短期偿债能力比率分两种：流动与速动比率。
> 营运能力比率："管理得好周转就快"，关键词"周转"。
> 盈利能力比率：权益、总资产净利率。
> 发展能力比率：积累增长就能发展。

4. 熟悉各比率指标的公式及含义。通过下面的题目学习。

（1）某企业2023年的营业收入6000万元，年初应收账款余额600万元，年末应收账款余额800万元，该企业2023年应收账款周转率为（   ）。【2024年真题】

A. 4.92   B. 8.57

C. 7.50   D. 10.00

【答案】B

【解析】应收账款周转率＝营业收入/[（期初应收账款＋期末应收账款）/2]＝6000/[（600＋800）/2]＝8.57。

（2）有同一行业的四家企业拟从银行申请一笔短期贷款，每家企业均向银行提供了能反映自身偿债能力的财务数据，见下表。

企业	甲	乙	丙	丁
流动比率	2.3	2.1	2.3	1.9
速动比率	1.2	1.4	1.5	1.3
资产负债率	60%	65%	70%	50%

仅根据上述信息，银行应优先考虑给予贷款的企业是（　　）。【2023年真题】

A. 丙　　　　　　　　　　　　B. 甲

C. 乙　　　　　　　　　　　　D. 丁

【答案】A

【解析】企业申请短期贷款，而资产负债率是长期偿债能力指标，所以不予考虑，只考虑流动比率和速动比率即可。流动比率是流动资产和流动负债的比率，速动比率是速动资产和流动负债的比率，丙的流动比率和速动比率都比甲、乙、丁要高，说明其负债偏少，资产相对充足，应选择先贷款丙。

（3）关于偿债备付率的说法，正确的是（　　）。【2022年真题】

A. 偿债备付率大于1，说明偿付债务本息的能力不足

B. 偿债备付率从付息资金来源的角度反映企业偿付债务利息的能力

C. 偿债备付率是还本付息的资金与当期应还本金额的比值

D. 偿债备付率应在借款偿还期内分年计算

【答案】D

（4）某企业2021年末的流动资产构成为：货币资金800万元，存货500万元，交易性金融资产300万元，应收账款450万元，其他应收款200万元，流动负债为1050万元，该企业2021年末的速动比率是（　　）。【2022年真题】

A. 1.67　　　　　　　　　　　B. 1.05

C. 1.24　　　　　　　　　　　D. 2.14

【答案】A

【解析】速动资产＝800＋300＋450＋200＝1750万元。速动比率＝1750/1050＝1.67。

> 重点提示：
> 速动资产＝货币资金＋交易性金融资产＋应收票据＋应收账款＋其他应收款【2014年、2016年、2022年考过】
> 速动比率＝速动资产/流动负债【2020年、2022年考过】

（5）某企业上年初所有者权益总额为5000万元，年末所有者权益相对年初减少200万元。本年末所有者权益总额为5500万元，则该企业本年度的资本积累率为（　　）。【2021年真题】

A. 10.00%　　　　　　　　　　B. 10.42%

C. 14.58%　　　　　　　　　　D. 14.00%

【答案】C

【解析】企业资本积累率＝本年度所有者权益增长额/年初所有者权益×100%＝〔5500－（5000－200）〕÷（5000－200）＝14.58%。

（6）某企业年初资产总额为500万元，年末资产总额为540万元，当年总收入为900万元，其中主营业务收入为832万元，则该企业一年中总资产周转率为（　　）次。【2018年真题】

A. 1.80　　　　　　　　　　　B. 1.73

C. 1.60　　　　　　　　　　　　　　　　D. 1.54

【答案】C

【解析】总资产周转率＝营业收入/资产总额＝营业收入/[（期初资产总额＋期末资产总额）/2]＝832/[（500＋540）/2]＝1.60次。

（7）某企业预计投产后第5年的息税前利润为180万元，应偿还借款本金为40万元，应付利息为30万元，应缴企业所得税为37.5万元，折旧和摊销费为20万元。则当年偿债备付率为（　　）。

A. 2.32　　　　　　　　　　　　　　　　B. 2.86

C. 3.31　　　　　　　　　　　　　　　　D. 3.75

【答案】A

【解析】偿债备付率＝可用于还本付息的资金/当期应还本付息金额，可用于还本付息的资金一般包括未分配利润（提取了盈余公积金、公益金并向股东支付完股利之后的未分配利润）、固定资产折旧、无形资产及其他资产摊销费**【2013年、2015年、2016年、2019年、2021年考过】**。如果企业在运行期内有维持运营的投资，可用于还本付息的资金应扣除维持运营的投资。当期应还本付息金额包括当期应还贷款本金额及计入总成本费用的全部利息。融资租赁费用可视同借款偿还；运营期内的短期借款本息也应纳入计算。

则：当年偿债备付率＝（180＋20－37.5）/（40＋30）＝2.32。

（8）利息备付率是指在借款偿还期内（　　）的比值。

A. 息税前利润与当期应付利息　　　　　B. 息税前利润与当期应还本付息金额

C. 税前利润与当期应付利息　　　　　　D. 税前利润与当期应还本付息金额

【答案】A

专项突破3　财务指标综合分析——杜邦财务分析体系

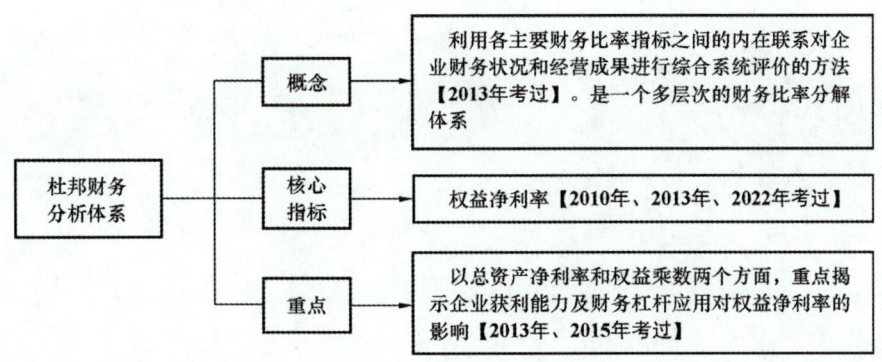

重点难点专项突破

1. 本考点掌握上图中的内容即可。
2. 本考点可能会这样命题：

（1）某企业2023年的营业净利率15%，总资产周转率0.9，权益乘数1.4。该企业2023年的权益净利率为（　　）。

A. 18.9%

B. 13.5%

C. 16.7%

D. 21.0%

【答案】A

【解析】权益净利率＝营业净利率×总资产周转率×权益乘数＝15%×0.9×1.4＝18.9%。

（2）下列财务指标中，属于杜邦财务分析体系核心指标的是（　　）。

A. 权益乘数

B. 销售净利率

C. 权益净利率

D. 总资产周转率

【答案】C

第11章 筹 资 管 理

11.1 筹 资 主 体

专项突破1 筹集资金的方式

例题：下列企业筹集资金的方式中，属于内源筹资资金的来源有（　　）。【2018年考过】

A．留存收益　　　　　　　　　　　B．应收账款

C．闲置资产变卖　　　　　　　　　D．应付息税

E．更新改造基金　　　　　　　　　F．生产发展基金

G．职工福利基金　　　　　　　　　H．普通股筹资

I．优先股筹资　　　　　　　　　　J．借款筹资

K．债券筹资　　　　　　　　　　　L．可转换债券筹资

M．认证股权筹资

【答案】 A、B、C、D、E、F、G

重点难点专项突破

1．本考点还可以考核的题目有：

企业筹集资金的方式中，属于外源筹资资金的来源有（H、I、J、K、L、M）。

2．首先应能区分内源筹资资金与外源筹资资金。企业内源筹资资金来源主要包括企业自有资金、应付息税以及未使用或者未分配专项基金。选项A、B、C属于自有资金；选项E、F、G属于未使用或未分配的专项基金。企业外源筹资渠道主要包括权益筹资、债务筹资以及混合筹资。选项H、I属于权益筹资；选项J、K属于债务筹资；选项L、M属于混合筹资。

3．在外源筹资资金中，还应掌握直接筹资方式和间接筹资方式。直接筹资方式包括发行股票和企业债券筹资。间接筹资方式包括向商业银行申请贷款，委托信托公司进行证券化筹资等。【2019年考过】

4．筹集资金的另一种方式是项目融资，对其细节性内容均应掌握。其特点在2019年、2022年、2023年均有考核。通过下面题目学习：

关于项目融资特点的说法，正确的有（　　）。【2023年真题】

A．项目出现问题，项目贷款人可以追索借款人除该项目以外的任何形式的资产

B．项目融资是一种需进入项目投资者资产负债表的贷款形式

C．通常会增加贷款人对投资者资信的依赖程度

专项突破2 政府和社会资本合作模式

项目	内容
定义	政府和社会资本合作是基础设施投融资的一种具体操作方式，是倡导公共部门和私人机构以合作伙伴的关系提供公共产品和公共服务的一种实践理念
主要模式	（1）基于使用者付费的特许经营模式。 （2）基于政府付费的私人融资计划模式
重点领域	政府和社会资本合作应限定于有经营性收益的项目【2024年考过】，主要包括公路、铁路、民航基础设施和交通枢纽等交通项目，物流枢纽、物流园区项目，城镇供水、供气、供热、停车场等市政项目，城镇污水垃圾收集处理及资源化利用等生态保护和环境治理项目，具有发电功能的水利项目，体育、旅游公共服务等社会项目，智慧城市、智慧交通、智慧农业等新型基础设施项目，城市更新、综合交通枢纽改造等盘活存量和改扩建有机结合的项目
建设实施管理	（1）严格审核特许经营方案。 （2）公平选择特许经营者。 （3）规范签订特许经营协议。 （4）严格履行投资管理程序

重点难点专项突破

1. 项目融资模式很多种，如直接融资、融资租赁、产品交付融资、政府和社会资本合作（PPP）、资产证券化（ABS）等。其中，在我国，政府和社会资本合作模式从2014年开始，已经实施近十年，应用比较广泛。

2. 本考点可能会这样命题：

下列建设项目中，适宜采用政府和社会资本合作（PPP）模式建设的有（　　　）。

A. 准公益性项目　　　　　　　　B. 城镇供水项目

C. 环境治理项目　　　　　　　　D. 旅游公共服务项目

E. 新型基础设施项目

【答案】B、C、D、E

11.2 筹资方式

专项突破1 短期负债筹资与长期借款筹资的特点

例题：短期负债筹资的特点有（　　　）。【2011年、2015年考过】

A. 筹资速度快　　　　　　　　　B. 筹资弹性好

C. 筹资成本较低　　　　　　　　D. 筹资风险高

E. 借款弹性较大　　　　　　　　F. 借款成本较低

G. 限制性条款较多　　　　　　　H. 筹资费用较少

【答案】A、B、C、D

重点难点专项突破

1. 本考点还可以考核的题目有：

（1）与其他长期负债筹资相比，长期借款筹资的特点为（A、E、F、G、H）。

（2）与其他长期负债筹资相比，长期借款筹资的优点为（A、E、F）。

（3）与其他长期负债筹资相比，长期借款筹资的缺点为（G、H）。

2. 本考点主要考核多项选择题，短期负债筹资与长期借款筹资的特点会相互作为干扰选项。

专项突破2　短期负债筹资的方式

例题：短期负债筹资最常用的方式是商业信用和短期借款。下列筹资方式中，属于商业信用形式的有（　　　）。【2012年、2015年、2020年考过】

A. 应付账款【2012年、2020年考过】

B. 商业承兑汇票【2012年考过】

C. 银行承兑汇票【2012年考过】

D. 预收账款【2012年、2015年、2020年考过】

E. 应付职工薪酬

F. 应交税费

G. 缴货租赁

H. 抵押贷款

I. 应收账款

J. 预付款项

【答案】A、B、C、D、E、F

重点难点专项突破

1. 本考点在考试中属于一般考点，尤其要掌握商业信用方式。

2. 上述例题中G、H、I、J都是常设置的干扰选项。

3. 关于短期负债筹资还可能会以下列方式命题：

（1）卖方允许买方在购货后一定时期内支付货款的一种形式，属于企业筹资方式中的（商业信用）筹资。

（2）施工企业从建设单位取得工程预付款，属于企业筹资方式中的（商业信用）筹资。【2010年、2011年考过】

4. 注意选项B、C，二者属于应付票据，在考试时也会以应付票据作为备选项。

专项突破3　长期筹资的方式

例题：长期筹资是企业筹集自身发展过程中所需要的长期资金，通常可分为长期负债筹资和长期股权筹资。下列属于长期负债筹资方式的有（　　　　）。

A．长期借款筹资　　　　　　　　B．长期债券筹资

C．融资租赁　　　　　　　　　　D．可转换债券筹资

E．优先股股票筹资　　　　　　　F．普通股股票筹资

G．认股权证筹资

【答案】A、B、C、D

重点难点专项突破

1. 本考点还可以考核的题目有：

（1）下列筹资方式属于长期股权筹资的有（E、F、G）。

（2）企业向银行或其他非银行金融机构借入的使用期超过1年的借款，主要用于购建固定资产和满足长期流动资金占用需要的筹资方式（A）。

2. 本考点考核力度不大，可以花较少时间来学习。

3. 关于融资租赁需要掌握以下采分点：

（1）除融资租赁以外的租赁，全部归入经营租赁。【2021年考过】

（2）承租人有购买租赁资产的选择权，所订立的购买价款与行使选择权时租赁资产的公允价值相比足够低。【2021年考过】

（3）租赁期占租赁资产可使用年限的大部分（通常解释为等于或大于75%）。【2021年考过】

（4）租赁开始日，租赁付款额的现值几乎相当于（通常解释为等于或大于90%）租赁资产的公允价值。

（5）租赁资产性质特殊，如果不作较大改造，只有承租人才能使用。

（6）融资租赁的租金包括租赁资产的成本、租赁资产成本的利息、租赁手续费。【2016年考过】

（7）融资租赁的优点主要有：① 是一种融资与融物相结合的筹资方式，能够迅速获得所需长期资产的使用权；② 可以避免长期借款筹资所附加的各种限制性条款，具有较强的灵活性；③ 融资与引进设备都由有经验和对市场熟悉的租赁公司承担，可以减少设备引进费，从而降低设备取得成本；④ 租赁费中的利息、手续费以及融资租赁设备的折旧费均可在税前支付，可以减轻所得税负担。【2024年考过】

4. 关于融资租赁可能会这样命题：

（1）根据现行会计准则和税法，关于融资租赁的说法，正确的有（　　　）。

A. 租赁期满时，租赁资产的所有权可以转移给承租人

B. 租赁期占资产可使用年限的大部分，通常等于或大于可使用年限的75%

C. 融资租赁的出租人不能将租赁资产列入资产负债表

D. 承租人有购买租赁资产的选择权，所订立的购买价款与预计行使选择权时租赁资产的公允价值相比足够低

E. 承租人产生的租赁费可作为当期费用扣除

【答案】A、B、C、D

（2）融资租赁的租金应由（　　　）构成。【2016年真题】

A. 租赁资产的成本 　　　　　　　　B. 出租人承办租赁业务的费用

C. 租赁资产的运行成本 　　　　　　D. 租赁资产成本的利息

E. 出租人提供租赁服务的利润

【答案】A、B、D、E

5. 区分优先股股票筹资与普通股股票筹资的特点，可能会这样命题：

在长期股权筹资中，普通股和优先股筹资共同的特点是（　　　）。

A. 股利取决于盈利水平，无固定股利负担

B. 股利标准是固定的，但支付却有一定的灵活性

C. 能提高公司的举债能力

D. 考虑偿还本金

【答案】C

11.3　资金成本分析

专项突破1　资金成本的概念和作用

例题：企业以发行债券方式融资产生的资金成本中，属于资金占用费的是（　　　）。

【2013年、2018年、2022年、2024年考过】

A. 银行借款利息 　　　　　　　　B. 债券利息

C. 发行债券支付的印刷费 　　　　D. 代理发行费

E. 律师费 　　　　　　　　　　　F. 公证费

G. 广告费

【答案】A、B

重点难点专项突破

1. 本考点还可以考核的题目有：

下列资金成本中，属于筹集费用的有（C、D、E、F、G）。

2. 本考点重点是区分资金占用费和筹集费用。资金成本的作用熟悉即可。

专项突破2 资金成本的计算

例题：某企业从银行取得5年的长期借款1000万元，该笔借款的担保费费率为0.5%，利率为6%，每年结息一次，到期一次还本，企业所得税税率为25%，则该笔借款年资本金成本率为（ ）。【2020年真题】

A．4.50%　　　　　　　　　　　B．4.52%

C．6.00%　　　　　　　　　　　D．6.03%

【答案】B

重点难点专项突破

1. 本考点主要掌握资金成本的计算，尤其是个别资金成本的计算方法。

$$资金成本率＝资金占用费/筹资净额$$

其中，筹资净额＝筹资总额－筹集费用＝筹资总额×（1－筹集费率）

2. 通过上面的学习，来看例题中2020年题目，借款年资金成本率＝［1000×6%×（1－25%）］/［1000×（1－0.5%）］＝4.52%。

3. 综合资金成本率的计算在2015年、2022年考核过计算题目，下面通过2022年题目来学习解题方法。

某企业为扩大投资规模，拟筹资15000万元，现有四个筹资方案，其中筹资方案甲的相关数据见下表，筹资方案乙、丙、丁的综合资金成本分别为11.36%、10.71%和11.93%，则仅根据上述条件，为完成筹资，依据综合资金成本应选择的筹资方案是（ ）。【2022年真题】

筹资方式	原资本结构		筹资方案甲	
	筹资额（万元）	个别资金成本	筹资额（万元）	个别资金成本
长期借款	3000	7%	1000	7.5%
长期债券	3000	7.5%	4000	8%
优先股	2000	11%	3000	12%
普通股	7000	14%	7000	13%
合计	15000		15000	

A．甲　　　　　　　　　　　B．乙

C．丙　　　　　　　　　　　D．丁

【答案】C

【解析】方案甲的综合资金成本＝1000/15000×7.5%＋4000/15000×8%＋3000/15000×12%＋7000/15000×13%＝11.1%，在不考虑其他因素的情况下，选择综合资金成本最低的方案。

11.4 资本结构分析

专项突破1 资本结构的概念及影响因素

例题：影响资本结构的因素较为复杂，大体可以分为外部因素和内部因素。外部因素通常有（   ）。

A. 税率 　　　　　　　　　　　B. 汇率

C. 资本市场 　　　　　　　　　D. 行业特征

E. 营业收入 　　　　　　　　　F. 成长性

G. 盈利能力 　　　　　　　　　H. 管理层风险偏好

I. 股权结构 　　　　　　　　　J. 财务灵活性

【答案】A、B、C、D

重点难点专项突破

1. 本考点还可以考核的题目有：

影响资本结构的内部因素有（E、F、G、H、I、J）。

2. 资本结构是指企业（或项目筹资方案中）各种长期资本来源的构成及其比例关系。通常情况下，企业的资本由长期债务资本和权益资本构成【**2018年考过**】，因此资本结构指的是长期债务资本和权益资本的构成及其比例关系，不包括短期负债【**2018年考过**】。对该知识点2018年是这样考核的：

企业某时点所有者权益资本为1000万元，企业长期债务资本为800万元，短期负债为500万元，则应列入资本结构管理范畴的金额为（   ）万元。【**2018年考过**】

A. 2300 　　　　　　　　　　　B. 1800

C. 1500 　　　　　　　　　　　D. 1000

【答案】B

【解析】应列入资本结构管理范畴的金额＝1000＋800＝1800万元。

专项突破2 资本结构决策的分析方法

例题：资本结构决策常用的分析方法有（   ）。

A. 资金成本比较法 　　　　　　B. 每股收益无差别点法

C. 企业价值比较法 　　　　　　D. 财务杠杆分析法

【答案】A、B、C

重点难点专项突破

1. 本考点还可以考核的题目有：

（1）下列方法中，（A）是指在不考虑各种筹资方式在数量与比例上的约束以及财务风险差异时，通过测算不同资本结构方案的综合资金成本，选择综合资金成本最低的方案，确定为相对较优的资本结构。

（2）下列方法中，（B）的判断原则是比较不同筹资方式能否给股东带来更大的净收益，但是没有考虑风险因素。

2024年对此采分点是这样命题的：采用每股收益无差别点法进行资本结构、决策的缺点是（　　）。

2. 选项D是可能会出现的干扰选项。

3. 本考点如果考核计算题，可能会这样命题：

某企业为了扩大规模，筹资金额为100000万元，现两个筹资方案可以选择，见下表。从资本结构最优的角度应选择方案，下列说法正确的是（　　）。

筹资方式	原资本结构		追加筹资方案1		追加筹资方案2	
	筹资额（万元）	个别资金成本	筹资额（万元）	个别资金成本	筹资额（万元）	个别资金成本
长期借款	25000	6%	10000	5%	30000	6%
长期债券	45000	8%	20000	7%	40000	10%
普通股	30000	15%	70000	16%	30000	15%
合计	100000		100000		100000	

A. 选择追加筹资方案1

B. 选择追加筹资方案2

C. 两方案均可

D. 追加筹资方案1的资金成本＜追加筹资方案2的资金成本

【答案】B

【解析】本题的计算过程为：

追加筹资方案1的资金成本率为：

$10000 \div 100000 \times 5\% + 20000 \div 100000 \times 7\% + 70000 \div 100000 \times 16\% = 13.1\%$

追加筹资方案2的资金成本率为：

$30000 \div 100000 \times 6\% + 40000 \div 100000 \times 9\% + 30000 \div 100000 \times 15\% = 9.9\%$

根据上述数据计算，追加筹资方案2的资金成本比追加筹资方案1的资金成本低，故从最优资本结构的角度选择追加筹资方案2。

4. 企业最优的资本结构应当是使企业的价值最大化，同时，资金成本也是最低的资本结构，而不一定是每股收益最大的资本结构。【2023年考过】

第12章 营运资金管理

12.1 现 金 管 理

专项突破1 现金管理目标和方法

项目	内容
目标	企业置存现金的原因，主要是满足交易性需要、预防性需要和投机性需要。交易性需要是指置存现金以满足<u>企业日常业务的支付需要</u>【2018年考过】。预防性需要是指置存现金以防发生意外的支付需要。投机性需要是指置存现金用于不寻常的购买机会。 　　企业现金管理的目标，就是要在资产的流动性和盈利能力之间做出抉择，提高现金使用效率，以获取最大的长期利益【2019年考过】
方法	（1）力争现金流量同步。【2023年考过】 （2）使用现金浮游量。【2014年、2021年、2023年考过】 （3）加速收款。【2023年考过】 （4）推迟应付款的支付【2023年考过】

重点难点专项突破

本考点在历年考试中都是以单项选择题考核，考试时可能会这样命题：

（1）企业持有一定量的现金用于保证月末职工的工资发放，其置存的目的是满足（　　）需要。

A. 交易性　　　　　　　　　　　B. 投机性

C. 预防性　　　　　　　　　　　D. 风险管理

【答案】A

（2）企业现金管理的目标是在资产的（　　）之间做出抉择，以获得最大的长期利益。【2019年真题】

A. 流动性和风险　　　　　　　　B. 流动性和盈利能力

C. 风险和盈利能力　　　　　　　D. 安全性和盈利能力

【答案】B

（3）为了提高现金使用效率，企业可采取的现金管理方法有（　　）。【2023年真题】

A. 推迟应付票据及应付账款的支付，充分利用供货方提供的信用优惠

B. 尽可能多地将现金转换为有价证券，以获得更多收益

C. 尽量使现金流入和现金流出发生的时间趋于一致

D. 制定收账政策时，缩短应收账款和应收票据的时间

E. 合理使用现金浮游量

【答案】A、C、D、E

专项突破2 最佳现金持有量

例题： 某企业有四个现金持有量方案，相关数据见下表，其中机会成本为现金持有量的8%。则最佳现金持有量方案是（   ）。**【2022年真题】**

方案	甲	乙	丙	丁
现金持有量（元）	40000	50000	70000	80000
管理成本（元）	3000	3000	3000	3000
短缺成本（元）	4500	4000	2500	0

A. 甲   B. 乙

C. 丙   D. 丁

【答案】D

重点难点专项突破

1. 首先应了解现金包括什么？

它包括库存现金、各种形式的银行存款、银行本票、银行汇票等。**【2019年考过】**

2. 本考点需要重点掌握最佳现金持有量分析。**【2013年、2016年、2017年、2020年、2021年、2022年考过】**

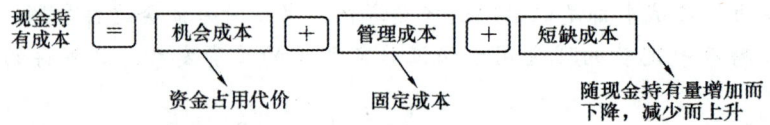

3. 上述例题中最佳现金持有量计算见下表（单位：元）：

方案项目	甲	乙	丙	丁
现金持有量	40000	50000	70000	80000
机会成本	3200	4000	5600	6400
管理成本	3000	3000	3000	3000
短缺成本	4500	4000	2500	0
三项成本之和	10700	11000	11100	9400

命题总结：

这部分内容考核题型有三种：

12.2　应收账款管理

专项突破　应收账款管理

这部分内容较少，主要掌握以下采分点：

（1）应收账款是商业信用的直接产物。

（2）只有当应收账款所增加的盈利超过所增加的成本时，才应当实施应收账款赊销。【2022年考过】

（3）信用期的确定，主要是分析改变现行信用期对收入和成本的影响。

（4）延长信用期，会使销售额增加；与此同时，应收账款、收账费用和坏账损失增加。【2022年考过】

（5）信用标准可以通过"5C"系统来进行。所谓"5C"系统，是指评估顾客信用品质的五个方面，即：品质、能力、资本、条件、抵押。【2012年考过】

（6）现金折扣是企业对顾客在商品价格上所做的扣减，通常表示为2/10、1/20、n/30，含义是10d内付款，享受2%现金折扣，20d内付款，享受1%现金折扣，30d内付款，没有折扣。现金折扣的主要目的在于吸引顾客为享受优惠而提前付款，缩短企业的平均收款期。另外，现金折扣也能招揽一些视折扣为减价出售的顾客前来购货，借此扩大销售量。

（7）不论是信用期间还是现金折扣，都可能给企业带来收益，但也会增加成本。

（8）一般拖欠时间越长，款项收回可能性越小，形成坏账可能性越大，企业应实施严密的监督，随时掌握回收情况。【2022年考过】

（9）实施对应收票据及应收账款回收情况的监督，可以通过编制账龄分析表进行。【2022年、2023年考过】

（10）制定收账政策，要在收账费用和所减少的坏账损失之间做出权衡。

重点难点专项突破

1. 2022年对该知识点的考核是判断正确与错误说法的题目。

2. 本考点可能会这样命题：

（1）企业应收账款管理中，可以通过"5C"系统对顾客的（   ）进行评估。【2012年真题】

A. 资产状况　　　　　　　　　B. 信用品质

C. 偿债能力　　　　　　　　　D. 盈利能力

【答案】B

（2）"2/10、1/20、n/30"表示若在信用期间内超过（   ）付款，则不享受折扣。

A. 2d　　　　　　　　　　　　B. 10d

C. 20d　　　　　　　　　　　　D. 30d

【答案】C

（3）企业应收账款管理中，制定现金折扣政策的主要目的包括（   ）。

A. 合理制定收账政策和收款方式　　B. 吸引顾客为享受优惠而提前付款

C. 合理确定信用期间和信用标准　　D. 缩短企业销售款的平均收款期

E. 扩大顾客量进而借此扩大销售量

【答案】B、D、E

12.3 存 货 管 理

专项突破1 存货决策

例题： 企业生产所需某种材料，年度采购总量为8000t，材料单价为4000元/t，一次订货的变动成本为3000元，每吨材料的年平均储备成本为300元。则该材料的经济采购批量为（   ）t。【2019年真题】

A. 114　　　　　　　　　　　　B. 200

C. 300　　　　　　　　　　　　D. 400

【答案】D

重点难点专项突破

1. 存货的决策涉及四项内容：决定进货项目、选择供应单位、决定进货时间和决定进货批量。财务部门的职责是决定进货时间和进货批量。企业储备存货有关的成本（总成本）＝取得成本＋储存成本＋缺货成本。

2. 经济订货量的计算公式为：

$$Q^*=\sqrt{2KD/K_2}$$

式中　Q^*——经济订货量；

　　K——一次订货的变动成本；

　　D——存货年需要量；

　　K_2——单位储存成本。

在2009年、2013年、2015年、2017年、2019年、2023年都考核的是这个公式的应用。

本题中材料经济采购批量 $Q^*=\sqrt{2\times3000\times8000\div300}=400t$。

3. 本考点可能会这样命题：

（1）某企业生产需要的甲材料年度采购总量预计3000t，材料单价6000元/t，每次订货的固定成本和变动成本分别为5000元和1500元，每吨材料的平均储存成本为100元。该材料每年最经济的采购次数为（　　）次。【2023年真题】

A. 7 　　　　　　　　　　　　B. 10

C. 8 　　　　　　　　　　　　D. 9

【答案】B

【解析】经济订货量 $=\sqrt{\dfrac{2\times每次订货的变动成本\times存货年需要量}{单位储存成本}}=\sqrt{\dfrac{2\times1500\times3000}{100}}=$ 300t，则甲材料的经济采购次数＝3000/300＝10次。

（2）下列企业存货管理的损失中，属于储存成本的是（　　）。【2022年真题】

A. 存货破损和变质损失　　　　　B. 材料供应中断造成的停工损失

C. 丧失销售机会的损失　　　　　D. 产成品缺货造成的延迟发货损失

【答案】A

（3）企业存货的总成本是存货的（　　）之和。

A. 购置成本　　　　　　　　　　B. 取得成本

C. 订货成本　　　　　　　　　　D. 缺货成本

E. 储存成本

【答案】B、D、E

专项突破2　存货管理的ABC分析法

例题：采用ABC分析法进行存货管理，对A类存货应采取的管理方法是（　　）。【2011年、2024年考过】

A. 分品种重点管理　　　　　　　B. 分类别一般控制

C．按总额灵活掌握　　　　　　　　　　D．凭经验确定进货量

【答案】A

重点难点专项突破

1．本考点还可以考核的题目有：

（1）采用ABC分析法进行存货管理，对B类存货应采取的管理方法是（B）。

（2）采用ABC分析法进行存货管理，对C类存货应采取的管理方法是（C、D）。

2．从历年考试情况来看，本考点主要考核单项选择题。

3．A、C两类存货的特点应能区分。

A类：种类虽然较少，占用资金较多。【2018年考过】

C类：种类繁多，占用资金很少。

12.4　短期负债管理

专项突破1　商业信用的管理

例题：某企业按照1/30、n/45的条件购入100万元材料，同期银行贷款的年利率为4.35%。若企业在第40天付款，则企业放弃现金折扣的成本是（　　　）。【2023年真题】

A．4.35%　　　　　　　　　　　　　　B．24.24%

C．8.08%　　　　　　　　　　　　　　D．36.36%

【答案】B

重点难点专项突破

1．本考点中一个重要采分点就是放弃现金折扣成本的计算。从历年考试题型来看，命题有两种方式：一种是计算题目【2013年、2014年、2019年、2023年考过】，根据题干中给出数据，根据公式计算；另一种是根据题干中数据，分析判断备选项是否合理【2017年、2020年考过】。

2．上述例题为第一种题型。企业放弃现金折扣成本＝［折扣百分比/（1－折扣百分比）］×［360/（信用期－折扣期）］＝［1%/（1－1%）］×［360/（45－30）］＝24.24%。

3．针对第二种题型，通过2020年考试题目分析：

某施工企业按2/10，n/30的条件购入材料40万元，关于该项业务付款的说法，正确的是（　　　）。【2020年真题】

A．若该企业在第9天付款，需支付39.2万元

B．若银行借款年利率为6%，该企业应放弃现金折扣

C．若该企业在第21天付款，需支付39.6万元

D. 若该企业在第29天付款，则放弃现金折扣的成本为2%

【答案】A

【解析】如果该企业在10d内付款，便享受了10d的免费信用期，并获得了折扣是：$40\times2\%=0.8$万元，免费信用额度为：$40-0.8=39.2$万元，故选项A正确。与银行利率没有关系，故选项B错误。若企业在第21天付款，则需按40万元全额支付，故选项C错误。若企业在第29天付款，则放弃现金折扣成本$=\dfrac{\text{折扣百分比}}{1-\text{折扣百分比}}\times\dfrac{360}{\text{信用期}-\text{折扣期}}=$$2\%/(1-2\%)\times360/(30-10)=36.73\%$，故选项D错误。

要点归纳：

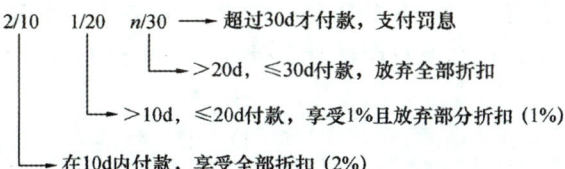

特别提示：

免费信用：买方企业在规定的折扣期内享受折扣而获得的信用。

有代价信用：买方企业放弃折扣付出代价而获得的信用。

展期信用：买方企业超过规定的信用期推迟付款而强制获得的信用。

专项突破2　短期借款的管理

例题：企业短期筹资时，贷款的实际利率高于名义利率的利息支付方法有（　　）。【2014年真题题干】

A. 收款法　　　　　　　　　　　B. 贴现法
C. 固定利率法　　　　　　　　　D. 浮动利率法
E. 加息法

【答案】B、E

重点难点专项突破

1. 本考点还可以考核的题目有：

（1）短期借款利息支付方法中，银行向工商企业发放的贷款大都采用（A）方法收息。

（2）某企业向银行借款，在年名义利率相同的条件下，下列利息支付方法中，对借款企业最有利的是（A）。【2024年真题题干】

（3）借款利息的支付方法中，采用（B），企业可利用的贷款额只有本金减去利息部分后的差额。

（4）银行向企业发放贷款时，先从本金中扣除利息部分，而到期时借款企业则要偿

还贷款全部本金的一种计息方法是（B）。

（5）借款利息的支付方法中，银行发放分期等额偿还贷款时采用的利息收取方法是（E）。

2. 选项C、D是易出现的干扰选项。

3. 借款利率分为优惠利率、浮动优惠利率和非优惠利率。优惠利率是银行向财务状况好的企业贷款时收取的名义利率，为贷款利率的最低限。浮动优惠利率是一种随市场条件的变化而随时调整的优惠利率。非优惠利率是银行贷款给一般企业时收取的高于优惠利率的利率。

4. 本考点还会这样命题：

（1）某借款企业获得银行一年的周转信贷额5000万元，承诺费费率0.5%，在借款年度内使用了3000万元，该企业应向银行支付的承诺费为（　　）万元。【2024年真题】

A. 0
B. 10
C. 15
D. 25

【答案】B

【解析】该企业应向银行支付的承诺费为（5000－3000）×0.5%＝10万元。

（2）某施工企业需要从银行借款200万元，期限1年，有甲、乙、丙、丁四家银行愿意提供贷款，年利率均为7%，但利息支付方式不同：甲要求采用贴现法；乙要求采用收款法；丙、丁均要求采用加息法，并且丙要求12个月内等额还本利息，丁要求12个月内等额本金偿还，利息随各期的本金一起支付，其他贷款条件都相同。则该企业借款应选择的银行是（　　）。【2016年真题】

A. 甲
B. 丙
C. 乙
D. 丁

【答案】C

【解析】收款法利率等于名义利率7%，贴现法和加息法的实际利率均高于名义利率，所以选择贴现法和加息法的银行肯定利率高于选择收款法的银行，本题中，只有甲要求采用收款法，所以应选择甲银行。至于丙和丁偿还方案中的等额本金还是等额本息，都是干扰内容，对谁是最低的利率没有影响。

（3）某施工企业因生产经营急需资金，于2008年7月1日将一张2008年6月1日本地签发的期限为5个月、票面金额为1000000元的不带息商业汇票向银行贴现，银行要求的年贴现率为6%。则该施工企业的贴现所得金额为（　　）元。

A. 940000.00
B. 940000.33
C. 980000.00
D. 980000.33

【答案】C

【解析】本题中给出的贴现率为年贴现率6%，贴现期限是月，因此在计算贴现息时必须将年贴现率除以12个月换算为月利率。贴现期＝5－1＝4个月；贴现息＝1000000×6%÷12×4＝20000.00元；贴现所得＝1000000－20000＝980000.00元。

第3篇　工程计价

第13章　建设项目总投资构成及计算

13.1　建设项目总投资构成

专项突破1　建设工程项目总投资的概念

例题：下列建设项目投资中，属于静态投资的有（　　　）。【2010年考过】

A. 设备及工器具购置费【2010年考过】　　B. 建筑安装工程费

C. 工程建设其他费用　　　　　　　　　　D. 基本预备费【2010年、2016年考过】

E. 价差预备费【2010年考过】　　　　　　F. 建设期利息【2010年、2016年考过】

【答案】A、B、C、D

重点难点专项突破

1. 本考点还可以考核的题目有：

（1）下列建设项目投资中，属于动态投资的有（E、F）。【2016年、2021年考过】

（2）生产性建设工程项目总投资包括建设投资、建设期利息和铺底流动资金三部分，其中建设投资由（A、B、C、D、E）组成。

（3）下列组成建设工程项目投资中，属于工程费用的有（A、B）。【2016年考过】

2. 注意区分静态投资与动态投资的构成，例题题型是其中的一种考试题型，还会考核计算题目【2015年、2022年、2023年考过】，计算比较简单，只要能区分静态投资与动态投资就可以正确解答。下面通过一道题目进行说明：

某投资项目，建筑安装工程费5080万元，设备及工器具购置费4010万元，工程建设其他费3030万元，基本预备费600万元，价差预备费750万元，建设期利息458万元，以上数据均为含税价。该项目的静态投资金额（含税）为（　　　）万元。【2023年真题】

    A. 12120　　　　　　　　　　　　B. 13470

    C. 12720　　　　　　　　　　　　D. 13928

【答案】C

【解析】静态投资＝5080＋4010＋3030＋600＝12720万元。

3. 本考点也可能考核建设投资和工程费用的计算题目：

（1）某建设项目，静态投资3500万元，建设期贷款利息60万元，价差预备费80万

元，流动资金800万元。则该项目的建设投资为（ ）万元。

A. 3560　　　　　　　　　　B. 3580

C. 3640　　　　　　　　　　D. 4300

【答案】B

【解析】建设投资＝静态投资＋价差预备费＝3500＋80＝3580万元

（2）某建设项目，设备及工器具购置费10000万元，建筑工程费13000万元，安装工程费2000万元，工程建设其他费7000万元，基本预备费1600万元，价差预备费1700万元，建设期利息1500万元。该建设项目的工程费用为（ ）万元。【2024年真题】

A. 15000　　　　　　　　　　B. 32000

C. 25000　　　　　　　　　　D. 33600

【答案】C

【解析】该建设项目的工程费用为：13000＋2000＋10000＝25000万元。

专项突破2　建设项目计价特点

（1）建设项目投资需多次单独计算。

（2）建设项目计价依据复杂。

（3）分部组合计价特点。如果一个建设项目的设计方案已经确定，常用的是分部组合计价法。

重点难点专项突破

1. 本考点掌握上述3点内容即可。

2. 本考点可能会这样命题：

每个建设项目都有专门的用途，即使是用途相同的建设项目，技术水平、建筑等级和建筑标准也有所差别，每项工程投资都需要（ ）。

A. 分布组合　　　　　　　　　　B. 分层组合

C. 多次计算　　　　　　　　　　D. 单独计算

【答案】D

13.2　设备及工器具购置费构成及计算

专项突破1　设备原价的组成

构成	内容
国产标准设备的原价	国产标准设备原价一般指的是设备制造厂的出厂价，即出厂价。【2017年、2020年考过】
	如果国产标准设备由设备成套公司供应，则以订货合同价为设备原价。【2020年考过】
	在计算国产标准设备原价时，一般按带有备件的出厂价计算【2020年考过】

构成	内容
国产非标准设备的原价	国产非标准设备原价的计算方法有成本计算估价法、系列设备插入估价法、分部组合估价法、定额估价法。 国产非标准设备原价的计算方法应简便，准确度接近实际出厂价【2020年考过】

重点难点专项突破

1. 本考点内容不多，上述内容中每一句话都可能会作为判断正确与错误说法题目的备选项。

2. 本考点可能会这样命题：

（1）编制设计概算时，国产标准设备的原价一般选用（　　）。【2017年考过】

A. 不含备件的出厂价　　　　　　　B. 设备制造厂的成本价

C. 带有备件的出厂价　　　　　　　D. 设备制造厂的出厂价加运杂费

【答案】C

（2）关于国产设备原价的说法，正确的有（　　）。【2020年考过】

A. 非标准国产设备原价中应包含运杂费

B. 国产标准设备的原价一般是指出厂价

C. 由设备成套公司供应的国产标准设备，原价为订货合同价

D. 国产标准设备在计算原价时，一般按带有备件的出厂价计算

E. 非标准国产设备原价的计算方法应简便，并使估算价接近实际出厂价

【答案】B、C、D、E

（3）非标准设备原价的计算方法包括（　　）。

A. 成本计算估价法　　　　　　　　B. 系列设备插入估价法

C. 分部组合估价法　　　　　　　　D. 定额估价法

E. 经济估计法

【答案】A、B、C、D

专项突破2　进口设备的交货方式

交货方式	卖方责任	买方责任
内陆交货类	在交货地点，及时提交合同规定的货物和有关凭证，并承担交货前的一切费用和风险	按时接受货物，交付货款，承担接货后的一切费用和风险，并自行办理出口手续和装运出口
目的地交货类	只有当卖方在交货点将货物置于买方控制下才算交货，方能向买方收取货款。这类交货价对卖方来说承担的风险较大，在国际贸易中卖方一般不愿意采用这类交货方式	
装运港交货类	负责在合同规定的装运港口和规定的期限内，将货物装上买方指定的船只并及时通知买方。 负责货物装船前的一切费用和风险。 负责办理出口手续。	负责租船或订舱，支付运费，并将船期、船名通知卖方。【2011年考过】 承担货物装船后的一切费用和风险。 负责办理保险及支付保险费，办理在目的港的进口和收货手续。【2011年考过】

交货方式	卖方责任	买方责任
装运港交货类	提供出口国政府或有关方面签发的证件。负责提供有关装运单据	接受卖方提供的有关装运单据，并按合同规定支付货款【2011年考过】

重点难点专项突破

1. 该采分点仅在2011年考核过一道多项选择题。重点掌握装运港交货类方式，卖方与买方的责任都是对应的，考生在记忆的时候只需要记忆一方的责任就可以推出另一方的责任了。比如装运港交货类中，卖方要将货物装上指定的船只，那么租船订舱就是买方的责任。

2. 掌握进口设备装运港交货价中的几个价格：

（1）装运港船上交货价（FOB），习惯称为离岸价；

（2）运费在内价（CFR）；

（3）运费、保险费在内价（CIF），习惯称为到岸价。

3. 本考点可能会这样命题：

（1）进口设备的交货方式有（　　）。

A. 内陆交货 　　　　　　　　　　B. 目的地交货

C. 场址交货 　　　　　　　　　　D. 装运港交货

E. 海上交货

【答案】A、B、D

（2）进口设备装运港交货价包括（　　）。

A. 离岸价 　　　　　　　　　　　B. 到岸价

C. 船边交货价 　　　　　　　　　D. 运费在内价

E. 完税后交货价

【答案】A、B、D

（3）进口设备采用装运港船上交货时，买方的责任有（　　）。

A. 承担货物装船前的一切费用 　　B. 承担货物装船后的一切费用

C. 负责租船或订舱，支付费用 　　D. 负责办理保险及支付保险费

E. 提供出口国有关方面签发的证件

【答案】B、C、D

专项突破3　进口设备抵岸价的构成与计算

例题：某公司从国外进口一套机电设备，相关费用折合成人民币为：离岸价1500万元，国外运费90万元，国外运输保险费4.5万元，银行财务费6万元，进口关税税率10%，增值税税率13%。该进口设备增值税为（　　）万元。【2024年真题】

A. 207.285 　　　　　　　　　　B. 214.500

C. 228.794 　　　　　　　　　　D. 228.014

【答案】D

重点难点专项突破

1. 本考点还可以考核的题目有：

如果上述已知条件不变，则该进口设备的关税为（159.45）万元。

2. 该考点的计算公式比较多，在记忆上容易混淆，下面总结一个方法，可以快速的记忆。

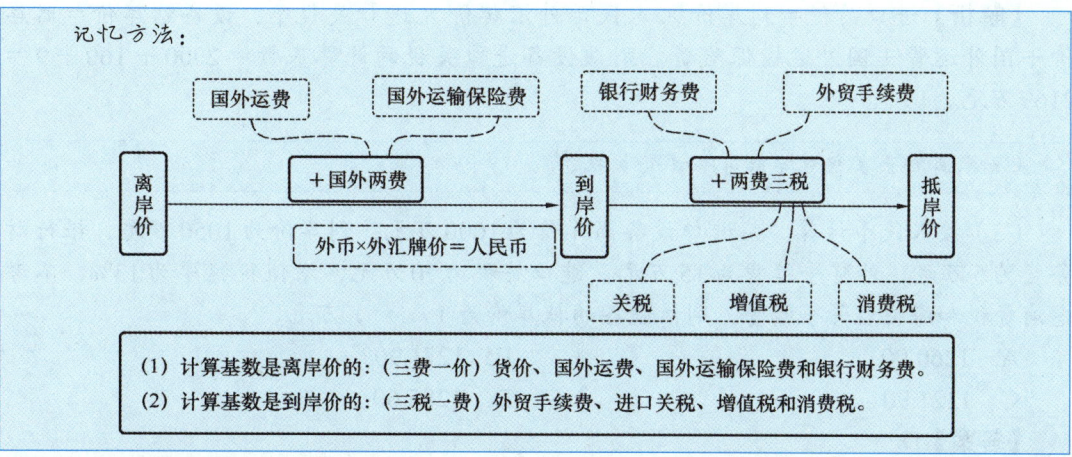

3. 例题题目的计算过程为：

进口设备增值税＝（到岸价＋进口关税＋消费税）×增值税率

到岸价＝离岸价＋国外运费＋国外运输保险费＝1500＋90＋4.5＝1594.5万元

进口关税＝到岸价×进口关税率＝1594.5×10%＝159.45万元

增值税＝（到岸价＋进口关税）×增值税率＝（1594.5＋159.45）×13%＝228.014万元

4. 在考试时，该考点出题方式不外乎以下四种情况，都是对各项费用公式掌握情况的考核。

第一种情况是对各构成费用计算的考核，也就是上述例题题型，在2009年考核了到岸价的计算，2015年考核了国外运输保险费的计算，2018年、2024年考核了增值税的计算。

第二种情况是对于公式表述是否正确的考核。

第三种情况是对某项费用计算基数的考核。

第四种情况是对抵岸价构成及计算的考核。

5. 本考点可能会这样命题：

（1）关于进口设备外贸手续费的计算，下列公式中正确的是（　　）。

A. 外贸手续费＝FOB×人民币外汇汇率×外贸手续费率

B. 外贸手续费＝CIF×人民币外汇汇率×外贸手续费率

C. 外贸手续费＝FOB×人民币外汇汇率／（1－外贸手续费率）×外贸手续费率

D. 外贸手续费＝CIF×人民币外汇汇率／（1－外贸手续费率）×外贸手续费率

【答案】B

（2）某进口设备，按人民币计算的离岸价为2000万元，国外运费160万元，国外运输保险费9万元，银行财务费8万元。则该设备进口关税的计算基数是（　　）万元。

【2017年真题】

A. 2000

B. 2160

C. 2169

D. 2177

【答案】C

【解析】进口关税＝到岸价×人民币外汇牌价×进口关税率，设备到岸价＝离岸价＋国外运费＋国外运输保险费。则该设备进口关税的计算基数＝2000＋160＋9＝2169万元。

> 如果再给出关税税率就可以计算关税了。

（3）按人民币计算，某进口设备离岸价为1000万元，到岸价为1050万元，银行财务费为5万元，外贸手续费为15万元，进口关税为70万元，增值税税率为13%，不考虑消费税和海关监管手续费，则该设备的抵岸价为（　　）万元。

A. 1260.00

B. 1271.90

C. 1321.90

D. 1285.60

【答案】D

【解析】进口设备抵岸价＝货价＋国外运费＋国外运输保险费＋银行财务费＋外贸手续费＋进口关税＋增值税＋消费税，其中进口产品增值税额＝（到岸价×人民币外汇牌价＋进口关税＋消费税）×增值税率，到岸价＝货价＋国外运费＋国外运输保险费。本题的计算过程为：增值税＝（1050＋70）×13%＝145.6万元，设备的抵岸价＝1050＋5＋15＋70＋145.6＝1285.60万元。

（4）某进口设备采用装运港船上交货价（FOB），该设备的到岸价除货价外，还应包括（　　）。

A. 进口关税

B. 边境口岸至工地仓库的运费

C. 国外运费

D. 国外运输保险费

E. 进口产品增值税

【答案】C、D

专项突破4　设备运杂费的构成与计算

项目	内容
构成	（1）国产标准设备由设备制造厂交货地点起至工地仓库（或施工组织设计指定的需要安装设备的堆放地点）止所发生的运费和装卸费。**【2015年考过】** 进口设备则由我国到岸港口、边境车站起至工地仓库（或施工组织设计指定的需要安装设备的堆放地点）止所发生的运费和装卸费。 （2）在设备出厂价格中没有包含的设备包装和包装材料器具费；在设备出厂价或进口设备价格中如已包括了此项费用，则不应重复计算。 （3）按有关部门规定的统一费率计算的供销部门的手续费。

项目	内容
构成	（4）建设单位（或工程承包公司）的采购与仓库保管费。它是指采购、验收、保管和收发设备所发生的各种费用，包括设备采购、保管和管理人员工资、工资附加费、办公费、差旅交通费、设备供应部门办公和仓库所占固定资产使用费、工具用具使用费、劳动保护费、检验试验费等。这些费用可按主管部门规定的采购保管费率计算。【2011年考过】 （5）如果设备是由设备成套公司供应的，成套公司的服务费也应计入设备运杂费中
计算	设备运杂费＝设备原价×设备运杂费率 　一般来讲，沿海和交通便利的地区，设备运杂费率相对低一些；内地和交通不很便利的地区就要相对高一些，边远省份则要更高一些。对于非标准设备来讲，应尽量就近委托设备制造厂，以大幅度降低设备运杂费。进口设备由于原价较高，国内运距较短，因而运杂费比率应适当降低【2015年考过】

重点难点专项突破

1. 本考点在考核时可能出现的干扰选项有：

（1）设备仓库所占用的固定资产使用费应计入设备运杂费。

（2）运费和装卸费是由设备制造厂交货地点至施工安装作业面所发生的费用。

（3）进口设备运杂费是由我国到岸港口或边境车站至工地仓库所发生的费用。

（4）采购与仓库保管费不含采购人员和管理人员的工资。

（5）国际运费应计入设备运杂费。

（6）运输保险费应计入设备运杂费。

2. 本考点除了会考核判断正确与错误说法的综合题目，还可能会在题干中给出某项费用，判断属于哪类费用。

3. 设备购置费的计算也是需要掌握的采分点，2023年综合考核了设备抵岸价、设备运杂费的计算。

（1）某企业拟进口一套机电设备，折合成人民币的离岸价、国外运费和国外运输保险费分别为1500万元、75万元和3.16万元。银行财务费6万元，外贸手续费22.9万元，进口关税税率8%，增值税税率13%，国内运杂费率3%。该套进口设备购置费（含增值税）为（　　）万元。【2023年真题】

A. 1955.729　　　　　　　　B. 2002.231

C. 1999.886　　　　　　　　D. 2020.094

【答案】C

【解析】本题的计算过程为：

进口关税＝到岸价×进口关税率＝（离岸价＋国外运费＋国外运输保险费）×8%＝（1500＋75＋3.16）×8%＝1578.16×8%＝126.2528万元。

进口产品增值税额＝组成计税价格×增值税率＝（到岸价＋进口关税）×13%＝（离岸价＋国外运费＋国外运输保险费＋进口关税）×13%＝（1500＋75＋3.16＋126.25）×13%＝1704.41×13%＝221.5733万元。

进口设备抵岸价＝离岸价＋国外运费＋国外运输保险费＋银行手续费＋外贸手续费＋进口关税＋增值税＝1500＋75＋3.16＋6＋22.9＋126.2528＋221.5733＝1954.886万元。

设备运杂费＝离岸价×国内运杂费费率＝1500×3%＝45万元。

设备购置费＝进口设备抵岸价＋设备运杂费＝1954.886＋45＝1999.886万元。

（2）按人民币计算，某进口设备离岸价5200万元，到岸价5500万元，银行财务26万元，外贸手续费82.5万元，进口关税500万元，增值税为780万元，不考虑消费税，国内设备运杂费100万元，则该设备的购置费为（   ）万元。

A. 6988.50　　　　　　　　　　　B. 6688.50

C. 6880.00　　　　　　　　　　　D. 6888.50

【答案】A

【解析】设备购置费＝5500＋26＋82.5＋780＋500＋100＝6988.50万元。

4. 本考点可能会这样命题：

某工程采用的进口设备拟由设备成套公司供应，则成套公司的服务费在估价时应计入（   ）。【2016年真题】

A. 建设管理费　　　　　　　　　　B. 设备原价

C. 进口设备抵岸价　　　　　　　　D. 设备运杂费

【答案】D

13.3　建筑安装工程费用构成及计算

专项突破1　按费用构成要素划分的建筑安装工程费用项目组成

例题：下列费用中，属于建筑安装工程人工费的有（   ）。【2017年真题题干】

A. 计时工资或计件工资【2017年考过】

B. 节约奖、劳动竞赛奖【2017年考过】

C. 流动施工津贴【2017年考过】

D. 特殊地区施工津贴

E. 高温（寒）作业临时津贴【2016年考过】

F. 高空津贴【2024年考过】

G. 加班加点工资【2017年考过】

H. 特殊情况下支付的工资【2022年考过】

I. 管理人员工资

J. 办公费

K. 差旅交通费

L. 固定资产使用费

M. 工具用具使用费

N. 劳动保险和职工福利费【2013年、2022年考过】

O. 劳动保护费【2020年、2022年、2024年考过】

P. 检验试验费【2014年考过】

Q. 工会经费

R. 职工教育经费

S. 财产保险费

T. 财务费

U. 税金

V. 城市维护建设税

W. 教育费附加

X. 地方教育附加

Y. 技术转让费

Z. 业务招待费

【答案】A、B、C、D、E、F、G、H

重点难点专项突破

1. 本考点还可以考核的题目有：

下列费用中，属于建筑安装工程企业管理费的有（I、J、K、L、M、N、O、P、Q、R、S、T、U、V、W、X、W、Y、Z）。【2020年、2022年、2024年考过】

2. 本考点在2009—2024年每年都会考核一道或者两道题目，应全面掌握。

3. 选项H中特殊情况下支付的工资包括因病、工伤、产假、计划生育假、婚丧假、事假、探亲假、定期休假、停工学习、执行国家或社会义务等原因按计时工资标准或计时工资标准的一定比例支付的工资。【2020年、2022年考过】

4. 选项P中检验试验费是指施工企业按照有关标准规定，对建筑以及材料、构件和建筑安装物进行一般鉴定、检查所发生的费用。不包括新结构、新材料的试验费，对构件做破坏性试验及其他特殊要求检验试验的费用和发包人委托检测机构进行检测的费用。关于检验试验费在2014年是这样命题的："施工企业按照规定标准对采购的建筑材料进行一般性鉴定，检查发生的费用应计入（　　）。"

5. 选项U中税金是指房产税、车船使用税、土地使用税、印花税。（速记：有房有车有地有的花）

6. 按照费用构成要素划分，建筑安装工程费由人工费、材料（包含工程设备）费、施工机具使用费、企业管理费、利润、规费和税金组成。

（1）材料费包括材料原价、运杂费、运输损耗费、采购及保管费。【2010年、2017年、2021年、2024年考过】

（2）施工机械使用费包括折旧费、检修费、维护费、安拆费及场外运费、人工费、燃料动力费和税费。【2012年、2015年、2019年考过】

（3）规费包括社会保险费和住房公积金，以定额人工费为计算基础。社会保险费包括养老保险费、失业保险费、医疗保险费、生育保险费、工伤保险费。【2011年、2013年、2020年、2023年考过】

速记口诀：

人工费：特殊加班计奖津。

7. 本考点一般会有以下三种命题形式：

一是，题干中给出具体费用内容，判断属于哪一类费用。在2013年、2014年、2015年、2016年、2020年、2021年、2022年都考核了这类型题目，比如：

（1）因执行国家或社会义务，按计时工资标准支付给从事建筑安装工程施工生产工人的工资属于建筑安装工程人工费中的（   ）。【2022年真题】

A. 奖金   B. 特殊情况下支付的工资

C. 津贴补贴   D. 加班加点工资

【答案】B

（2）施工企业提供预付款担保和履约担保所发生的各项费用，属于建筑安装工程费中的（   ）。

A. 财产保险费   B. 规费

C. 企业管理费   D. 社会保险费

【答案】C

二是，选项中给出费用内容，判断属于哪一类费用。2010年、2011年、2012年、2013年、2014年、2017年、2021年、2022年、2023年、2024年都考核了这类型题目，比如：

按费用构成要素划分，下列费用中，应计入建筑安装工程材料费的有（   ）。

【2024年真题】

A. 材料采购费

B. 材料运杂费

C. 材料在运输装卸过程中不可避免的损耗费

D. 施工机械日常维修保养的材料费

E. 对材料进行一般鉴定和检查的费用

【答案】A、B、C

三是，计算题目的考核，2015年考了这类型题目：

某施工企业投标报价时确定企业管理费率以人工费为基础计算，据统计资料，该施工企业生产工人年平均管理费为1.2万元，年有效施工天数为240d，人工单价为300元/d，人工费占分部分项工程费的比例为75%，则该企业的企业管理费费率应为（   ）。

【2015年真题】

A. 12.15%   B. 12.50%

C. 16.67%   D. 22.22%

【答案】C

【解析】企业管理费以企业管理费率乘以计算基数确定，其计算公式为：

（1）以人工费为计算基数：

$$企业管理费费率（\%）=\frac{生产工人年平均管理费}{年有效施工天数×人工单价}×100\%$$

（2）以人工费和机械费合计为计算基数：

$$企业管理费费率（\%）=\frac{生产工人年平均管理费}{年有效施工天数×（人工单价＋每一工日机械使用费）}×100\%$$

（3）以分部分项工程费为计算基数：

$$企业管理费费率（\%）=\frac{生产工人年平均管理费}{年有效施工天数×人工单价}×人工费占分部分项工程费比例（\%）$$

本题是以人工费为计算基础，则该企业的企业管理费费率 $=\dfrac{1.2×10000}{240×300}=16.67\%$。

专项突破2　按造价形成划分的建筑安装工程费用项目组成

例题：下列费用中，属于建筑安装工程费中措施项目费的有（　　　　）。【2009年、2014年考过】

　A．环境保护费

　B．文明施工费

　C．安全施工费【2009年、2015年考过】

　D．临时设施费

　E．建筑工人实名制管理费【2020年考过】

　F．夜间施工增加费【2009年考过】

　G．二次搬运费【2009年考过】

　H．冬雨期施工增加费

　I．已完工程及设备保护费【2010年考过】

　J．工程定位复测费【2014年考过】

　K．特殊地区施工增加费

　L．大型机械设备进出场及安拆费

　M．脚手架工程费

【答案】A、B、C、D、E、F、H、I、J、K、L、M

重点难点专项突破

1. 本考点还可以考核的题目有：

属于安全文明施工费的有（A、B、C、D、E）。

> 速记口诀：
>
> 措施项目费内容：夜间工人安全定位、冬雨季二次已完成、大型特殊脚手架。

2. 本考点在2009年、2010年、2013年、2014年、2015年、2016年、2018年、2019年、2020年、2023年、2024年都进行了考核。措施项目费的构成要与施工机具使用费、企业管理费、规费的构成内容结合起来学习，这些费用互相作为干扰选项。上述考点已经列举了施工机具使用费、企业管理费、规费构成内容的题目，在此就不再赘述了。

3. 按造价形成划分的建筑安装工程费与按费用构成要素划分的建筑安装工程费用中的规费、增值税相同。

4. 该考点中还应掌握以下采分点：

（1）建筑安装工程费按照工程造价形成由分部分项工程费、措施项目费、其他项目费、规费、税金组成。

（2）分部分项工程费、措施项目费、其他项目费包含人工费、材料费、施工机具使用费、企业管理费和利润。该采分点可能会这样命题："根据我国现行建筑安装工程费用项目构成的规定，下列费用中，应计入分部分项工程费的是（　　）。"【2015年真题题干】

（3）其他项目费包括暂列金额、暂估价、计日工和总承包服务费。主要掌握暂列金额的用途，在2015年、2018年均以多项选择题进行了考核。

5. 本考点一般会有以下两种命题形式：

一是，题干中给出具体费用内容，判断属于哪一类费用。在2010年、2015年、2016年、2023年、2024年都考核了这类型题目。

二是，选项中给出费用内容，判断属于哪一类费用。2009年、2014年、2019年考核了这类型题目。

13.4　工程建设其他费构成及计算

专项突破　工程建设其他费构成及计算

例题：下列费用中，属于工程建设其他费的有（　　）。【2024年真题题干】

A．建设用地费

B．临时土地使用费

C．水土保持补偿费

D．建设单位管理费（项目建设管理费）

E．工程监理费

F．设备监造费

G．招标投标费（招标代理费）

H．设计评审费

I．特殊项目定额研究及测定费

J．其他咨询费

K．印花税

L．前期工作咨询费

M．专项评价费

N．研究试验费【2021年考过】

O．勘察费

P．建筑信息模型（BIM）技术应用服务

Q．设计费

R．场地准备费和临时设施费

S．临时设施费

T．引进技术和进口设备材料其他费

U．特殊设备安全监督检验费

V．市政公用配套设施费（城市基础设施配套费）

W．联合试运转费【2017年、2019年、2022年考过】

X．保险费

Y．专利及专有技术使用费

Z．生产人员培训费【2012年考过】

A1．生产人员提前进厂费

B1．办公及生活家具购置费【2012年考过】

C1．工器具及生产家具购置费

【答案】A、B、C、D、E、F、G、H、I、J、K、L、M、N、O、P、Q、R、S、T、U、V、W、X、Y、Z、A1、B1、C1

重点难点专项突破

1．本考点还可以考核的题目有：

（1）下列费用中，属于土地使用费的有（A、B、C）。

（2）下列费用中，属于建设管理费的有（D、E、F、G、H、I、J、K）。

（3）下列费用中，属于生产准备费的有（Z、A1、B1、C1）。

2．本考点内容较多，应全面掌握。

3．选项A，建设用地费包括土地使用权出让金等土地有偿使用费（划拨方式不缴纳）和其他费用。其他费用是指土地补偿费、安置补助费、征用耕地复垦费、土地上的附着物和青苗补偿费、建设项目用地预审及土地报批费用、征用耕地按规定一次性缴纳的耕地占用税、征用城镇土地在建设期间按规定每年缴纳的城镇土地使用税、征用城市郊区菜地按规定缴纳的新菜地开发建设基金、契税及其他各项费用。

4．选项B，临时土地使用费包括租赁费、地上附着物和青苗补偿费、土地恢复费以及其他税费等。

5．选项D，实行代建制管理的项目一般不得同时列支代建管理费和项目建设管理费，确需同时发生的，两项费用之和不得高于上述计算的项目建设管理费限额。

6．选项M，专项评价费包括环境影响评价及验收费、安全预评价及验收费、职业病危害预评价及控制效果评价费、地震安全性评价费、地质灾害危险性评价费、水土保持评价及验收费、压覆矿产资源评价费、节能评估费、危险与可操作性分析及安全完整性评价费、社会稳定风险评估费、防洪评价咨询费、交通影响评价咨询费、文物影响评估费及文物保护专项经费以及其他专项评价及验收费。

7. 选项N，研究试验费包含项目所在地规定应由建设单位承担的工程检测费用，或自行或委托其他部门的专题研究、试验所需的人工费、材料费、试验设备及仪器使用费等。不包括应由科技三项费用（即新产品试制费、中间试验费和重要科学研究补助费）开支的费用和应在建筑安装费中列支的施工企业对建筑材料、构件和建筑物进行一般鉴定、检查所发生的费用，以及应由勘察设计费或工程费用中开支的费用。

8. 选项R，场地准备费和临时设施费一般会有两种命题形式。

（1）计算题目。

（2）判断正确与错误说法的综合题目。【2017年、2018年考过】

9. 选项T，引进技术和进口设备材料其他费包括图纸资料翻译复制费、出国人员费用、来华人员费用、银行担保及承诺费、进口设备材料国内检验费等。

10. 选项W，联合试运转费内容要重点掌握，在2009年、2011年、2014年、2017年、2019年、2021年、2022年、2024年均有考核。一般会有两种命题形式：

（1）考核联合试运转费的内容，比如：

下列费用中，属于工程建设其他费中联合试运转费的是（　　）。【2024年真题】

A. 试运转过程中因施工质量原因发生的处理费用

B. 单台设备调试费用

C. 试运转过程中因设备缺陷发生的处理费用

D. 施工单位参加试运转的人工费

【答案】D

（2）以判断正确与错误说法的形式考核综合题目。

11. 选项A1，生产人员提前进厂费包括提前进厂参与工艺设备、电气、仪表安装调试等生产准备工作而发生的人工费和社会保障费用。

12. 工程建设其他费用还包括：专项配套设施费、房产测绘费、防空地下室易地建设费、声像档案制作费，建筑垃圾减量化措施费、全过程工程咨询服务费、工程总承包管理费等。

13.5 预备费计算

专项突破　预备费的构成与计算

例题：某建设工程项目建筑安装工程费为2000万元，设备及工器具购置费为800万元，工程建设其他费用为300万元，基本预备费率为8%，项目建设前期年限为1年，建设期两年，建设期内平均价格上涨指数为5%，该项目的基本预备费为（　　）万元。【2016年真题】

A. 160　　　　　　　　　　　　　B. 184

C. 248　　　　　　　　　　　　　D. 224

【答案】C

重点难点专项突破

1. 首先明确两个概念，就是基本预备费与价差预备费。

基本预备费是指在项目实施中可能发生难以预料的支出，需要预先预留的费用，又称不可预见费。主要指设计变更及施工过程中可能增加工程量的费用。【2012年、2013年、2017年考过】

价差预备费是指在建设期内利率、汇率或价格等因素的变化而预留的可能增加的费用，也称为价格变动不可预见费。

> 命题总结：
>
> 这两个概念在考试会有两种命题形式：
>
> （1）在建设工程项目总投资组成中的基本预备费（价差预备费）主要是为（　　　）而预留的。
>
> （2）编制建设项目投资估算时，考虑项目在实施中可能会发生设计变更增加工程量，投资计划中需要事先预留的费用是（　　　）。

2. 如果上述例题条件不变，投资分两年使用，比例为：第1年40%，第2年60%，该项目的价差预备费为（　　　）万元。

> 基本预备费＝（工程费用＋工程建设其他费用）×基本预备费费率
>
> 上述例题中，项目的基本预备费＝（2000＋800＋300）×8%＝248万元。
>
> 价差预备费的计算公式为：
>
> $$P=\sum_{t=1}^{n} I_t\left[(1+f)^m (1+f)^{0.5} (1+f)^{t-1}-1\right]$$
>
> 式中　P——价差预备费；
>
> 　　　n——建设期年份数；
>
> 　　　I_t——建设期第t年的投资计划额，包括工程费用（建筑安装工程费、设备及工器具购置费），工程建设其他费用及基本预备费之和；
>
> 　　　f——投资价格指数；
>
> 　　　t——建设期第t年；
>
> 　　　m——建设前期年限。
>
> 第1年的价差预备费＝（2000＋800＋300＋248）×40%×[（1＋5%）^{1}（1＋5%）$^{0.5}$（1＋5%）$^{1-1}$－1]＝101.69万元；
>
> 第2年的价差预备费＝（2000＋800＋300＋248）×60%×[（1＋5%）^{1}（1＋5%）$^{0.5}$（1＋5%）$^{2-1}$－1]＝260.59万元；
>
> 该项目建设期的价差预备费＝101.69＋260.59＝362.28万元。

3. 计算题题型是考试的常考题型，题目难度不大，最关键的是掌握计算基础，注意价差预备费的计算基础以建筑安装工程费、设备工器具购置费、工程建设其他费用及基本预备费之和为计算基数。

4. 命题人在设置选项的时候并不是没有根据的，对公式的准确理解记忆非常关键。

5. 本考点可能会这样命题：

（1）在建设工程项目总投资组成中的基本预备费主要是为（　　　）而预留的。【2017年真题】

A. 建设期内材料价格上涨增加的费用

B. 因施工质量不合格返工增加的费用

C. 设计变更增加工程量的费用

D. 因业主方拖欠工程款增加的承包商贷款利息

【答案】C

（2）某拟建项目，建筑安装工程费为11.2亿元，设备及工器具购置费为33.6亿元，工程建设其他费为8.4亿元，建设单位管理费为3亿元，基本预备费费率为5%，则拟建项目基本预备费为（　　　）亿元。

A. 0.56
B. 2.24

C. 2.66
D. 2.81

【答案】C

【解析】工程费用＝建筑安装工程费＋设备及工器具购置费＝11.2＋33.6＝44.8亿元。基本预备费＝（44.8＋8.4）×5%＝2.66亿元。

（3）某建设项目工程费用5000万元，工程建设其他费用1000万元。基本预备费率为8%，年均投资价格上涨率5%，项目建设前期年限为1年，建设期两年，计划每年完成投资50%，则该项目建设期第2年价差预备费应为（　　　）万元。

A. 242.98
B. 246.01

C. 420.31
D. 666.32

【答案】C

【解析】基本预备费＝（5000＋1000）×8%＝480万元；

静态投资＝5000＋1000＋480＝6480万元；

建设期第2年完成投资＝6480×50%＝3240万元；

第2年价差预备费＝$3240×[(1+5\%)×(1+5\%)^{0.5}×(1+5\%)^{2-1}-1]$＝420.31万元。

13.6　增值税计算

专项突破　增值税计算

例题：当采用一般计税方法计算增值税时，建筑业增值税税率为（　　　）。

A. 3%
B. 5%

C. 9%
D. 11%

【答案】C

1. 本考点还可以考核的题目有：

（1）当采用简易计税方法计算增值税时，建筑业增值税征收率为（A）。【2021年考过】

（2）小规模纳税人增值税征收率为（A）。

2. 区分一般计税方法与简易计税方法的增值税税率，不仅会考核数字题目，还可能考核计算题目，比如：

某建筑工程的造价组成见下表，该工程的含税造价为（　　　）万元。

名称	人工费（万元）	材料费（万元）	机具费（万元）	管理费、规费、利润（万元）	增值税
金额及费率	1000	3680	1600	800	9%
说明	不含税	含税，可抵扣综合进项税率为15%	不含税	—	—

A. 6322

B. 6600

C. 7194

D. 10280

【答案】C

【解析】材料费为含税价格，其不含税价＝3680/（1＋15%）＝3200万元；题目中要求计算的是含税造价，即税前造价＋税金＝（人工费＋材料费＋施工机具使用费＋企业管理费＋利润＋规费）×（1＋9%）＝（1000＋3200＋1600＋800）×（1＋9%）＝7194万元。

> 重要提示：
> 税前造价＝人工费＋材料费＋施工机具使用费＋企业管理费＋利润＋规费
> 一般计税方法：各费用项目均不包含增值税可抵扣进项税额的价格计算。
> 简易计税方法：各费用项目均以包含增值税可抵扣进项税额的价格计算。

3. 进项税额不得从销项税中抵扣的项目要关注下，在2018年考核过一道多项选择题。

13.7　建设期利息与流动资金计算

专项突破1　建设期利息的计算

例题：某项目建设期为2年，共向银行借款10000万元，借款年利率为6%。第1和第2年借款比例均为50%。借款在各年内均衡使用，建设期内只计息不付息。则编制投资估算时该项目建设期利息总和为（　　　）万元。【2018年真题题干】

A. 150

B. 450

C. 459   D. 609

【答案】D

重点难点专项突破

1. 本考点还可以考核的题目有：

（1）上述已知条件不变，则建设期第1年应计利息为（A）万元。

（2）上述已知条件不变，则建设期第2年应计利息为（C）万元。

2. 本考点在2010年、2012年、2013年、2014年、2017年、2018年、2020年、2022年、2024年都是考核的计算题目，考生应掌握公式。

3. 建设期利息的计算考核题型有两种：一种是应用公式计算，在案例分析题中也会出现；另一种是对公式的理解。我们首先来学习下这道题的解题过程：

解答本题需要用到的公式是：

$$Q = \sum_{j=1}^{n} \left(P_{j-1} + A_j/2 \right) i$$

第1年利息：10000/2/2×6%＝150万元。

第2年利息：（10000/2/2＋10000/2＋150）×6%＝459万元。

建设期利息＝150＋459＝609万元。

4. 建设期利息的计算，考生在解答时应注意：① 审题，看清求利息总和还是哪一年的利息；② 除第1年外，其他年利息的计算，均要将之前的本金及利息加上。

专项突破2　流动资金估算

例题：预计某年度应收账款1800万元，应付账款1300万元，预收账款700万元，预付账款500万元，存货1000万元，现金400万元。则该年度流动资金估算额为（　　）万元。

A. 700   B. 1100

C. 1700   D. 2100

【答案】C

重点难点专项突破

1. 流动资金的估算方法有扩大指标估算法和分项详细估算法两种。

（1）扩大指标估算法是参照同类企业的流动资金占营业收入、经营成本的比例或者是单位产量占用营运资金的数额估算流动资金，并按以下公式计算：

流动资金额＝各种费用基数×相应的流动资金所占比例（或占营运资金的数额）

（2）分项详细估算法可简化计算，其公式为：

流动资金＝流动资产－流动负债

流动资产＝应收账款＋预付账款＋存货＋库存现金

流动负债＝应付账款＋预收账款

2. 本题中流动资金＝1800＋500＋1000＋400－1300－700＝1700万元。

第14章 工程计价依据

14.1 工程造价管理标准体系与工程定额体系

专项突破1 工程造价管理标准体系

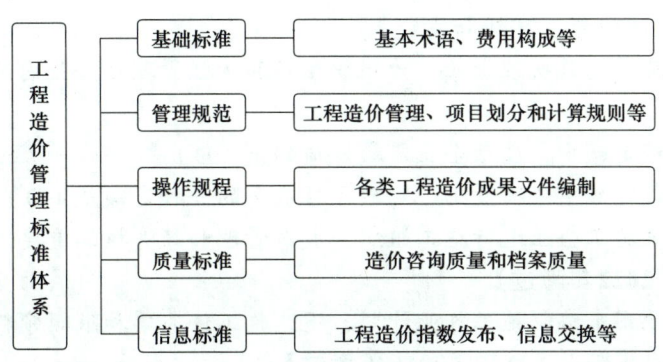

重点难点专项突破

区分各标准体系，可能会这样命题：

《建设工程造价咨询规范》GB/T 51095—2015属于工程造价管理标准体系中的（   ）。

A. 基础标准   B. 管理规范
C. 操作规范   D. 信息标准

【答案】B

专项突破2 工程定额的分类

例题： 按编制用途分类，工程定额分为（   ）。**【2024年真题题干】**

A. 人工消耗定额   B. 材料消耗定额
C. 施工机具消耗定额   D. 施工定额
E. 预算定额   F. 概算定额
G. 概算指标   H. 投资估算指标
I. 全国统一定额   J. 行业定额
K. 地区统一定额   L. 企业定额
M. 建筑工程定额   N. 设备安装工程定额
O. 建筑安装工程费用定额   P. 工器具定额

Q. 工程建设其他费用定额

【答案】D、E、F、G、H

重点难点专项突破

1. 本考点还可以考核的题目有:

(1) 按生产要素内容分类,建设工程定额分为(A、B、C)。

(2) 按适用范围分类,建设工程定额分为(I、J、K、L)。

(3) 按工程费用性质分类,建设工程定额分为(M、N、O、P、Q)。

(4) 以同一性质的施工过程——工序作为研究对象,在正常施工条件下,完成一定计量单位的工序所需消耗的人工、材料、施工机械台班数量及其费用标准的定额是(D)。【2010年、2013年、2020年考过】

(5) 施工企业(建筑安装企业)为组织生产和加强管理在企业内部使用的一种定额是(D)。

(6) 下列工程定额中,属于企业定额性质的是(D)。

(7) 工程建设定额中分项最细、定额子目最多的一种定额是(D)。

(8) 建筑安装施工企业进行施工组织、成本管理和经济核算重要依据的一种定额是(D)。【2017年、2022年考过】

(9) 施工企业用来编制施工作业计划、下达施工任务单和限额领料单,以及计算工人劳动报酬的一种定额是(D)。【2016年考过】

(10) 编制预算定额的基础是(D)。

(11) 建设工程定额的基础性定额是(D)。

(12) 以合格分项工程和结构构件为对象编制的定额是(E)。【2012年考过】

(13) 下列工程定额中,(E)是以施工定额为基础综合扩大编制的,同时也是编制概算定额的基础。

(14) 下列工程定额中,(E)是编制施工图预算的主要依据,是编制定额基价、确定工程造价、控制建设工程投资的基础和依据。

(15) 以合格扩大分项工程或扩大结构构件为对象编制的定额为(F)。

(16) 以单位工程为对象编制的定额是(G)。

(17) 作为设计单位编制设计概算或建设单位编制年度投资计划的依据,也可作为编制估算指标基础的定额是(G)。

(18) 以建设项目、单项工程、单位工程为编制对象,反映其建设总投资及其各项费用构成的经济指标是(H)。

> 命题总结:
> 上述题目几乎涵盖了可能会考查到的所有题目。题干(4)、(6)、(10)、(12)、(15)、(16)、(18)还会进行逆向命题,比如:"施工定额的研究对象是(工序)。"

2. 施工定额的内容要特别关注,常考其研究对象、组成、性质及作用。

3. 关于选项A，人工定额也称劳动定额，是指在正常的施工技术和组织条件下，完成单位合格产品所必需的人工消耗量标准。【2009年考过】

4. 本考点的另一种考试题型是判断正误的题型，比如：

（1）关于施工定额的说法，正确的有（　　　）。

A. 施工定额以同一性质的施工过程作为研究对象

B. 施工定额属于企业定额的性质

C. 施工定额是确定最高投标限价的重要依据

D. 施工定额能够反映行业施工技术和管理的平均水平

E. 施工定额是建设工程定额的基础性定额

【答案】A、B、E

（2）关于施工定额作用的说法，正确的有（　　　）。【2011年真题】

A. 施工定额是企业编制施工组织设计的依据

B. 施工定额是计算工人计件工资的基础

C. 施工定额是编制施工预算的基础

D. 施工定额是组织和指挥施工生产的有效工具

E. 施工定额是编制竣工结算的依据

【答案】A、B、C、D

14.2　人工、材料与施工机具台班消耗量确定

专项突破1　人工定额的编制

例题：某施工企业编制砌砖墙人工定额，该企业有近5年同类工程的施工工时消耗资料，则制定人工定额适合选用的方法是（　　　）。【2015年真题题干】

A. 技术测定法　　　　　　　　　B. 比较类推法

C. 统计分析法　　　　　　　　　D. 经验估计法

【答案】C

重点难点专项突破

1. 本考点还可以考核的题目有：

（1）根据生产技术和施工组织条件，对施工过程中各工序采用一定的方法测出其工时消耗等资料，再对所获得的资料进行分析，制定出人工定额的方法是（A）。【2011年真题题干】

（2）对于同类型产品规格多、工序复杂、工作量小的施工过程，若已有部分产品施工的人工定额，则其他同类型产品施工人工定额的制定适宜采用的方法是（B）。【2014年真题题干】

（3）根据定额专业人员、经验丰富的工人和施工技术人员的实际工作经验，参考有关定额资料，对施工管理组织和现场技术条件进行调查、讨论和分析制定定额的方法是（D）。

（4）编制人工定额时，通常作为一次性定额使用的是（D）。

（5）制定人工定额常用的方法有（A、B、C、D）。

2. 人工定额的编制方法在考核时，也就上述几种命题方式，一般不会出现逆向命题。

3. 选项A，采用技术测定法编制人工定额时，测定各工序工时消耗的方法有：测时法、写实记录法、工作日写实法。【2023年考过】

4. 编制人工定额主要包括拟定正常的施工条件及测定定额时间两项工作，那这两项工作具体包括哪些内容呢？具体内容见下表：

拟定正常的施工条件【2015年考过】	测定定额时间
（1）拟定施工作业的内容。 （2）拟定施工作业的方法。 （3）拟定施工作业地点的组织。 （4）拟定施工作业人员的组织	在全面分析各种影响因素的基础上，通过计时观察、大数据分析等方法，获得定额的各种必须消耗时间

专项突破2 工人工作时间消耗的分类

例题：下列工人工作时间消耗中，属于工人工作必需消耗的时间有（   ）。【2010年、2011年、2012年、2016年、2020年、2021年、2022年、2024年考过】

A. 基本工作时间【2024年考过】

B. 辅助工作时间【2011年、2012年、2020年、2022年、2024年考过】

C. 准备与结束工作时间【2011年、2012年、2016年、2020年、2024年考过】

D. 休息时间【2020年考过】

E. 不可避免的中断时间【2011年、2012年、2016年、2024年考过】

F. 偶然工作时间【2016年、2024年考过】

G. 多余工作时间【2016年、2024年考过】

H. 施工本身造成的停工时间

I. 非施工本身造成的停工时间

J. 违背劳动纪律损失时间

【答案】A、B、C、D、E

重点难点专项突破

1. 本考点还可以考核的题目有：

（1）下列工人工作时间消耗中，属于有效工作时间的有（A、B、C）。

（2）下列工人工作时间消耗中，属于工人工作损失时间的有（F、G、H、I、J）。

（3）编制人工定额时，与工人所担负的工作量大小无关的必须消耗时间是（C）。

（4）基本工作结束后整理劳动工具的时间应计入（C）。

（5）工人的工作时间中，熟悉施工图纸所消耗的时间属于（C）。

（6）工作地点、劳动工具和劳动对象的准备工作时间属于（C）。

（7）编制人工定额时，由于作业面准备不充分导致的停工时间应计入（H）。

（8）编制人工定额时，由于工作地点组织不良导致的停工时间应计入（H）。

（9）编制人工定额时，由于施工组织不善、材料供应不及时导致的停工时间应计入（H）。

2. 针对本考点，在学习过程中应该将这几项时间的具体内容进行针对性的学习。这些互相作为干扰选项。

3. 必需消耗的时间都可计入定额，而对于多余工作时间不可计入定额，偶然工作时间可以考虑，非施工本身造成的停工时间可以计入定额。考试时一般会考核以下两种题型：

（1）直接考核必需消耗的时间。

（2）判断应计入定额的时间消耗。

对每项时间的具体内容也要认真掌握，都有可能以备选项出现，比如：

下列工人工作时间消耗中，工人工作必需消耗的时间包括（　　）。

A. 由于材料供应不及时引起的停工时间【2010年、2020年、2022年考过】

B. 工人擅自离开工作岗位造成的时间损失【2010年考过】

C. 准备与结束工作时间【2010年、2011年、2012年、2016年、2020年、2021年考过】

D. 由于施工工艺特点引起的工作中断所必需的时间【2010年考过】

E. 工人下班前清洗整理工具的时间【2010年考过】

F. 工人在工作过程中恢复体力所必需的休息时间【2020年考过】

G. 工程技术人员和工人的差错而引起的工时损失

H. 工作班开始和午休后的迟到时间

I. 午饭前和工作结束前的早退时间

J. 劳动组织不合理引起的停工时间【2022年考过】

K. 工作时间内聊天或办私事造成的工时损失

L. 施工组织不善造成的停工时间【2012年、2020年考过】

【答案】C、D、E、F。选项A、B、G、H、I、J、K、L属于损失时间。

4. 必需消耗的工作时间应计入定额时间，考试时会这样命题：

（1）编制人工定额时，应计入定额时间的有（　　）。【2017年、2023年考过】

A. 准备与结束工作时间

B. 工人必需的休息时间

C. 由于劳动组织不合理导致工作中断所占用的时间

D. 由于材料供应不及时引起的停工时间

E. 不可避免的中断时间

【答案】A、B、E

（2）编制人工定额时，工人定额工作时间中应予以合理考虑的情况是（ 　　 ）。

【2018年真题】

A. 由于工程技术人员和工人差错引起的工时损失

B. 由于劳动组织不合理导致工作中断所占用的时间

C. 由于水源或电源中断引起的停工时间

D. 由于材料供应不及时引起的停工时间

【答案】C

5. 关于工人工作时间消耗的分类，可以参考下图记忆。

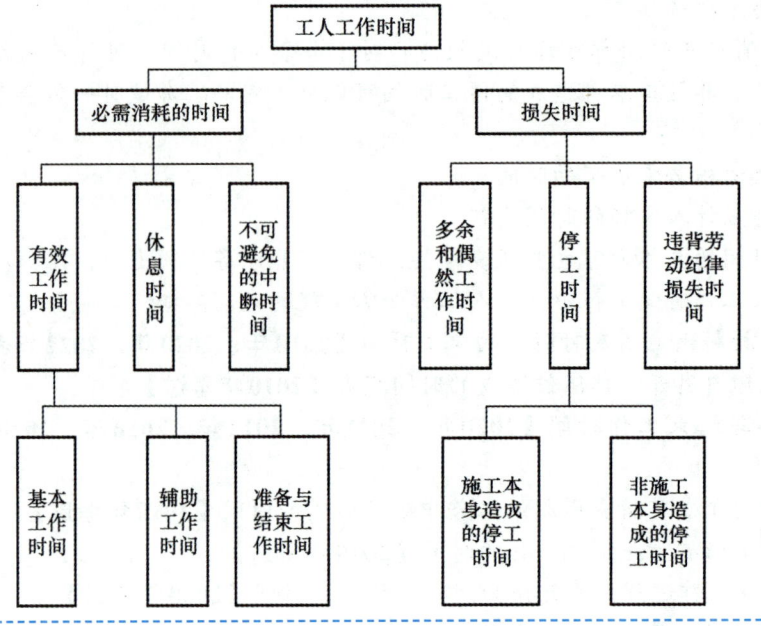

专项突破3　人工定额的表现形式

类型		内容
按表现形式	时间定额	单位产品时间定额（工日）＝$\dfrac{1}{每工日产量}$
		或　单位产品时间定额（工日）＝$\dfrac{小组成员工日数总和}{机械台班产量}$
	产量定额	产量定额＝$\dfrac{1}{时间定额}$
按定额的标定对象	单项工序定额	综合时间定额＝$\sum$各单项（工序）时间定额
	综合定额	综合产量定额＝$\dfrac{1}{综合时间定额（工日）}$

本考点内容较少，可能会考核单位产品时间定额的计算。比如：

某施工工序的人工产量定额为4.56m³，则该工序的人工时间定额为（　　）。

A. 0.22工日/m³　　　　　　　　　B. 0.22工日

C. 1.76工日　　　　　　　　　　D. 4.56工日

【答案】B

【解析】工序的人工时间定额（工日）＝1/4.56＝0.22工日。

专项突破4　材料定额消耗量的确定

例题：编制材料消耗定额，主要包括确定直接使用在工程上的材料净用量和在施工现场内运输及操作过程中的不可避免的废料和损耗。确定材料净用量的方法有（　　）。

A. 理论计算法　　　　　　　　　B. 现场技术测定法

C. 实验室试验法　　　　　　　　D. 现场统计法

【答案】A、B、C、D

1. 本考点还可以考核的题目有：

（1）编制砖砌体材料消耗定额时，测定标准砖砌体中砖的净用量，宜采用的方法是（A）。

（2）下列材料定额消耗量的确定方法中，（C）的优点是能更详细地研究各种因素对材料消耗的影响，其缺点是无法估计施工现场因素对材料消耗量的影响。

（3）下列材料定额消耗量的确定方法中，（B）主要适用于确定材料损耗量，通过现场观察，可以区分出哪些是可以避免的损耗，哪些是难以避免的损耗，定额中不应列入可以避免的损耗。

2. 材料消耗定额的内容在2009年考查了一道单项选择题。是这样命题的：测定材料消耗定额时，定额中的损耗量是指操作过程中不可避免的废料和损耗以及不可避免的（　　）。

专项突破5　非实体性材料（周转性材料）定额消耗量的确定

例题：编制工程周转性材料消耗定额时，影响周转材料消耗的因素主要有（　　）。

【2017年真题题干】

A. 一次使用量

B. 每周转使用一次材料的损耗【2017年考过】

C. 周转使用次数【2017年考过】

D. 周转材料的最终回收及其回收折价【2017年考过】

E. 摊销量

【答案】A、B、C、D

重点难点专项突破

1. 本考点还可以考核的题目有：

（1）定额中周转材料消耗量指标，应当用（A、E）两个指标表示。

（2）施工企业投标报价时，周转材料消耗量应按（E）计算。【2010年、2018年考过】

（3）施工企业成本核算时，周转材料消耗量应按（E）计算。【2010年、2018年考过】

（4）施工企业组织施工时，周转材料消耗量应按（A）计算。

2. 选项A，一次使用量即第一次制造时的材料消耗。

3. 本考点还需要掌握一个采分点——周转使用量的计算。在2016年、2021年考试中都有考核，下面以2021年考试题目来详解。

某现浇混凝土结构施工采用的木模板，一次净用量为200m²，现场制作安装不可避免的损耗率为2%，可周转使用5次，每次补损率为5%。该模板的周转使用量为（　　）m²。【2021年真题】

A. 48.00　　　　　　　　　　B. 48.96

C. 49.44　　　　　　　　　　D. 51.00

【答案】B

【解析】本题计算过程如下：

$$周转使用量=\frac{一次使用量\times\left[1+\left(周转次数-1\right)\times补损率\right]}{周转次数}$$

一次使用量＝净用量×（1＋操作损耗率）

一次使用量＝200×（1＋2%）＝204m²；

周转使用量＝〔204×（1＋4×5%）〕/5＝48.96m²。

专项突破6　机械工作时间消耗的分类

例题：下列机械工作时间中，属于机械工作必需消耗的时间有（　　）。【2019年、2020年、2023年考过】

A. 正常负荷下的工时消耗【2009年考过】

B. 有根据地降低负荷下的工时消耗【2009年考过】

C. 不可避免的无负荷工作时间【2009年、2013年、2019年、2020年考过】

D. 与工艺过程的特点有关的不可避免的中断工作时间

E. 与机器有关的不可避免的中断工作时间

F. 工人休息时间

G. 多余工作时间【2019年、2020年、2023年考过】

H. 施工本身造成的停工时间【2020年、2023年考过】

I. 非施工本身造成的停工时间

J. 低负荷下的工作时间【2013年、2019年、2020年、2023年考过】

K. 违背劳动纪律所引起的损失时间

【答案】A、B、C、D、E、F

重点难点专项突破

1. 本考点还可以考核的题目有：

（1）下列机械工作时间中，属于有效工作时间的有（A、B）。

（2）编制施工机械台班使用定额时，属于机械工作时间中损失时间的有（G、H、I、J、K）。【2012年考过】

（3）汽车运输重量轻而体积大的货物时，不能充分利用载重吨位因而不得不在低于其计算负荷下工作的时间应计入（B）。【2016年真题题干】

（4）施工作业过程中，筑路机在工作区末端掉头消耗的时间应计入施工机械台班使用定额，其时间消耗的性质是（C）。【2011年、2021年考过】

（5）砂浆搅拌机工作时，由于工人没有及时供料而使机械空转的时间属于机械时间消耗中的（G）。

（6）在机械工作时间消耗的分类中，由于工人装料数量不足引起的砂浆搅拌机不能满载工作的时间属于（J）。【2014年真题题干】

2. 机械工作必需消耗时间与损失时间在考题中相互作为干扰选项。可以参考下图记忆。

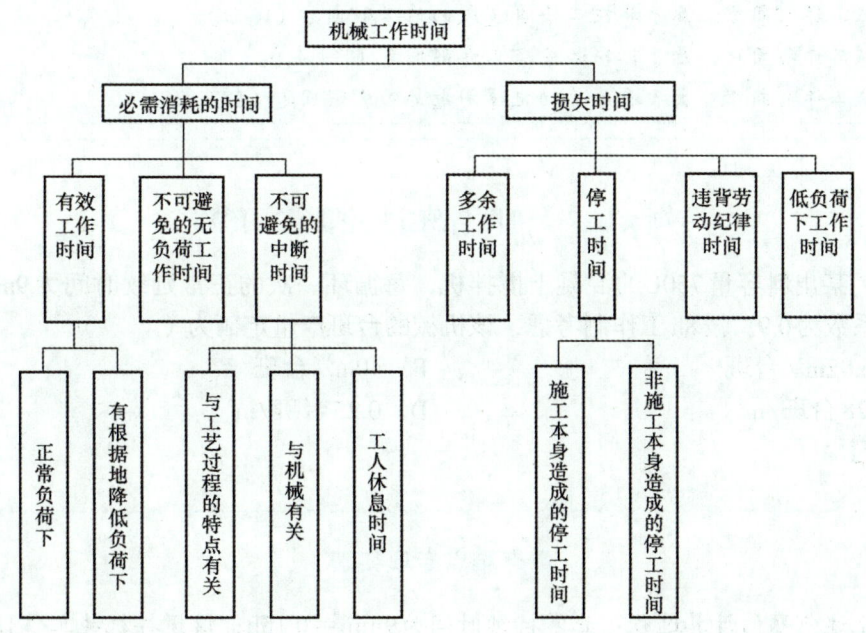

3. 该考点在考试时，还会以各项工作时间的具体内容作为备选项，判断具体是属于哪一类消耗时间。下面我们举例说明：

下列机械工作时间中，属于有效工作时间的是（　　　）。

A. 筑路机在工作区末端的掉头时间

B. 体积达标而未达到载重吨位的货物汽车运输时间

C. 机械在工作地点之间的转移时间

D. 因机械保养而中断使用的时间

E. 装车数量不足而在低负荷下工作的时间

F. 汽车在运送土方时没有装满导致的延长时间

G. 未及时供给机械燃料而导致的停工时间

H. 施工组织不好引起的停工时间

I. 暴雨时压路机被迫停工时间

J. 由于气候条件引起的机械停工时间

K. 装料不足时的机械空运转时间

L. 混凝土搅拌机搅拌混凝土超过规定的搅拌时间

M. 压路机操作人员擅离岗位引起的停工时间

【答案】B

> 机械工作时间中，属于不可避免的无负荷工作时间的是（A）。
>
> 机械工作时间中，属于有根据地降低负荷下的工作时间是（B）。
>
> 机械工作时间中，属于不可避免的中断工作时间的是（C、D）。
>
> 机械工作时间中，属于低负荷下的工作时间是（E、F）。
>
> 机械工作时间中，属于施工本身造成的停工时间是（G、H）。
>
> 机械工作时间中，属于非施工本身造成的停工时间是（I、J）。
>
> 机械工作时间中，属于机械的多余工作时间是（K、L）。
>
> 机械工作时间中，属于违反劳动纪律引起的损失时间是（M）。

专项突破7 机械台班定额消耗量的确定

例题：某出料容量750L的混凝土搅拌机，每循环一次的正常延续时间为9min，机械正常利用系数为0.9。按8h工作制考虑，该机械的台班产量定额为（   ）。

A. 36.02m³/台班
B. 40m³/台班
C. 0.28台班/m³
D. 0.25台班/m³

【答案】A

> **重点难点专项突破**
>
> 1. 上述例题的计算过程：正常持续时间为9min＝0.15h；该搅拌机纯工作1h循环次数＝1/0.15＝6.67次；该搅拌机纯工作1h正常生产率＝6.67×750＝5002.5m³；该机械的台班产量定额＝机械1h纯工作正常生产率×工作班延续时间×机械时间利用系数＝5.0025×8×0.9＝36.02m³/台班。

2. 该考点还会考查公式的表述题，比如："确定施工机械台班定额消耗量前需计算机械时间利用系数，其计算公式正确的是（   ）。"

专项突破8   施工机械台班消耗量定额的表现形式

类型	内容
施工机械时间定额	单位产品机械时间定额（台班）$= \dfrac{1}{台班产量}$ 由于机械必须由工人小组配合，所以完成单位合格产品的时间定额，同时列出人工时间定额。即： 单位产品人工时间定额（工日）$= \dfrac{小组成员总人数}{台班产量}$
施工机械产量定额	机械台班产量定额 $= \dfrac{1}{机械时间定额（台班）}$

重点难点专项突破

本考点内容较少，可能会考核单位产品人工时间定额的计算。比如：

某机械台班产量为4m³，与之配合的工人小组由5人组成，则单位产品的人工时间定额为（   ）工日。【2013年真题】

A. 1.25   B. 0.50

C. 0.80   D. 1.20

【答案】A

【解析】单位产品的人工时间定额＝5/4＝1.25工日。

14.3 人工、材料与施工机具台班单价确定

专项突破1   人工日工资单价确定方法

例题：下列费用项目中，应计入人工日工资单价的有（   ）。

A. 计件工资   B. 计时工资

C. 节约奖   D. 劳动竞赛奖

E. 特殊地区施工津贴   F. 流动施工津贴

G. 高温（寒）作业临时津贴   H. 高空津贴

I. 特殊情况下支付的工资

【答案】A、B、C、D、E、F、G、H、I

1. 日工资单价 $=\dfrac{\text{生产工人平均月工资(计时、计件)}+\text{平均月(奖金}+\text{津贴补贴}+\text{特殊情况下支付的工资)}}{\text{年平均每月法定工作日}}$。

选项C、D属于人工日工资单价中的奖金；选项E、F、G、H属于津贴补贴。特殊情况下支付的工资是根据国家法律、法规和政策规定，因病、工伤、产假、计划生育假、婚丧假、事假、探亲假、定期休假、停工学习、执行国家或社会义务等原因按计时工资标准或计时工资标准的一定比例支付的工资。

2. 确定日工资单价应根据工程项目的技术要求，通过市场调查，参考实物工程量人工单价综合分析确定【2019年考过】，最低日工资单价不得低于工程所在地人力资源和社会保障部门所发布的最低工资标准的【2019年考过】：普工1.3倍；一般技工2倍；高级技工3倍。

工程计价定额不可只列一个综合工日单价，应根据工程项目技术要求和工种差别适当划分多种日人工单价【2019年考过】，确保各分部工程人工费的合理构成。

3. 本考点可能会这样命题：

根据国家相关法律、法规和政策规定，因停工学习、执行国家或社会义务等原因，按计时工资标准支付的工资属于人工日工资单价中的（　　）。

A. 基本工资　　　　　　　　　　B. 奖金

C. 津贴补贴　　　　　　　　　　D. 特殊情况下支付的工资

【答案】D

专项突破2　材料单价确定方法

例题：某建筑材料出厂价4000元/吨，运输费用100元/吨，运输损耗率1%，采购保管费费率2%，以上数据均不含增值税。该材料（不含增值税）单价为（　　）元/吨。

A. 4120.80　　　　　　　　　　B. 4141.00

C. 4223.82　　　　　　　　　　D. 4182.00

【答案】C

1. 2014年、2016年、2018年、2024年均考核了上述例题题型。材料单价计算公式为：

材料单价 $=$ [（材料原价 $+$ 运杂费）$\times$ [$1+$ 运输损耗率（%）]] $\times$ [$1+$ 采购保管费费率（%）]

本题中，材料（不含增值税）单价 $=$（$4000+100$）$\times$（$1+1\%$）$\times$（$1+2\%$）$=$ 4223.82元/吨。

2. 在确定原价时，凡同一种材料因来源地、交货地、供货单位、生产厂家不同，而有几种价格（原价）时，根据不同来源地供货数量比例，采取加权平均的方法确定其综合原价。计算公式如下：

$$加权平均原价 = \frac{(K_1C_1 + K_2C_2 + \cdots + K_nC_n)}{(K_1 + K_2 + \cdots + K_n)}$$

式中 K_1，K_2，$\cdots$，K_n——各不同供应地点的供应量或各不同使用地点的需要量；

C_1，C_2，$\cdots$，C_n——各不同供应地点的原价。

3. 同一品种的材料有若干个来源地，应采用加权平均的方法计算材料运杂费。计算公式如下：

$$加权平均运杂费 = \frac{(K_1T_1 + K_2T_2 + \cdots + K_nT_n)}{(K_1 + K_2 + \cdots + K_n)}$$

式中 K_1，K_2，$\cdots$，K_n——各不同供应点的供应量或各不同使用地点的需求量；

T_1，T_2，$\cdots$，T_n——各不同运距的运费。

> 若运输费用为含税价格，则需要按"两票制"和"一票制"两种支付方式分别调整。
>
> "两票制"支付方式，是指材料供应商就收取的货物销售价款和运杂费向建筑业企业分别提供货物销售和交通运输两张发票的材料。在这种方式下，运杂费以接受交通运输与服务适用税率9%扣减增值税进项税额。
>
> "一票制"支付方式，是指材料供应商就收取的货物销售价款和运杂费合计金额向建筑业企业仅提供一张货物销售发票的材料。在这种方式下，运杂费采用与材料原价相同的方式扣减增值税进项税额。

4. 运输损耗＝（材料原价＋运杂费）×运输损耗率（%）。

5. 采购及保管费是指为组织采购、供应和保管材料过程中所需的各项费用，包括采购费、仓储费、工地管理费和仓储损耗。计算公式为：

采购及保管费＝（材料原价＋运杂费＋运输损耗费）×采购及保管费费率（%）。

6. 针对上述内容，考试还会这样命题：

（1）某材料自甲、乙两地采购，甲地采购量为400吨，原价为180元/吨，运杂费为30元/t；乙地采购量为300吨，原价为200元/吨，运杂费为28元/吨，该材料运输损耗率和采购保管费费率分别为1%、2%，则该材料单价为（　　　）元/吨。

A. 223.37
B. 223.40
C. 224.24
D. 227.30

【答案】D

【解析】该材料单价的计算过程如下：

$$加权平均原价 = \frac{400 \times 180 + 300 \times 200}{400 + 300} = 188.57 元/吨；$$

$$加权平均运杂费 = \frac{400 \times 30 + 300 \times 28}{400 + 300} = 29.14 元/吨；$$

甲的运输损耗费＝（180＋30）×1%＝2.1元/吨；

乙的运输损耗费＝（200＋28）×1%＝2.28元/吨；

$$加权平均运输损耗费 = \frac{400 \times 2.1 + 300 \times 2.28}{400 + 300} = 2.18 元/吨；$$

该材料单价＝（188.57＋29.14＋2.18）×（1＋2%）＝227.30元/吨。

（2）采用"一票制""二票制"支付方式采购材料的，在进行增值税进项税抵扣的，正确的做法是（　　）。

A．"一票制"下，构成材料价格的所有费用均按货物销售适用的税率进行抵扣

B．"一票制"下，材料原价按货物销售适用税率进行抵扣，运杂费不再进行抵扣

C．"两票制"下，材料原价按货物销售适用税率、运杂费按交通运输适用税率进行抵扣

D．"两票制"下，材料原价按货物销售适用税率，运杂费、运输损耗和采购保管费按交通运输适用税率进行抵扣

【答案】C

（3）下列材料单价的构成费用，包含在采购及保管费中进行计算的有（　　）。

A．运杂费   B．仓储费

C．工地管理费   D．运输损耗

E．仓储损耗

【答案】B、C、E

专项突破3　施工机械台班单价确定方法

例题：某施工机械预算价格为50万元，折旧年限为6年，年平均工作225个台班，净残值率为4%，则该机械台班折旧费为（　　）元。

A．314.81   B．370.37

C．385.19   D．355.56

【答案】D

重点难点专项突破

1．本考点在2014年、2015年、2022年、2024年均考核了台班折旧费的计算。

2．施工机械台班单价由七项费用组成：折旧费、检修费、维护费、安拆费及场外运费、人工费、燃料动力费和其他费用等。

（1）折旧费确定：

$$台班折旧费＝\frac{机械预算价格×（1－残值率）}{耐用总台班}$$

$$耐用总台班＝折旧年限×年工作台班＝检修间隔台班×检修周期$$

$$检修周期＝检修次数＋1$$

（2）检修费确定：

$$台班检修费＝\frac{一次检修费×检修次数}{耐用总台班}×除税系数$$

（3）维护费确定：

$$台班维护费 = \frac{\sum(各级维护一次费用 \times 除税系数 \times 各级维护次数) + 临时故障排除费}{耐用总台班}$$

当维护费计算公式中各项数值难以确定时，也可按下列公式计算：

$$维护费 = 检修费 \times K$$

式中，K 为维护费系数，指维护费占检修费的百分数。

（4）安拆费及场外运费。根据施工机械不同分为计入台班单价、单独计算和不需计算三种类型，具体内容见下表：

类型	内容
计入台班单价	安拆简单、移动需要起重机运输机械的轻型施工机械，其安拆费及场外运费计入台班单价。 安拆费及场外运费应按下列公式计算： $$台班安拆费及场外运费 = \frac{一次安拆费及场外运费 \times 年平均安拆次数}{年工作台班}$$
单独计算	① 安拆复杂、移动需要起重机运输机械的重型施工机械，其安拆费及场外运费单独计算。 ② 利用辅助设施移动的施工机械，其辅助设施（包括轨道和枕木）等的折旧、搭设和拆除等费用可单独计算。 ③ 自升式塔式起重机、施工电梯安拆费的超高起点及其增加费，各地区、部门可根据具体情况确定
不需计算	① 不需安拆的施工机械，不计算一次安拆费。 ② 不需相关机械辅助运输的自行移动机械，不计算场外运费。 ③ 固定在车间的施工机械，不计算安拆费及场外运费

（5）人工费确定：

$$台班人工费 = 人工消耗量 \times \left(1 + \frac{年制度工作日 - 年工作台班}{年工作台班}\right) \times 人工单价$$

（6）燃料动力费确定：

$$台班燃料动力费 = \sum(台班燃料动力消耗量 \times 燃料动力单价)$$

（7）其他费用确定：

$$台班其他费用 = \frac{年车船税 + 年保险费 + 年检测费}{年工作台班}$$

3. 本考点还可能这样命题：

（1）关于施工机械台班单价的确定，下列表述式正确的是（　　　）。

A. 台班折旧费 = 机械原值 × （1 - 残值率）/ 耐用总台班

B. 耐用总台班 = 检修间隔台班 × （检修次数 + 1）

C. 台班检修费 = 一次检修费 × 检修次数 / 耐用总台班

D. 台班维护费 = ∑（各级维护一次费用 × 各级维护次数）/ 耐用总台班

【答案】B

（2）某大型施工机械需配机上司机、机上操作人员各1名，若年制度工作日为250d，年工作台班为200台班，人工单价均为100元/工日，则该施工机械的台班人工费为（　　　）元。
　　A. 100　　　　　　　　　　　　B. 125
　　C. 200　　　　　　　　　　　　D. 250
【答案】D
【解析】台班人工费＝2×［1＋（250－200）/200］×100＝250元。
（3）下列费用中，不计入机械台班单价而需要单独列项计算的有（　　　）。
　　A. 安拆简单、移动需要起重及运输机械的轻型施工机械的安拆费及场外运费
　　B. 安拆复杂、移动需要起重及运输机械的重型施工机械的安拆费及场外运费
　　C. 利用辅助设施移动的施工机械的辅助设施相关费用
　　D. 不需相关机械辅助运输的自行移动机械的场外运费
　　E. 固定在车间的施工机械的安拆费及场外运费
【答案】B、C

专项突破4　施工仪器仪表台班单价确定方法

例题：下列费用项目中，构成施工仪器仪表台班单价的有（　　　）。
A. 折旧费　　　　　　　　　　　B. 检修费
C. 维护费　　　　　　　　　　　D. 人工费
E. 校验费　　　　　　　　　　　F. 动力费
G. 安拆费
【答案】A、C、E、F

重点难点专项突破

1. 构成施工仪器仪表台班单价包括四项费用内容。选项B、D、G是属于施工机械台班单价的组成内容。

2. 该考点还有可能考核施工仪器仪表台班单价的计算或者其中一项费用的计算。需要掌握的公式有：

（1）台班折旧费＝$\dfrac{施工仪器仪表原值×（1－残值率）}{耐用总台班}$

（2）台班维护费＝$\dfrac{年维护费}{年工作台班}$

（3）台班校验费＝$\dfrac{年校验费}{年工作台班}$

（4）台班动力费＝台班耗电量×电价

14.4　预算定额、概算定额与概算指标

专项突破1　预算定额的作用、编制原则及编制依据

项目	内容
作用	（1）预算定额是编制施工图预算、确定建筑安装工程造价的基础。 （2）预算定额是编制最高投标限价的基础。 （3）预算定额是编制施工组织设计、进行经济分析的依据。 （4）预算定额是编制概算定额的基础
编制原则	（1）按社会平均水平确定预算定额的原则。 （2）简明适用的原则
编制依据	（1）现行施工定额。 （2）现行设计规范、施工及验收规范，质量评定标准和安全操作规程。 （3）具有代表性的典型工程施工图及有关标准图。 （4）成熟推广的新技术、新结构、新材料和先进的施工方法等。 （5）有关科学实验、技术测定和统计、经验资料。 （6）现行的预算定额、材料单价、机械台班单价及有关文件规定等

重点难点专项突破

1. 本考点重点掌握预算定额的作用。
2. 本考点可能会这样命题：

关于预算定额作用的说法，正确的有（　　　）。

A. 预算定额是编制施工图预算、确定建筑安装工程造价的基础

B. 预算定额是编制最高投标限价的基础

C. 预算定额是编制概算定额的基础

D. 预算定额是编制施工组织设计、进行经济分析的依据

E. 预算定额是企业确定工程成本的依据

【答案】A、B、C、D

专项突破2　预算定额消耗量的确定

例题：编制预算定额人工消耗指标时，下列用工属于人工幅度差用工的有（　　　）。
【2014年考过】

A. 砌筑各种墙体工程的砌砖用工

B. 调制砂浆以及运输砖和砂浆的用工

C. 筛砂子增加的用工【2014年考过】

D. 淋石灰膏增加的用工

E. 各种专业工种之间的工序搭接及交叉作业相互配合不可避免的停歇用工

F. 施工机械在场内单位工程之间变换位置的间歇时间

G. 施工过程移动临时水电线路引起的临时停水、停电所发生的不可避免的间歇时间

H. 施工过程中水电维修用工【**2014年考过**】

I. 隐蔽工程验收等工程质量检查影响的操作时间【**2014年、2017年考过**】

J. 现场内单位工程之间操作地点转移影响的操作时间

K. 施工过程中工种之间交叉作业造成的不可避免的剔凿、修复、清理等用工

L. 施工过程中不可避免的直接少量零星用工

【**答案**】E、F、G、H、I、J、K、L

重点难点专项突破

1. 本考点还可以考核的题目有:

(1)编制预算定额人工消耗指标时,应计入基本用工的有(A、B)。

(2)编制预算定额人工消耗指标时,应计入辅助用工的有(C、D)。

(3)编制预算定额人工消耗指标时,应计入其他用工的有(C、D、E、F、G、H、I、J、K、L)。

2. 预算定额是一项综合性定额,它是按组成分项工程内容的各工序综合而成的【**2014年考过**】。预算定额的各种用工量,应根据测算后综合取定的工程数量和人工定额进行计算。

3. 关于人工工日消耗量及人工幅度差的计算也应掌握,在2014年考核了人工工日消耗量的计算,在2019年考核了人工幅度差的计算,我们来看2019年的考试题目:

按照单位工程量和劳动定额中的时间定额计算出的基本用工数量为15工日,超运距用工量为3工日,辅助用工为2工日,人工幅度差系数为10%,则人工幅度差用工数量为(   )工日。【**2019年真题**】

A. 1.5   B. 1.7

C. 1.8   D. 2.0

【**答案**】D

【**解析**】人工幅度差=∑(基本用工+辅助用工+超运距用工)×人工幅度差系数=(15+3+2)×10%=2.0工日。

> 如果上述条件不变,则人工工日消耗量为(   )。
> 人工工日消耗量=基本用工+超运距用工+辅助用工+人工幅度差=15+3+2+2=22工日。

下面再准备一道题目来练习:

完成某分部分项工程$1m^3$需基本用工0.5工日,超运距用工0.05工日,辅助用工0.1工日。如人工幅度差系数为10%,则该工程预算定额人工工日消耗量为(   )工日/$10m^3$。

A. 6.05   B. 5.85

C. 7.00   D. 7.15

【答案】D

【解析】人工幅度差＝∑（基本用工＋辅助用工＋超运距用工）×人工幅度差系数＝（0.5＋0.05＋0.1）×10%＝0.065工日；人工工日消耗量＝基本用工＋超运距用工＋辅助用工＋人工幅度差＝0.5＋0.05＋0.1＋0.065＝0.715工日/m³，即7.15工日/10m³。

下面我们分析其他备选项的解题思路：

A选项在计算时，人工幅度差＝（0.5－0.05＋0.1）×10%＝0.055工日，人工日消耗量＝0.5＋0.05＋0.055＝0.605工日/m³，即6.05工日/10m³。

B选项在计算时，人工幅度差＝（0.5－0.05－0.1）×10%＝0.035工日，人工日消耗量＝0.5＋0.05＋0.035＝0.585工日/m³，即5.85工日/10m³。

C选项在计算时，人工幅度差没有考虑辅助用工和超运距用工，即0.5×10%＝0.05工日；人工日消耗量＝0.5＋0.05＋0.1＋0.05＝0.700工日/m³，即7.00工日/10m³。

4. 预算定额中的机械台班消耗量按合理的施工方法取定并考虑增加了机械幅度差。机械幅度差的内容可能会考核一道多项选择题，可能会这样命题：

机械幅度差是指在施工定额中未曾包括的，而机械在合理的施工组织条件下所必需的停歇时间，在编制预算定额时应予以考虑。其内容包括（   ）。

A. 施工机械转移工作面及配套机械互相影响损失的时间

B. 机械维修引起的停歇

C. 检查工程质量影响机械操作的时间

D. 临时水、电线路在施工中移动位置所发生的机械停歇时间

E. 工程结尾时，工作量不饱满所损失的时间

【答案】A、C、D、E

专项突破3　预算定额基价的确定

项目	内容
组成	预算定额基价就是预算定额分部分项工程或定额子目的单价，只包括人工费、材料费和施工机具使用费，即工料单价【2024年考过】
编制	预算定额基价一般通过编制单位估价表来确定单价，用于直接编制施工图预算。【2024年考过】 在预算定额中列出的"预算价值"或"基价"，应视作该定额编制时的工料单价。 预算定额基价应是地区定额基价，应按当地的资源价格来编制。同时，预算定额基价应是动态变化的，应随着市场价格的变化，不断地对定额基价中的分部分项工程单价进行及时调整、修改和补充，使定额基价能够正确反映市场的变化。 以全国统一或地区通用的预算定额或基础定额，确定人工、材料、机械台班的消耗量。【2024年考过】 以本地区或市场上的资源实际价格或市场价格，确定人工、材料、机械台班价格。 编制预算定额基价时，在项目的划分、项目名称、项目编号、计量单位和工程量计算规则上应尽量与预算定额保持一致。单价均为不含增值税进项税额的价格【2024年考过】

1. 本考点一般会考核判断正确与错误的综合题目。
2. 本考点可能会这样命题：
（1）关于预算定额基价编制的说法，正确的是（　　）。【2024年真题】
A. 预算定额基价应包括人工费、材料费、施工机具使用费、管理费和风险费
B. 以全国统一或地区通用的预算定额或基础定额，确定人工、材料、机械台班的消耗量
C. 预算定额基价中的单价含有增值税进项税额
D. 预算定额基价一般通过单位估价表来确定单价，用于直接编制施工预算
【答案】B
（2）关于预算定额基价的说法，正确的是（　　）。
A. 预算定额基价一般不随市场价格变化而变化
B. 预算定额基价以全国平均价格水平为基础进行编制
C. 编制预算定额基价时，项目的划分、名称、编号可自行设定
D. 预算定额基价只包括人工费、材料费和施工机具使用费
【答案】D

专项突破4　概算定额的作用、编制原则及编制依据

项目	内容
作用	（1）是编制初步设计阶段工程概算、扩大初步设计阶段修正概算的主要依据。【2011年考过】 （2）是对设计项目进行技术经济分析比较的基础资料之一。 （3）是编制建设工程主要材料计划的依据。 （4）是控制施工图预算和最高投标限价的依据。 （5）是工程结束后，进行竣工决算和项目评价的依据。 （6）是编制概算指标的依据
编制原则	（1）概算定额的编制深度要适应设计深度的要求。 （2）概算定额水平的确定应与全国统一或地区通用的预算定额或基础定额的水平基本一致【2011年考过】
编制依据	（1）国家和地区的相关文件； （2）现行的设计规范、施工验收技术规范和各类工程预算定额； （3）具有代表性的典型工程设计图纸和其他设计资料； （4）有关的施工图预算及有代表性的工程决算资料； （5）现行的人工日工资单价标准、材料单价、机械台班单价及其他的价格资料

1. 本考点重点掌握概算定额的作用。

专项突破5　概算指标的作用、编制方法、内容和型式

项目	内容
作用	（1）概算指标是初步设计阶段编制概算，确定工程概算造价的依据。 （2）概算指标可以作为编制投资估算的参考。 （3）概算指标中的主要材料指标可以作为匡算主要材料用量的依据。 （4）概算指标是设计单位进行设计方案比较、设计技术经济分析的依据。 （5）概算指标是编制固定资产投资计划，确定投资额和主要材料计划的主要依据
编制方法	概算指标是概算定额的扩大与合并，它是以整个房屋或构筑物为对象，以更为扩大的计量单位来编制的，也包括人工、材料和机械台班定额三个基本部分。同时，还列出了各结构分部的工程量及单位工程（以体积计或以面积计）的造价
内容和型式	概算指标的组成内容一般分为文字说明、指标列表和附录等几部分。 　　概算指标的文字说明，其内容通常包括概算指标的编制范围、编制依据、分册情况、指标包括的内容、指标未包括的内容、指标的使用范围、指标允许调整的范围及调整方法等

14.5　工程造价指标与指数

专项突破1　工程计价信息分类

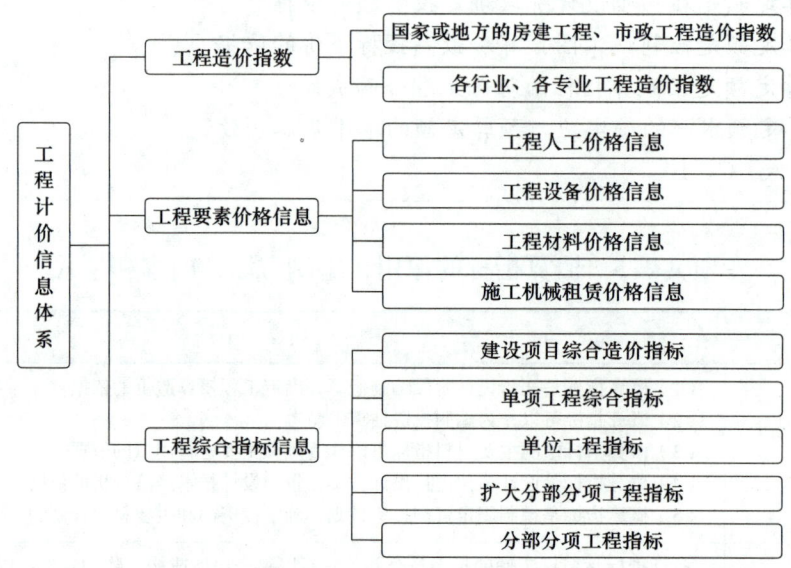

1. 本考点内容不多，掌握上图内容即可。
2. 本考点可能会这样命题：

（1）工程计价信息是指国家、各地区、各部门工程造价管理机构、行业组织以及信息服务企业发布的指导或服务建设工程计价的（　　）。

A. 工程造价指数、在建工程信息和工程造价指标

B. 建设工程造价指数、要素价格信息、综合指标信息

C. 人工价格信息、材料价格信息、机械价格信息及在建工程信息

D. 价格信息、工程造价指数及刚开工的工程信息

【答案】B

（2）建设工程要素价格信息可分为（　　）。

A. 工程人工价格信息　　　　　　B. 工程材料价格信息

C. 工程设备价格信息　　　　　　D. 单位工程造价信息

E. 施工机械租赁价格信息

【答案】A、B、C、E

专项突破2　工程造价指数的分类

例题：按照工程范围、类别、用途分类，工程造价指数分为（　　）。

A. 建设工程造价综合指数　　　　B. 建设工程要素价格指数

C. 定基指数

D. 环比指数

【答案】A、B

重点难点专项突破

本考点还可以考核的题目有：

按照基数不同划分，工程造价指数分为（C、D）。

专项突破3   工程造价指标与工程造价指数的作用

项目	作用
工程造价指标	（1）作为国家、地方、行业，以及企业编制固定资产投资计划、确定基本建设投资规模的参考依据。 （2）用作编制建设项目投资估算的重要依据。 （3）用作编制初步设计概算和审查施工图预算的重要依据。 （4）用作编制最高投标限价和投标报价的参考资料。 （5）用作编制和修订各类工程计价定额的基础资料。 （6）用以测定调价系数、编制造价指数的依据。 （7）用作技术经济分析与研究的基础资料
工程造价指数	（1）工程造价指数能够正确反映建筑市场的供求关系变化和生产力发展水平，可供管理部门估计工程造价变化对宏观经济的影响，为政府进行宏观经济调控服务。 （2）政府部门可以通过编制和发布工程造价指数，掌握并向社会提供工程造价的发展和趋势信息，为工程建设市场服务，提升社会治理能力。 （3）建设单位可以利用工程造价指数分析价格变动的趋势及其原因，为企业投资决策、投融资管理服务。 （4）工程咨询企业依托已完工程造价数据库，可以利用工程造价指数，动态进行工程估算、概算、工程量清单计价以及做好工程价款结算工作，并实现全过程工程造价管理。 （5）工程造价指数的正确编制是推行工程量清单计价方法的有力补充，工程造价指数能为承发包双方快速、公平、合理地进行工程结算的价款调整提供可靠依据，实现工程造价合理确定与调整。 （6）利用工程造价指数，分析价格变动趋势，施工企业才能适应市场竞争，进行合理报价

重点难点专项突破

区分工程造价指标与工程造价指数的作用，考试时可能会考核判断正确与错误说法的题目。

第15章 设计概算与施工图预算

15.1 设计概算编制

专项突破1 设计概算的编制依据和工作程序

项目	内容
编制依据	（1）国家、行业和地方有关规定。 （2）相应工程造价管理机构发布的概算定额（或指标）。 （3）工程勘察与设计文件。 （4）拟定或常规的施工组织设计和施工方案。 （5）建设项目资金筹措方案。 （6）工程所在地编制同期的人工、材料、机械台班市场价格，以及设备供应方式及供应价格。 （7）建设项目的技术复杂程度，新技术、新材料、新工艺以及专利使用情况等。 （8）建设项目批准的相关文件、合同、协议等。 （9）政府有关部门、金融机构等发布的价格指数、利率、汇率、税率以及工程建设其他费用等。 （10）委托单位提供的其他技术经济资料
工作程序	收集原始资料→确定有关数据→各项费用计算→单位工程概算书编制→单项工程综合概算书的编制→建设项目总概算的编制【2009年考过】

重点难点专项突破

1. 设计概算的编制依据是一个多项选择题采分点，工作程序考核题型有两种：一是，给出某项工作判断其前序或者后续工作；二是，给出各项工作内容，判断正确的顺序。

2. 本考点可能会这样命题：

（1）编制建设工程项目设计概算时，在收集原始资料后应进行的工作有：① 确定有关数据；② 单位工程概算书编制；③ 各项费用计算；④ 单项工程综合概算书编制。其正确顺序是（　　）。【2009年真题】

A. ③→①→②→④　　　　　　　B. ①→③→②→④

C. ③→②→①→④　　　　　　　D. ①→②→③→④

【答案】B

（2）编制建设工程项目设计概算时，在编制单位工程概算书前应进行的工作有（　　）。

A. 收集原始资料　　　　　　　B. 确定有关数据

C. 各项费用计算   D. 单项工程综合概算书的编制

E. 建设项目总概算的编制

【答案】A、B、C

（3）设计概算的编制依据包括（   ）。

A. 常规的施工组织设计和施工方案   B. 建设项目资金筹措方案

C. 市场预算价格   D. 概算定额（或指标）

E. 建设项目的技术复杂程度

【答案】A、B、D、E

专项突破2　设计概算的内容和作用

例题：设计概算的"三级概算"是指单位工程概算、单项工程综合概算、建设工程项目总概算。下列属于单位建筑工程概算的有（   ）。【2011年考过】

A. 土建工程概算

B. 给水排水采暖工程概算

C. 通风空调工程概算【2011年、2016年考过】

D. 电气照明工程概算【2016年考过】

E. 弱电工程概算【2016年考过】

F. 特殊构筑物工程概算

G. 机械设备及安装工程概算【2011年考过】

H. 电气设备及安装工程概算【2011年考过】

I. 热力设备及安装工程概算

J. 工器具及生产家具购置费概算【2011年、2016年考过】

【答案】A、B、C、D、E、F

重点难点专项突破

1. 本考点还可以考核的题目有：

（1）工程概算中，属于设备及安装工程概算的有（G、H、I、J）。

（2）工程概算中，属于单项工程综合概算的有（A、B、C、D、E、F、G、H、I、J）。

> **重点提示：**
> 单位建筑工程概算、设备及安装工程概算会相互作为干扰选项。

2. 当只有一个单项工程的建设项目时，应采用二级形式编制设计概算；当包含两个及以上单项工程的建设项目时，应采用三级编制形式。三级概算的内容也是一个采分点，可能这样命题：设计概算的"三级概算"是指（   ）。【2013年考过】

3. 建设工程项目总概算由各单项工程综合概算、工程建设其他费用概算、预备费、建设期利息概算和经营性项目铺底流动资金概算等汇总编制而成。

4. 本考点还需要掌握一个采分点——设计概算的作用。该采分点一般会以判断正确与错误的综合题型考查。以下是需要掌握的知识点：

建设项目设计概算是设计文件的重要组成部分，是确定和控制建设项目全部投资的文件，是编制固定资产投资计划、实行建设项目投资包干、签订承发包合同的依据，同时也是签订贷款合同、项目实施全过程造价管理以及考核项目经济合理性的依据。

经投资主管部门或者其他有关部门核定的设计概算是控制政府投资项目总投资的依据。

专项突破3　设计概算的编制方法

例题：单位工程概算分建筑工程概算和设备及安装工程概算两大类。建筑工程概算的编制方法有（　　）。【2010年考过】

A．概算定额法　　　　　　　　B．概算指标法
C．类似工程预算法　　　　　　D．预算单价法
E．扩大单价法

【答案】A、B、C

重点难点专项突破

1. 本考点还可以考核的题目有：

（1）设备安装工程概算的编制方法有（B、D、E）。【2018年、2023年真题题干】

（2）某单位建筑工程初步设计已达到一定深度，建筑结构明确，能够计算出概算工程量，则编制该单位建筑工程概算最适合的方法是（A）。【2010年、2013年、2024年考过】

（3）当初步设计深度不够，不能准确地计算工程量，但工程设计采用的技术比较成熟而又有类似工程概算指标可以利用时，可以采用（B）编制工程概算。【2012年、2015年、2018年考过】

（4）拟建工程初步设计与已完工程或在建工程的设计相类似且没有可用的概算指标的情况，但必须对建筑结构差异和价差进行调整时，可以采用（C）编制工程概算。

（5）当初步设计有详细设备清单时，编制设备及安装工程概算宜采用的编制方法是（D）。【2013年真题题干】

（6）当初步设计的设备清单不完备，或仅有成套设备的重量时，可采用（E）编制设备安装工程概算。

（7）编制设备安装工程概算，当初步设计的设备清单不完备，可供采用的安装预算单价及扩大综合单价不全时，适宜采用的概算编制方法是（B）。【2014年真题题干】

（8）当设备清单不完备时，编制设备安装工程概算宜采用的方法有（B、E）。【2020年考过】

2. 该考点在2012—2024年连续进行考核。考生应主要注意区分建筑工程概算编制方法与单位设备及安装工程概算编制方法的相互干扰。

3. 关于选项A，应掌握概算定额法编制设计概算的步骤。包括5项：①按照概算

定额分部分项顺序，列出各分项工程的名称。②确定各分部分项工程项目的概算定额单价（基价）。③计算单位工程的人、材、机费用。④根据人、材、机费用，结合其他各项取费标准，分别计算企业管理费、利润、规费和税金。⑤计算单位工程概算造价。【2020年、2023年考过】

4. 使用概算指标法编制建筑工程概算时，如果拟建工程在建设地点、结构特征、地质及自然条件、建筑面积等方面与概算指标相同或相近，可直接套用概算指标编制。

5. 采用概算指标法编制设备安装工程概算时，可以采用以下几种指标：

（1）按占设备价值的百分比（安装费费率）的概算指标计算。

设备安装费＝设备原价×设备安装费费率【2022年考过】

（2）按每吨设备安装费的概算指标计算。

设备安装费＝设备总吨数×每吨设备安装费（元/t）【2022年考过】

（3）按座、台、套、组、根或功率等为计量单位的概算指标计算。如工业炉，按每台安装费指标计算；冷水箱，按每组安装费指标计算安装费等。

（4）按设备安装工程每平方米建筑面积的概算指标计算。【2022年考过】

6. 本考点在考试时主要有两种命题形式：

一是编制方法的适用条件。这类题目就是上述例题题型，也可能会逆向命题，比如："宜采用扩大单价法编制建筑工程概算的是（　　）。"

二是考核计算题目。在2015年、2016年、2019年、2021年、2022年都考核了概算指标法编制单位建筑工程概算的计算；2016年、2017年考核了概算指标法编制设备及安装工程概算的计算。下面看下计算题目如何命题：

（1）某拟建砖混结构工程，结构特征与概算指标相比，仅外墙装饰面不同。概算指标中，外墙面为水泥砂浆抹面，单价为8.75元/m^2，每平方米建筑面积消耗量为0.62m^2；拟建工程外墙为贴釉面砖，单价为41.50元/m^2，每平方米建筑面积消耗量为0.84m^2。已知概算指标为508元/m^2，则该拟建工程修正后的概算指标为（　　）元/m^2。【2022年真题】

A. 467.72　　　　　　　　　　B. 537.44

C. 502.58　　　　　　　　　　D. 542.86

【答案】B

【解析】结构变化修正概算指标（元/m^2）＝原概算指标＋换入结构的工程量×换入结构的人、料、机费用单价－换出结构的工程量×换出结构的人料机费用单价。则该拟建工程修正后的概算指标为508＋41.50×0.84－8.75×0.62＝537.44元/m^2。

（2）某新建住宅的建筑面积为4000m^2，按概算指标和地区材料预算价格计算出一般土建工程单位造价为1304元/m^2（其中人、料、机费用为900元/m^2）。按照当地造价管理部门规定，企业管理费费率为8%；规费以人、材、机和企业管理费之和为计算基础，规费费率为15%；利润以人、材、机、企业管理费和规费之和为计算基础，利润率为7%；增值税税率为9%。由于土建工程与概算指标相比结构构件有部分变更，变更后每100m^2土建工程的人、材、机费用比概算指标对应部分的费用增加3000元。则修正后的土建工程单位造价为（　　）元/m^2。【2021年真题】

A. 1070　　　　　　　　　　B. 1155

C. 1236   D. 1347

【答案】D

【解析】修正后的土建单位工程造价=1304+（3000/100）×（1+8%）（1+7%）×（1+15%）×（1+9%）=1347元/m²。

（3）某建设工程项目拟订购5台国产设备，订货价格为50万元/台，设备运杂费率为8%，设备安装费率为20%，采用概算指标法确定该项目的设备安装费为（　　）万元。**【2016年真题】**

A. 54   B. 24

C. 20   D. 50

【答案】D

【解析】在用概算指标法编制单位设备安装工程概算时，计算基数为设备原价，是不考虑设备运杂费的。故设备安装费=5×50×20%=50万元。

（4）利用概算指标法编制拟建工程概算，已知概算指标中每100m²建筑面积中分摊的人工消耗量为500工日。拟建工程与概算指标相比，仅楼地面做法不同，概算指标为瓷砖地面，拟建工程为花岗石地面。查预算定额得到铺瓷砖和花岗石地面的人工消耗量分别为37工日/100m²和24工日/100m²。拟建工程楼地面面积占建筑面积的65%，则对概算指标修正后的人工消耗量为（　　）工日/100m²。

A. 316.55   B. 491.55

C. 508.45   D. 845.00

【答案】B

【解析】
$$\begin{array}{l}\text{结构变化修正概算指标的}\\ \text{人、材、机数量}\end{array}=\begin{array}{l}\text{原概算指标的}\\ \text{人、材、机数量}\end{array}+\begin{array}{l}\text{换入结构件}\\ \text{工程量}\end{array}\times\begin{array}{l}\text{相应定额人、}\\ \text{材、机消耗量}\end{array}-\begin{array}{l}\text{换出结构件}\\ \text{工程量}\end{array}\times\begin{array}{l}\text{相应定额人、}\\ \text{材、机消耗量}\end{array}$$

则结构变化修正概算指标的人工消耗量=500+24×65%-37×65%=491.55工日/100m²。

专项突破4　建设工程项目总概算的编制方法

例题：建设工程项目总概算文件的内容一般包括（　　）。**【2015年考过】**

A. 封面、签署页及目录   B. 编制说明

C. 总概算表   D. 工程建设其他费用概算表

E. 单项工程综合概算表   F. 单位工程概算表

G. 补充估价表

【答案】A、B、C、D、E、F、G

重点难点专项突破

1. 本考点还可以考核的题目有：

编制设计概算文件时，各项投资的比重及各专业投资的比重等经济分析指标应放在项目总概算文件的（B）中。【2017年真题题干】

2. 建设工程项目总概算文件的内容、总概算的组成内容是多项选择题考点。

3. 总概算价值＝工程费用＋工程建设其他费用＋预备费＋建设期利息＋铺底流动资金，会考核计算题，看下面这道考试题目：

某建设项目工程费用6800万元，其他费用1200万元，预备费500万元，建设期贷款利息370万元，铺底流动资金710万元。则该项目总概算为（　　）万元。

A. 9580
B. 9330
C. 9480
D. 9080

【答案】A

【解析】项目总概算＝6800＋1200＋500＋370＋710＝9330万元。

4. 本考点可能会这样命题：

某公立医院建设项目包括住院楼、科研楼、门诊楼等单项工程，关于该医院建设项目总概算的说法，正确的有（　　）。【2024年真题】

A. 总概算应不含价差预备费概算
B. 总概算等于各单项工程综合概算之和
C. 总概算应包含项目前期工作费
D. 总概算应采用二级概算形式编制
E. 总概算表应反映静态投资和动态投资两部分

【答案】C、E

15.2　施工图预算编制

专项突破1　施工图预算的作用

例题： 施工图预算对建设单位的作用有（　　）。

A. 是施工图设计阶段确定建设项目投资的依据【2018年考过】

B. 是确定项目最高投标限价的参考依据【2018年、2023年考过】

C. 在施工期间安排建设资金计划和使用建设资金的依据【2023年考过】

D. 作为确定合同价款的基础

E. 拨付工程进度款、办理工程结算的基础【2018年考过】

F. 是确定投标报价的依据【2011年、2023年考过】

G. 进行施工准备的依据【2011年、2023年考过】

H. 编制进度计划、统计完成工作量、进行经济核算的参考依据

I. 控制施工成本的依据【2011年、2023年考过】

J. 是监督检查执行国家行业标准的依据【2020年考过】

K. 合理确定工程造价、测算造价指数及审核最高投标限价的参考依据【2020年考过】

【答案】A、B、C、D、E

1. 本考点还可以考核的题目有：

（1）施工图预算对施工单位的作用有（F、G、H、I）。【2023年考过】

（2）施工图预算对工程造价管理部门的作用有（J、K）。

2. 主要记忆施工图预算对建设单位和对施工单位的作用，可能会单独考核对建设单位或施工单位的作用，也可能会综合考核说法正确与否的题目。

3. 施工图预算对其他方面的作用有：

（1）对工程咨询单位：尽可能客观、准确地为委托方做出施工图预算，是其业务水平、素质和信誉的体现。

（2）履行合同过程中，是有关仲裁、管理、司法机关按照法律程序处理、解决问题的参考依据。

专项突破2　施工图预算的编制形式、内容和依据

项目		内容
施工图预算的编制形式		施工图预算根据建设项目实际情况可采用三级预算编制或二级预算编制形式。当建设项目有多个单项工程时，应采用三级预算编制形式，三级预算编制形式由建设项目总预算、单项工程综合预算、单位工程预算组成。当建设项目只有一个单项工程时，应采用二级预算编制形式，二级预算编制形式由建设项目总预算和单位工程预算组成【2018年、2020年考过】
施工图预算的内容	单位建筑工程预算	一般土建工程预算，给水排水工程预算，采暖通风工程预算，煤气工程预算，电气照明工程预算，弱电工程预算，特殊构筑物如烟囱、水塔等工程预算以及工业管道工程预算等
	单位设备及安装工程预算	机械设备安装工程预算、电气设备安装工程预算、工业管道工程预算和热力设备安装工程预算等
施工图预算的编制依据【2013年、2014年、2015年考过】		（1）国家、行业和地方有关规定。 （2）预算定额或企业定额、单位估价表等。 （3）施工图设计文件及相关标准图集和规范。 （4）项目相关文件、合同、协议等。 （5）工程所在地的人工、材料、设备、施工机具价格、工程造价指标指数等。 （6）施工组织设计和施工方案。 （7）项目的管理模式、发包模式及施工条件。 （8）其他应提供的资料

1. 区分"三级预算"与"二级预算"。在此可能出现的题目：

（1）施工图预算的二级预算编制形式是指（建设项目总预算和单位工程预算）。

（2）当建设项目有多个单项工程时，应采用三级预算编制形式，三级预算编制形式由（建设项目总预算、单项工程综合预算、单位工程预算）组成。

2. 施工图预算的编制依据是典型的多项选择题采分点，考试会设置的干扰选项有："建设单位的资金到位情况""施工投标单位的资质等级""中标通知书""现场签证"。

3. 本考点可能会这样命题：

（1）施工图预算的三级预算编制形式由（　　　）组成。

A. 单位工程预算、单项工程综合预算、建设项目总预算

B. 静态投资、动态投资、流动资金

C. 建筑安装工程费、设备购置费、工程建设其他费

D. 单项工程综合预算、建设期利息、建设项目总预算

【答案】A

（2）关于施工图预算的编制，下列说法正确的有（　　　）。

A. 施工图总预算应控制在已批准的设计总概算范围内

B. 当建设项目有多个单项工程时，应采用二级预算编制形式

C. 只有一个单项工程的建设项目应采用三级预算编制形式

D. 单项工程综合预算由组成该单项工程的各个单位工程预算汇总而成

E. 三级预算编制形式由建设项目总预算、单项工程综合预算、单位工程预算组成

【答案】A、D、E

（3）施工图预算的编制依据有（　　　）。

A. 建设单位的资金到位情况　　　　B. 施工投标单位的资质等级

C. 施工组织设计和施工方案　　　　D. 项目管理模式、发包模式

E. 施工图设计文件

【答案】C、D、E

专项突破3　定额单价法编制单位工程施工图预算

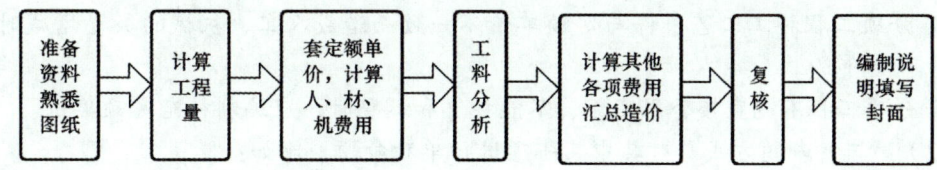

重点难点专项突破

1. 定额单价法的编制步骤主要有两种命题形式，无论是哪种题型，考生需要掌握的就是其工作步骤的顺序。

一是，对其中某些顺序进行排序的题目，比如：

定额单价法编制施工图预算的工作主要有：①按计价程序计取其他费用，并汇总造

价；② 准备资料、熟悉施工图纸；③ 套用定额单价，计算人、材、机费用；④ 编制工料分析表；⑤ 计算工程量；⑥ 编制说明、填写封面；⑦ 复核。正确的步骤是（　　）。【2011年、2017年考过】

A. ②⑤③④①⑦⑥
B. ②⑤③①④⑦⑥
C. ⑤②①③④⑥⑦
D. ⑤②①④③⑥⑦

【答案】A

二是，判断某项工作的紧前工作或紧后工作，比如："采用定额单价法编制单位工程预算时，在进行工料分析后紧接着的下一步骤是（　　）。"

2. 在套用定额单价，计算人、材、机费时应注意的问题应特别关注，是命题者喜欢的命题素材。在2013年、2015年、2017年、2019年、2020年、2022年、2024年分别进行了考核，有两种命题方式。

（1）第一种命题方式是综合表述题目，比如：

关于采用定额单价法编制施工图预算时套用定额单价的说法，错误的是（　　）。

【2020年真题】

A. 当分项工程的名称、规格、计量单位与定额单价中所列内容完全一致时，可直接套用定额单价

B. 当分项工程施工工艺条件与定额单价不一致而造成人工、机械的数量增减时，应调价不换量

C. 当分项工程的主要材料品种与定额单价中规定材料不一致时，应按实际使用材料价格换算定额单价

D. 当分项工程不能直接套用定额、不能换算和调整时，应编制补充定额单价

【答案】B

【解析】计算人、材、机费用时需注意以下几项内容：

① 分项工程的名称、规格、计量单位与定额单价中所列内容完全一致时，可以直接套用定额单价。

② 分项工程的主要材料品种与定额单价中规定材料不一致时，不可以直接套用定额单价，需要按实际使用材料价格换算定额单价。

③ 分项工程施工工艺条件与定额单价不一致而造成人工、机械的数量增减时，一般调量不换价。

④ 分项工程不能直接套用定额、不能换算和调整时，应编制补充定额单价。

（2）第二种命题方式是对其中某一项进行单独命题，比如：

采用定额单价法编制单位工程施工图预算，套用定额单价计算人、材、机费用时，若某分项工程的主要材料品种与定额单价中规定材料不一致，则应采取的处理方式是（　　）。【2024年真题】

A. 直接套用定额单价
B. 按实际使用材料价格换算定额单价
C. 调量不换价
D. 编制补充定额单价

【答案】B

3. 编制工料分析表的依据：各分部分项工程项目实物工程量和预算定额项目中所

列的用工及材料数量，计算各分部分项工程所需人工及材料数量。在2009年考核过多项选择题。

专项突破4　实物量法编制单位工程施工图预算

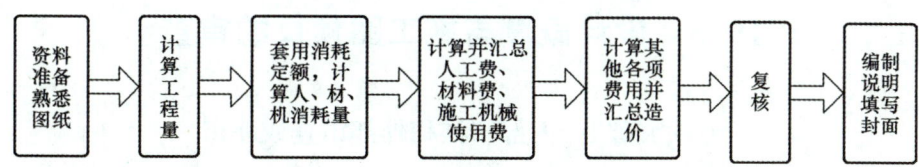

资料准备熟悉图纸 → 计算工程量 → 套用消耗定额，计算人、材、机消耗量 → 计算并汇总人工费、材料费、施工机械使用费 → 计算其他各项费用并汇总造价 → 复核 → 编制说明填写封面

重点难点专项突破

1. 实物量法的编制步骤会有两种命题形式：

一是，对其中某些顺序进行排序的题目，比如：

实物量法编制施工图预算的工作主要有：① 计算其他各项费用，汇总造价；② 准备资料、熟悉施工图纸；③ 套用消耗定额，计算人、材、机消耗量；④ 计算工程量。正确的步骤是（　　）。

A. ②③④①　　　　　　　　　　B. ②③①④

C. ②①③④　　　　　　　　　　D. ②④③①

【答案】D

二是，判断某项工作的紧前工作或紧后工作，比如：

实物量法编制施工图预算时，计算并复核工程量后紧接着进行的工作是（　　）。

【2014年真题题干】

A. 套消耗定额，计算人、材、机消耗量

B. 计算并汇总人工费、材料费、施工机械使用费

C. 计算其他各项费用，汇总造价

D. 准备资料、熟悉施工图纸

【答案】A

2. 实物量法与定额单价法在计算人工费、材料费和施工机具使用费及汇总三种费用之和方面有一定的区别【2015年、2022年、2023年考过】。另外实物量法采用的单价是当时当地的实际价格，编制出的预算可较准确地反映实际水平，误差较小，适用于市场经济条件波动较大的情况。【2011年、2018年、2023年考过】

3. 本考点可能会这样出题：

（1）采用实物量法与定额单价法编制施工图预算，其工作步骤的差异体现在（　　）。

A. 工程量的计算　　　　　　　　B. 人、材、机费用的计算

C. 税金的计算　　　　　　　　　D. 企业管理费的计算

【答案】B

（2）下列方法中，可以用于编制施工图预算的有（　　）。

A. 定额单价法　　　　　　　　　B. 工程量清单单价法

15.3 设计概算与施工图预算的审查

专项突破1 内部审核和外部审查或评审

项目	内容
内部审核	内部审核一般实行编制、审核、审定三级质量管理制度。 设计概算与施工图预算编制的项目负责人是设计概算文件和施工图预算文件质量管理的第一责任人,承担设计概算与施工图预算的编制、审核、审定人员要对其所从事具体事务的质量负责
外部审查或评审	外部审查或评审是指第三方审核。 对建设工程项目概算的评审包括对项目建设程序、建筑安装工程概算、设备投资概算、待摊投资概算和其他投资概算等的评审

重点难点专项突破

1. 本考点采分点不多,主要掌握上表中内容。
2. 本考点可能会这样命题:
设计概算与施工图预算内部审核一般实行( )质量管理制度。
A. 编制、审核、审定三级   B. 第三方审核
C. 编制、初审、终审三级   D. 管理部门审核、项目负责人审核两级
【答案】A

专项突破2 设计概算的审查内容

项目		内容
审查设计概算的编制依据		定额和标准的时效性;针对性;合理性;对影响造价或投资水平的主要因素或关键工程的必要说明;适用性
建筑工程概算的审查	工程量审查	根据初步设计图纸、概算定额、工程量计算规则的要求进行审查
	采用的定额或指标的审查	审查定额或指标的使用范围、定额基价、指标的调整、定额或指标缺项的补充等
	材料预算价格的审查	以耗用量最大的主要材料作为审查的重点,同时着重审查材料原价、运输费用及节约材料运输费用的措施
	各项费用的审查	审查各项费用所包含的具体内容是否重复计算或遗漏、取费标准是否符合国家有关部门或地方规定的标准

项目	内容
设备及安装工程概算的审查	审查的重点是设备清单与安装费用的计算。设备安装工程概算的审查，除编制方法、编制依据外，还应注意审查： （1）采用预算单价或扩大综合单价计算安装费时的各种单价是否合适、工程量计算是否符合规则要求、是否准确无误；【2021年考过】 （2）当采用概算指标计算安装费时采用的概算指标是否合理、计算结果是否达到精度要求；【2021年考过】 （3）审查所需计算安装费的设备数量及种类是否符合设计要求，避免某些不需安装的设备安装费计入在内【2021年考过】
综合概算和总概算的审查	（1）审查概算的编制是否符合国家经济建设方针、政策的要求，根据当地自然条件、施工条件和影响造价的各种因素，实事求是地确定项目总投资。 （2）工程建设其他费概算的审查。 （3）审查概算的投资规模、生产能力、设计标准、建设用地、建筑面积、主要设备、配套工程、设计定员等是否符合原批准可行性研究报告或立项批文的标准。如概算总投资超过原批准投资估算10%以上，应进一步审查超估算的原因。【2015年考过】 （4）审查其他具体项目

重点难点专项突破

1. 本考点在考试中的考核力度不大，重点掌握设计概算编制依据的审查及设计安装工程概算的审查。

2. 本考点可能会这样命题：

（1）根据现行规定，在审查概算的投资规模、生产能力等是否符合原批准的可行性研究报告或者立项批文时，若发现概算总投资超过原批准投资估算的（　　）以上，需要进一步审查超估算的原因。【2015年真题】

A. 5%　　　　　　　　　　　　B. 10%

C. 3%　　　　　　　　　　　　D. 8%

【答案】B

（2）对设计概算编制依据的审查包括（　　）。

A. 合理性审查　　　　　　　　B. 时效性审查

C. 适用性审查　　　　　　　　D. 全面性审查

E. 针对性审查

【答案】A、B、C

（3）关于设备安装工程概算审查内容的说法，正确的有（　　）。

A. 审查编制依据的合理性、时效性以及适用性

B. 审查采用预算单价计算安装费时的单价是否合适、工程量计算是否符合规则要求

C. 审查采用概算指标计算安装费时的指标是否合理、计算结果是否达到精度要求

D. 审查设备采购流程及运输方式是否合理合规

专项突破3　设计概算审查的方法

例题：审查设计概算时，对一些关键设备和设施、重要装置、引进工程图纸不全、难以核算的较大投资宜采用的审查方法是（　　　　）。【2016年真题题干】

A. 对比分析法　　　　　　　　B. 查询核实法

C. 联合会审法　　　　　　　　D. 标准预算审查法

E. 筛选审查法　　　　　　　　F. 专家意见法

G. 分组计算审查法

【答案】B

重点难点专项突破

本考点还可以考核的题目有：

（1）在对某建设项目设计概算审查时，找到了与其关键技术基本相同、规模相近的同类项目的设计概算和施工图预算资料，则该建设项目的设计概算最适宜的审查方法是（A）。【2009年真题题干】

（2）设计概算审查时，对图纸不全的复杂建筑安装工程投资，通过向同类工程的建设、施工企业征求意见判断其合理性，这种审查方法属于（B）。【2015年真题题干】

（3）设计概算审查时，由设计单位自审，主管、建设、承包单位初审，工程造价咨询公司评审，邀请同行专家预审，审批部门复审，这种审查方法属于（C）。

（4）审查设计概算时，审查人对部分关键设备投资向设备供应部门征求意见的方法属于（B）。【2024年真题题干】

（5）设计概算审查的方法包括（A、B、C）。

> **重点提示：**
> 选项D、E、F、G是考试时会出现的干扰选项，属于施工图预算审查的方法。

专项突破4　施工图预算的审查内容

例题：施工图预算审查的内容包括（　　　　）。

A. 审查施工图预算的编制是否符合现行国家、行业、地方政府有关法律、法规和规定要求

B. 审查工程量计算的准确性、工程量计算规则与计价规范规则或定额规则的一致性

C. 审查在施工图预算的编制过程中，各种计价依据使用是否恰当，各项费率计取是否正确

D. 审查依据主要有施工图设计资料、有关定额、施工组织设计、有关造价文件规定

和技术规范、规程

E. 审查各种要素市场价格选用是否合理

F. 审查施工图设计中是否存在擅自扩大建设规模、提高建设标准等现象

G. 审查施工图预算是否超过设计概算以及进行偏差分析

【答案】A、B、C、D、E、F、G

重点难点专项突破

1. 施工图预算审查的内容作为多项选择题采分点，掌握上述备选项的内容。

2. 施工图预算审查的重点会这样命题：

施工图预算审查的重点包括（　　）。【2017年真题】

A. 审查工程量计算是否准确

B. 审查相关的技术规范是否有错误

C. 审查施工图设计方案是否合理

D. 审查施工图预算编制中定额套用是否恰当

E. 审查各项收费标准是否符合现行规定

【答案】A、D、E

专项突破5　施工图预算审查的方法

例题：拟建工程与已完工程预算采用同一施工图，但基础部分和现场施工条件不同，则施工图预算审查时对相同部分审查宜采用的方法是（　　）。【2018年、2019年、2020年考过】

A. 全面审查法【2009年、2012年、2015年、2024年考过】

B. 标准预算审查法【2013年、2021年考过】

C. 分组计算审查法【2014年考过】

D. 对比审查法【2011年、2016年、2018年、2019年、2020年考过】

E. "筛选"审查法【2010年、2019年考过】

F. 重点审查法

G. 分解对比审查法

【答案】D

重点难点专项突破

1. 本考点还可以考核的题目有：

（1）对于设计方案比较特殊，无同类工程可比，且审查质量要求高的施工图预算，适宜采用的审查方法是（A）。【2015年考过】

（2）审查质量高、效果好，但工作量大、时间较长的施工图预算审查方法是（A）。【2012年考过】

（3）具有审查全面、细致，审查效果好等优点，但只适宜于规模较小、工艺较简单的工程预算审查的方法是（A）。【2009年真题题干】

（4）进行施工图预算审查时，对于工程量小、工艺较简单的工程，按定额顺序或施工顺序对各项工程细目逐项详细审查的方法属于（A）。【2024年真题题干】

（5）对采用通用图纸的多个工程施工图预算进行审查时，为节省时间，宜采用的审查方法是（B）。【2013年真题题干】

（6）有10项采用通用图纸施工的单位工程，上部结构和做法完全相同，但因地质条件差异其基础部分均有局部改变。审查这些工程上部结构的施工图预算时，宜采用的方法是（B）。【2021年真题题干】

（7）施工图预算审查时，利用房屋建筑工程标准层建筑面积数对楼面找平层、顶棚抹灰等工程量进行审查的方法，属于（C）。【2014年真题题干】

（8）当拟建工程与已完工程的建设条件和工程设计相同时，用已完工程的预算审查拟建工程的同类工程预算的方法是（D）。【2011年、2016年考过】

（9）某拟建工程与已完工程地上部分的建设条件和设计完全相同，但地下部分不同。审查拟建工程施工图预算的地上部分最适宜采用的方法是（D）。【2023年真题题干】

（10）某拟建工程与已完工程设计相同，但建筑面积不同，两工程的建筑面积之比与两工程各分部分项工程量之比大体一致。对两工程每平方米建筑面积造价、每平方米建筑面积的各分部分项工程量宜采用的审查方法是（D）。

（11）某拟建工程与已完工程面积相同，但设计图纸不完全相同，则对相同的部分，可采用（D）审查。

（12）施工图预算审查时，将分部分项工程的单位建筑面积指标总结归纳为工程量、价格、用工三个单方基本指标，然后利用这些基本指标对拟建项目分部分项工程预算进行审查的方法称为（E）。【2010年真题题干】

（13）能较快发现问题，审查速度快，但问题出现的原因还需继续审查的施工图预算审查方法是（E）。

（14）突出重点，审查时间短、效果好，审查重点一般是工程量大或者造价较高的各种工程、补充定额、计取的各种费用（计费基础、取费标准）的施工图预算审查方法是（F）。

（15）施工图预算的审查可采用（A、B、C、D、E、F、G）。

2. 本考点属于高频考点，要重点掌握。

3. 全面审查法又称为逐项审查法，考试时可能会将逐项审查法作为备选项。

4. 施工预算审查方法中，应能区分各方法的优缺点及适用范围，从历年考试情况来看，上述题型是考核的主要题型。

第16章 工程量清单计价

16.1 工程量清单计价原理

专项突破1 工程量清单的作用

工程量清单是工程量清单计价的基础，贯穿于建设工程的发包承包阶段和施工阶段【2021年考过】，工程量清单的主要作用如下：

（1）工程量清单为投标人的投标竞争提供了平等和共同的基础。工程量清单由招标人编制，将要求投标人完成的工程项目及其相应工程实体数量全部列出，为投标人提供拟建工程的基本内容、实体数量和质量要求等基础信息【2022年考过】。

（2）工程量清单是编制最高投标限价、投标报价的依据。【2010年考过】

（3）工程量清单是建设工程计价的依据。

（4）工程量清单是工程付款和结算的依据。【2010年考过】

（5）工程量清单是调整工程价款、处理工程索赔的依据。【2010年考过】

重点难点专项突破

1. 工程量清单的作用是多项选择题采分点。

2. 本考点可能会这样命题：

（1）建设工程量清单作为清单计价的基础，主要用于建设工程的（　　）。

A. 决策阶段和设计阶段 　　　　B. 发承包和施工阶段

C. 设计和招标投标阶段 　　　　D. 施工和运营阶段

【答案】B

（2）工程量清单的主要作用有（　　）。

A. 为招标人编制投资估算文件提供依据

B. 为投标人投标竞争提供一个平等基础

C. 是建设工程计价的依据

D. 投标人可据此调整清单工程量

E. 是调整工程价款、处理工程索赔的依据

【答案】B、C、E

专项突破 2　工程量清单的编制程序

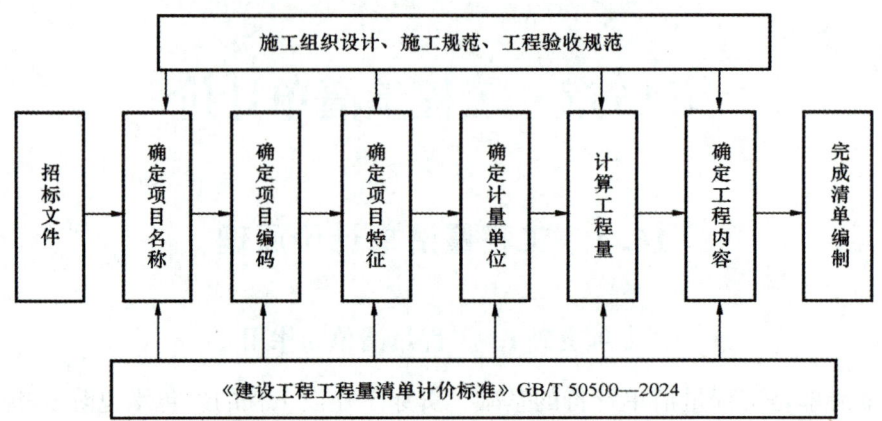

重点难点专项突破

工程量清单的编制程序会有两种命题形式：

（1）给出几项工程量清单工作内容，判断正确的顺序。比如：

招标方编制工程量清单时有以下工作：① 确定项目编码；② 研究招标文件，确定清单项目名称；③ 确定计量单位；④ 计算工程数量；⑤ 确定项目特征。正确的顺序是（　　）。【2018年真题】

A. ②①⑤③④　　　　　　　　　　B. ①②③④⑤
C. ①②⑤③④　　　　　　　　　　D. ②③⑤④①

【答案】A

（2）判断各项内容是根据《建设工程工程量清单计价标准》GB/T 50500—2024编制还是根据施工组织设计、施工规范、工程验收规范编制。比如：

下列编制工程量清单工作内容中，应根据施工组织设计、施工规范、工程验收规范编制的工作有（　　）。

A. 项目名称　　　　　　　　　　B. 项目编码
C. 项目特征　　　　　　　　　　D. 计量单位
E. 工程内容

【答案】A、C、E

专项突破3　工程量清单计价的基本原理

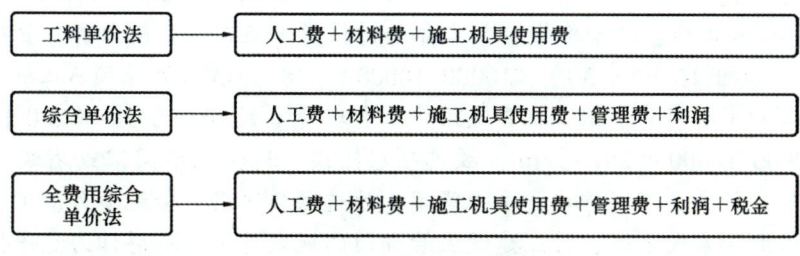

利用综合单价法计价需分项计算清单项目，再汇总得到工程总造价。

分部分项工程费＝∑（分部分项工程量×分部分项工程综合单价）

措施项目费＝∑（措施项目工程量×措施项目综合单价）＋∑单项措施费

其他项目费＝暂列金额＋暂估价＋计日工＋总承包服务费＋其他

单位工程报价＝分部分项工程费＋措施项目费＋其他项目费＋税金

单项工程报价＝∑单位工程报价

总造价＝∑单项工程报价

重点难点专项突破

关于公式的考查会有两种命题形式：

（1）判断公式表述是否正确【2014年、2021年考过】。比如：

根据《建设工程工程量清单计价标准》GB/T 50500—2024，下列投标报价计算公式中，正确的是（　　）。【2021年真题】

A. 措施项目费＝∑（措施项目工程量×措施项目综合单价）

B. 分部分项工程费＝∑（分部分项工程量×分部分项工程综合单价）

C. 其他项目费＝暂列金额＋暂估价＋计日工＋总承包服务费＋规费

D. 单位工程报价＝分部分项工程费＋措施项目费＋其他项目费

【答案】B

（2）根据公式考核计算题目。比如：

施工企业拟投标一个单独招标的分部分项工程项目，清单工程量为10000m³。企业经测算完成该部分分项工程施工直接消耗的人、料、机费用为200万元（不含增值税进项税额）。估计管理费为16万元，风险费用为2万元，利润为30万元。为完成该分部分项工程的措施项目费估计为24万元（其中安全生产措施费18万元）（不含增值税进项税额）。税金9万元。不考虑其他因素，关于该分部分项工程的说法正确的有（　　）。

A. 工料单价为200元/m³

B. 按现行清单计价规范综合单价为248元/m³

C. 全费用综合单价为272元/m³

D. 按现行清单计价标准，为了中标税金可降至6万元

E. 按现行清单计价标准，措施项目费报价不能低于18万元

专项突破4 工程量清单计价的一般规定

例题：采用单价合同的工程，分部分项工程项目清单的准确性及完整性应由（ ）负责。

A. 发包人
B. 承包人
C. 监理人
D. 发包人和监理人共同

【答案】A

重点难点专项突破

1. 本考点还可以考核的题目有：

（1）采用总价合同的工程，已标价分部分项工程项目清单的准确性及完整性应由（B）负责。

（2）建设工程无论是采用单价合同或总价合同，措施项目清单的完整性及准确性均应由（B）负责。

2. 政府或国有资金投资的建设工程的施工发承包，应采用工程量清单计价。

3. 工程量清单的清单项目综合单价及合价应为税前（不含增值税）的全费用价格组成应掌握，可能会考核多项选择题。

专项突破5 计价风险

项目	内容
发包人承担的计量计价风险	（1）采用单价合同的工程，发包人提供的除措施项目清单外的项目清单存在工程量清单缺陷。 （2）发包人提供的工程项目原始数据和基准资料错误。 （3）发包人批准的工程变更。 （4）发包人要求的赶工或提前竣工及停工或暂缓施工。 （5）法律法规与政策性变化。 （6）超出招标文件规定承包人应承担风险范围和幅度，以及计价标准规定市场变动应予调整的物价变化范围和波动幅度。 （7）其他应当由发包人承担责任的事项

项目	内容
承包人承担的计量计价风险	（1）措施项目清单的准确性及完整性。 （2）采用总价合同工程的已标价工程量清单存在的缺陷（单价计价的暂定数量清单项目除外），以及承包人为完成总价合同中合同图纸及合同规范所要求的工程、国家及行业工程量计算标准中工作内容说明的所有工作所需费用。 （3）采用单价合同的工程，承包人为完成工程量清单及其项目特征所说明的工程、国家及行业工程量计算标准中工作内容说明的所有工作所需费用。 （4）承包人因自身原因导致实施方案变化引起的费用调整。 （5）承包人因施工机具使用、施工技术应用以及组织管理水平等自身原因造成的施工费用增加。 （6）承包人因自身原因引致的赶工、停工或暂缓施工。 （7）未超出招标文件、合同约定物价变化范围和波动幅度的市场物价变动。 （8）其他应当由承包人承担责任的事项
市场物价波动影响	（1）因人工、主要材料价格波动影响合同价格时，发承包双方应按价格指数调差法或价格信息调差法调整合同价格。 （2）发承包双方应明确可调价的主要材料范围，并按规定填写《承包人提供可调价主要材料表》作为合同附件。可调价主要材料的价格波动幅度及调整办法，按计价标准的规定调整。 （3）施工机具使用费因其燃料价格波动而允许调整其燃料动力费的，可参照本主要材料调差方法调整。 （4）综合单价的人工费、材料费、施工机具使用费价差调整只计取税金，不计取管理费、利润

重点难点专项突破

1. 熟悉发包人与承包人应承担的计量计价风险。

2. 本考点可能会这样命题：

（1）关于物价变化对合同价格的影响，当人工、主要材料价格波动时，发承包双方应（　　）调整合同价格。

A. 仅按价格指数调差法调整

B. 仅按价格信息调差法调整

C. 按价格指数调差法或价格信息调差法调整

D. 无需调整，由承包人自行承担

【答案】C

（2）关于合同价款调整的说法，正确的有（　　）。

A. 工程价款未按约定时间支付，造成合同价款调整的，由责任方承担

B. 合同未约定物价变化应予调整价款的项目，市场物价异常波动时，费用由承包人全部承担

C. 发生工程量清单缺陷、暂列金额等影响合同价款调整事项的，应按计价标准调整合同价格

D. 承包人按合同要求对合同图纸进行施工深化设计引致的差异，合同价格需做调整

E. 已签订合同的工程，价款支付前需要重新计量计价的，合同价格应按计价标准计算调整

【答案】A、C、E

专项突破6　合同选择与要求

项目	内容
合同选择	（1）可根据工程的招标图纸设计深度、技术难度、工程规模、项目实施计划及工程量清单编制时间、计价风险等因素，选择采用总价合同或单价合同模式。 （2）紧急抢险、救灾或特别复杂的工程，宜采用成本加酬金合同
考虑因素	（1）发承包双方的义务和合同责任。 （2）工程保险的类型、范围、投保责任及保险费用支付。 （3）办理工程保函的类型、保证金金额及相关保函的撤回时间。 （4）工程质量标准，以及主要材料设备要求。 （5）工期变化的适用情况，工期奖励与承包人原因造成的误期赔偿费。 （6）人工费的金额或比例、支付方式、支付周期和建筑工人工资专用账户。 （7）预付款的比例或金额、支付时间和扣回方式。 （8）进度款计量、计价、支付的依据、程序、方法、比例、时限。 （9）过程结算的节点和计量、计价、支付的依据、程序、比例、时限。 （10）工程质量保证的方式和金额、预留方式及其时限。 （11）工程量清单缺陷、暂列金额、暂估价、总承包服务费、计日工、物价变化、法律法规及政策性变化、工程变更、工程索赔等合同价款调整的内容、方法、程序、支付及时限。 （12）违约责任以及发生合同价款争议的解决方式、时间。 （13）竣工结算计量、计价、支付的依据、程序、方法、时限。 （14）与履行合同及工程价款相关的其他事项

重点难点专项突破

1. 熟悉合同方式的选择，可能会这样命题：

下列建设工程项目中，宜采用成本加酬金合同的是（　　　　）。

A. 采用的技术成熟，但工程量暂不确定的工程项目

B. 时间特别紧迫的抢险、救灾工程项目

C. 工程结构和技术简单的工程项目

D. 工程设计详细、工程任务和范围明确的工程项目

【答案】B

2. 考虑因素可能会考核多项选择题。

专项突破7　发包人提供材料与承包人提供材料

例题：因发包人实际提供材料的规格型号与招标文件中规定的规格型号不同而导致材料实际损耗率超出有效损耗率的，超出部分应由（　　　）承担。

A. 发包人　　　　　　　　　　　　B. 承包人

C. 监理人　　　　　　　　　　　　D. 发包人和承包人共同

E. 承包人和供货人共同

【答案】A

本考点还可以考核的题目有：

（1）合同履行过程中，因承包人原因导致实际领用数量超过单价合同的实际施工图纸或总价合同的合同图纸计算的合理数量及合同约定的材料有效损耗率时，超出部分的材料费用应由（B）承担。

（2）负责发包人提供材料安装的承包人应协助发包人协调供货人按计划提供相应材料至合同约定的交货地点并完成卸货，交货时（E）办理交货验收手续。

（3）发包人可对承包人按合同约定提供的未安装或已安装至合同工程的材料进行检测，若经检测相关材料不符合合同约定的质量标准，（B）应承担检测所发生的费用和由此引致的损失及修复工程的费用，受影响的工期不予延长。

16.2　工程量清单编制

专项突破1　工程量清单编制主体及依据

例题：根据《建设工程工程量清单计价标准》GB/T 50500—2024，招标工程量清单由（　　）提供。【2010年、2012年考过】

A．工程招标代理机构　　　　　　　B．投标人

C．招标投标管理部门　　　　　　　D．招标人

【答案】D

重点难点专项突破

1．工程量清单的编制要做到"七统一"：统一的项目编码、项目名称、计量单位、项目特征、分部分项清单工程量、暂估价和暂列金额。

2．招标工程量清单的编制依据也是一个多项选择题采分点【2023年考过】，注意要与最高投标限价的计价依据、投标报价的编制依据区分。

工程量清单	最高投标限价	投标报价
①《建设工程工程量清单计价标准》GB/T 50500—2024和相关的国家及行业工程量计算标准。 ②国家及省级、行业建设主管部门颁发的工程量计量计价规定，以及根据工程需要补充的工程量计算规则。 ③招标文件、合同条款及其相关资料。 ④工程招标图纸及其相关资料。 ⑤与建设工程有关的技术标准规范。 ⑥施工现场情况、地勘水文资料、工程特点及交付标准。 ⑦其他相关资料	①《建设工程工程量清单计价标准》GB/T 50500—2024。 ②招标文件（包括招标工程量清单、合同条款、招标图纸、技术标准规范等）及其补遗、澄清或修改。 ③相关国家及行业工程量计算标准，以及根据工程需要补充的工程量计算规则。 ④国家及省级、行业建设主管部门的有关规定。 ⑤与招标工程相关的技术标准规范。 ⑥工程特点及交付标准、地勘水文资料、现场情况。 ⑦合理施工工期及常规施工工艺、顺序。 ⑧工程价格信息及造价资讯、工程造价数据及指数。 ⑨其他相关资料	①《建设工程工程量清单计价标准》GB/T 50500—2013和相关的国家及行业工程量计算标准。 ②招标文件（包括招标工程量清单、合同条款、招标图纸、技术标准规范等）及其补遗、答疑、异议澄清或修正。 ③国家及省级、行业建设主管部门颁发的工程计量计价规定。 ④与招标工程相关的技术、标准、规范等技术资料。 ⑤工程特点及交付标准、地勘水文资料、现场踏勘情况。 ⑥投标人的工程实施方案及投标工期。 ⑦投标人企业定额、工程造价数据、市场价格信息及价格变动预测、装备及管理水平、造价资讯等。 ⑧其他相关资料

命题总结：

在2017年考核了编制招标工程量清单和最高投标限价共同的依据；在2019年考核了编制最高投标限价和投标报价的共同依据。

3. 本考点可能会这样命题：

下列内容中，属于工程量清单编制依据的是（　　　）。

A. 分部分项工程清单　　　　　　　B. 招标文件、合同条款

C. 最高投标限价　　　　　　　　　D. 潜在投标人的资质及能力

【答案】B

专项突破2　分部分项工程项目清单的编制

项目	内容
项目编码的设置	（1）项目编码是分部分项工程和措施项目清单名称的阿拉伯数字标识。 （2）分部分项工程量清单项目编码分五级设置，用12位阿拉伯数字表示。 （3）同一招标工程的项目编码不得有重码。【2013年考过】 （4）项目编码结构如下图所示（以房屋建筑与装饰工程为例）。【2011年、2014年、2017年、2023年考过】 01—01—01—003—××× 10至12位为工程量清单项目名称顺序码（由工程量清单编制人编制，从001开始） 7至9位为分项工程顺序码，003表示挖沟槽土方 5、6位为分部工程顺序码，01表示第一节土方工程 3、4位为专业工程顺序码，01表示第一章土石方工程 1、2位为相关工程国家计算规范代码，01表示房屋建筑与装饰工程的工程量计算规范

项目	内容
项目名称的确定	（1）分部分项工程量清单的项目名称应根据《计算标准》的项目名称结合拟建工程的实际确定。【2016年考过】 （2）《计算标准》中规定的"项目名称"为分项工程项目名称，一般以工程实体命名。【2016年考过】 （3）编制工程量清单时，应以附录中的项目名称为基础，考虑该项目的规格、型号、材质等特征要求【2016年考过】
项目特征的描述	（1）在编制的工程量清单中必须对其项目特征进行准确和全面的描述。 （2）项目特征是区分清单项目的依据。【2017年、2019年考过】 （3）项目特征是确定综合单价的前提。【2011年、2017年、2019年、2020年考过】 （4）项目特征是履行合同义务的基础。【2017年考过】 （5）项目特征应按《计算标准》的项目特征，结合拟建工程项目的实际予以描述。【2020年考过】 （6）清单项目特征主要涉及项目的自身特征、项目的工艺特征以及对项目施工方法可能产生影响的特征。【2019年、2020年、2021年、2022年考过】 （7）对清单项目特征不同的项目应分别列项【2020年考过】
计量单位的选择	（1）分部分项工程项目清单的计量单位应按《计算标准》的计量单位确定。 （2）在现行计量规范中有两个或两个以上计量单位的，应选择最适宜表述该项目特征并方便计量的单位
工程量的计算	（1）分部分项工程量清单中所列工程量应按《计算标准》的工程量计算规则计算。【2023年考过】 （2）除另有说明外，所有清单项目的工程量以实体工程量为准，并以完成后的净值来计算。【2010年、2013年、2016年考过】 （3）在计算综合单价时应考虑施工中的各种损耗和需要增加的工程量，或在措施费清单中列入相应的措施费用。【2016年考过】 （4）采用工程量清单计算规则，工程实体的工程量是唯一的【2016年考过】
补充项目	（1）如果出现《计算标准》附录中未包括的项目，编制人应作补充，并报省级或行业工程造价管理机构备案。【2015年考过】 （2）补充项目的编码由现行计量规范的专业工程代码X（即01～09）与B和三位阿拉伯数字组成【2015年考过】

重点难点专项突破

1. 本考点采分点较多，可能会就某一句话单独命题，也可能会以判断正确与错误说法的综合题目考核。上表内容几乎涵盖了所有可能会考核的采分点，尤其是标记考题部分要重点关注。从历年考试情况来看，在命题时主要是对其中某一项内容来命题，命题形式是这样的："根据《建设工程工程量清单计价标准》GB/T 50500—2024，关于分部分项工程量清单中项目特征/项目名称/工程量计算的说法，正确的是（　　）。"

2. 关于项目编码还需要掌握项目编码的设置，主要有三种考查方式，下面举例说明：

（1）现行计量规范的项目编码由十二位数字构成，其中第五至第六位数字为（　　）。

A. 专业工程码　　　　　　　　B. 附录分类顺序码

C. 分部工程顺序码　　　　　　　　　D. 清单项目名称顺序码

【答案】C

（2）根据《建设工程工程量清单计价标准》GB/T 50500—2024，某分部分项工程的项目编码为01—02—03—004—005，其中004这一级编码的含义是（　　）。【2017年真题】

A. 工程分类顺序码　　　　　　　　　B. 清单项目顺序码

C. 分部工程顺序码　　　　　　　　　D. 分项工程顺序码

【答案】D

（3）根据《建设工程工程量清单计价标准》GB/T 50500—2024，招标工程量清单的项目编码中，表示专业工程顺序码的是第（　　）位。【2023年真题】

A. 3、4　　　　　　　　　　　　　　B. 1、2

C. 5、6　　　　　　　　　　　　　　D. 7、8、9

【答案】A

3. 本考点可能会这样命题：

（1）根据现行计量规范明确的工程量计算规则，清单项目工程量是以（　　）为准，并以完成的净值来计算的。

A. 实际施工工程量　　　　　　　　　B. 形成工程实体

C. 返工工程量及其损耗　　　　　　　D. 工程施工方案

【答案】B

（2）根据《建设工程工程量清单计价标准》GB/T 50500—2024，关于分部分项工程量清单中项目名称的说法，正确的是（　　）。【2016年真题】

A.《计算标准》中的项目名称是分项工程名称，以工程主要材料命名

B. 编制清单时，项目名称应根据《计算标准》的项目名称综合拟建工程实际确定

C.《计算标准》中的项目名称是分部工程名称，以工程实体命名

D. 编制清单时，《计算标准》中的项目名称不能变化，但应补充项目规格、材质

【答案】B

（3）关于招标工程量清单中分部分项工程项目清单的编制，下列说法中错误的是（　　）。

A. 招标人只负责项目编码、项目名称、计量单位和工程量四项内容的填写

B. 同一招标工程的项目编码不得有重复

C. 清单所列项目应是在单位工程施工过程中以其本身构成该工程实体的分项工程

D. 当清单计价标准附录中有两个计量单位时，应结合实际情况选择其中一个

【答案】A

（4）根据《建设工程工程量清单计价标准》GB/T 50500—2024，关于招标工程量清单中项目特征的说法，正确的有（　　）。【2019年真题】

A. 项目特征是确定一个清单项目综合单价的重要依据

B. 项目特征主要涉及项目的自身特征，不涉及项目的工艺特征

C. 项目特征是区分清单项目的重要依据

D. 项目特征决定了工程实体的实质内容，直接决定工程实体的自身价值

E. 仅有分部分项工程量清单项目需要进行项目特征描述

【答案】A、C、D

4. 关于计量单位的选择，有精力的考生可以再了解一下不同计量单位保留小数点的不同要求。

专项突破3　措施项目清单的编制

例题：根据《建设工程工程量清单计价标准》GB/T 50500—2024，某工程项目设计文件中的部分工作内容不足以写进施工方案，但要通过一定的技术手段才能实现。此情况在编制工程量清单时，应列入（　　）。【2018年真题题干】

A. 分部分项工程项目清单　　　　　B. 其他项目清单

C. 措施项目清单　　　　　　　　　D. 规费项目清单

【答案】C

重点难点专项突破

1. 本考点还可以考核的题目有：

（1）根据《建设工程工程量清单计价标准》GB/T 50500—2024，投标企业可以根据拟建工程的实际情况进行列项的清单是（C）。【2020年考过】

（2）根据《建设工程工程量清单计价标准》GB/T 50500—2024，投标企业可以根据拟建工程的具体施工方案进行列项的清单是（C）。【2009年、2014年考过】

2. 本考点主要掌握两个采分点：列项要求、编制时考虑的因素。

（1）能计量的措施项目（单价措施项目）：同分部分项工程量清单一样。【2020年考过】

（2）不能计量的措施项目（总价措施项目）：措施项目清单中仅列出了项目编码、项目名称，但未列出项目特征、计量单位的项目，编制措施项目清单时，应按现行计量规范附录（措施项目）的规定执行。【2020年考过】

（3）措施项目清单的编制应考虑的因素包括：

① 工程本身的因素；

② 水文、气象、环境、安全和施工企业的实际情况；

③ 参考拟建工程的常规施工组织设计；【2016年考过】

④ 参考拟建工程的常规施工技术方案；【2016年、2020年、2022年考过】

⑤ 参阅相关的施工规范与工程验收规范；

⑥ 确定设计文件中不足以写进施工方案，但要通过一定的技术措施才能实现的内容；【2022年考过】

⑦ 确定招标文件中提出的某些需要通过一定的技术措施才能实现的要求。【2016年考过】

专项突破 4　其他项目清单的编制

例题：根据《建设工程工程量清单计价标准》GB/T 50500—2024，下列清单项目中，应列入其他项目清单的有（　　　）。【2017年、2023年考过】

A. 暂列金额
B. 暂估价
C. 计日工
D. 总承包服务费

【答案】A、B、C、D

重点难点专项突破

1. 本考点还可以考核的题目有：

（1）《建设工程工程量清单计价标准》GB/T 50500—2024规定，招标时用于合同约定调整因素出现时的工程材料价款调整的费用应计入（A）中。

（2）总承包人配合、协调发包人进行的专业工程发包以及对非承包范围工程提供配合协调、施工现场管理、已有临时设施使用、竣工资料汇总整理等服务所需的费用应计入（D）。

2. 考生应能区分两个概念：暂列金额、暂估价。

3. 选项B，暂估价包括材料暂估单价、专业工程暂估价。

4. 计日工是为了解决现场发生的零星工作的计价而设立的。编制工程量清单时，计日工表中的人工应按工种列项，材料和机械应按规格、型号详细列项。【2015年、2021年考过】

5. 本考点可能会这样命题：

根据《建设工程工程量清单计价标准》GB/T 50500—2024，关于其他项目清单编制的说法，正确的是（　　　）。【2022年真题】

A. 其他项目清单中应列出总承包服务费

B. 暂估价应列出材料暂估价和工程设备暂估价，不考虑专业工程暂估价

C. 暂列金额一般应尽可能列高，以避免在实际中超出该数量

D. 计日工应按照招标工程的复杂程度估算一个数量，该数量一般要比实际低

【答案】A

专项突破 5　工程量清单总说明的编制

例题：工程量清单编制总说明应包括（　　　）。

A. 建设规模
B. 工程特征
C. 计划工期
D. 施工现场实际情况
E. 自然地理条件
F. 环境保护要求
G. 招标范围
H. 分包范围
I. 建设工程工程量清单计价规范
J. 计价文件
K. 招标文件
L. 施工现场情况

M．工程特点及常规施工方案　　　　　　N．工程质量、材料、施工的特殊要求

【答案】A、B、C、D、E、F、G、H、I、J、K、L、M、N

重点难点专项突破

1．本考点还可以考核的题目有：

（1）工程量清单总说明编制时，工程概况中要对（A、B、C、D、E、F）等作出描述。

（2）工程量清单的编制依据包括（I、J、K、L、M）。

2．关于工程量清单总说明的编制还要掌握以下几个采分点：

（1）建设规模是指建筑面积；

（2）工程特征应说明基础及结构类型、建筑层数、高度、门窗类型及各部位装饰、装修做法；

（3）施工现场实际情况是指施工场地的地表状况；

（4）自然地理条件是指建筑场地所处地理位置的气候及交通运输条件；

（5）环境保护要求是针对施工噪声及材料运输可能对周围环境造成的影响和污染所提出的防护要求；【2018年考过】

（6）工程质量的要求，是指招标人要求拟建工程的质量应达到合格或优良标准；【2022年考过】

（7）对材料的要求，是指招标人根据工程的重要性、使用功能及装饰装修标准提出，诸如对水泥的品牌、钢材的生产厂家、花岗石的出产地与品牌等的要求；

（8）施工要求，一般是指建设项目中对单项工程的施工顺序等的要求。

16.3　最高投标限价编制

专项突破1　最高投标限价及其规定

项目	内容
最高投标限价的概念	最高投标限价是限定投标人投标报价的最高价格
编制规定	（1）国有资金投资的建设工程招标，招标人必须编制最高投标限价。【2013年、2016年、2022年考过】 （2）最高投标限价超过批准的概算时，招标人应将其报原概算审批部门审核。【2011年、2013年、2022年考过】 （3）投标人的投标报价高于最高投标限价的，其投标应予以拒绝。【2011年、2013年、2016年、2022年考过】 （4）最高投标限价应由具有编制能力的招标人或受其委托具有相应资质的工程造价咨询人编制和复核。【2011年、2016年、2021年、2022年考过】 （5）最高投标限价应在招标文件中公布，不应上调或下浮。【2011年、2013年、2016年、2022年考过】 （6）最高投标限价的作用决定了最高投标限价不同于标底，无需保密【2013年、2021年考过】

1. 从历年考试情况来看，一般会以判断正确与错误说法的题目考核，考试时可能会设置的干扰选项：

（1）招标人不得拒绝高于最高投标限价的投标报价。

（2）最高投标限价只能由具有编制能力的招标人自行编制。

（3）最高投标限价可以进行上浮或下调。

2. 本考点可能会这样命题：

根据《建设工程工程量清单计价标准》GB/T 50500—2024，关于使用国有资金投资的工程项目最高投标限价的说法，正确的是（　　）。

A. 最高投标限价是对招标工程项目限定的最高工程造价

B. 最高投标限价可以根据需要在开标时适当上调或者下浮

C. 最高投标限价必须由工程造价咨询人编制，不得由招标人自行编制

D. 最高投标限价性质与标底相同，必须保密

【答案】A

专项突破2　最高投标限价的编制内容

项目		内容
分部分项工程费		采用的分部分项工程量应是招标文件中工程量清单提供的工程量；综合单价应根据招标文件中的分部分项工程量清单的特征描述及有关要求、行业建设主管部门颁发的计价定额和计价办法等编制依据进行编制
措施项目费		可以计算工程量的措施项目，应按分部分项工程量清单的方式采用综合单价计价；其余的措施项目可以以"项"为单位的方式计价，应包括除税金外的全部费用【2023年考过】。措施项目费中的安全生产措施费应当按照国家或地方行业建设主管部门的规定标准计价
其他项目费	暂列金额	应按招标工程量清单中列出的金额填写
	暂估价	暂估价中的材料、工程设备单价应按招标工程量清单列出的单价计入综合单价；专业工程暂估价应按招标工程量清单中列出的金额填写
	计日工	编制最高投标限价时，对计日工中的人工单价和施工机械台班单价可参考省级、行业建设主管部门或其授权的工程造价管理机构公布的单价计算。 材料应按工程造价管理机构发布的工程造价信息中的材料单价计算，工程造价信息未发布材料单价的材料，其价格可参考市场调查确定的单价计算
	总承包服务费	编制最高投标限价时，总承包服务费应按照省级或行业建设主管部门的规定，并根据招标文件列出的内容和要求估算
增值税		按国家政府主管部门规定的标准计算，不得作为竞争性费用

1. 本考点一般会考核判断正确与错误说法的题目。

2. 总承包服务费的计算标准要掌握，具体内容如下图所示。

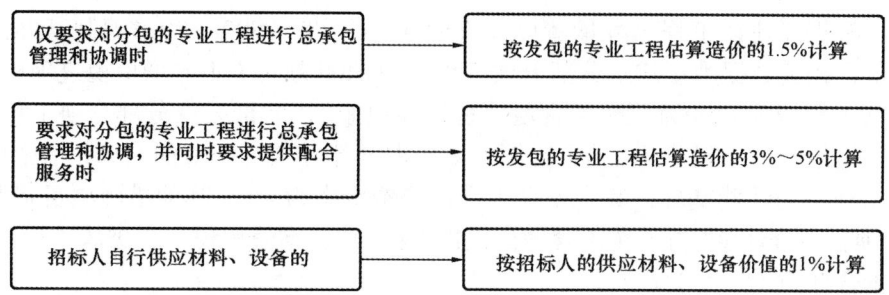

3. 本考点可能会这样命题：

（1）根据《建设工程工程量清单计价标准》GB/T 50500—2024，一般情况下编制最高投标限价采用的材料价格，应优先选用（　　）。

A. 工程造价管理机构通过工程造价信息发布的材料单价

B. 当时国际市场的材料单价

C. 近3个月当地已完工程材料结算单价的平均值

D. 招标人的材料供应商提供的材料单价

【答案】A

（2）关于最高投标限价编制的说法，正确的是（　　）。【2023年真题】

A. 编制措施项目费时，针对无法计算工程量的措施项目，可以以"项"为单位的方式计价，但不包括规费和税金

B. 暂估价应采用基准日期的市场平均价格

C. 计算总承包服务费时，不考虑招标人是否自行供应材料和设备

D. 综合单价应包括由招标人承担的风险费用

【答案】A

（3）根据《建设工程工程量清单计价标准》GB/T 50500—2024，编制最高投标限价时，总承包服务费应按照（　　）计算。

A. 省级或行业建设主管部门规定或参考相关规范

B. 国家统一规定或参考相关规范

C. 工程所在地同类项目总承包服务费平均水平

D. 最高投标限价编制单位咨询潜在投标人的报价

【答案】A

（4）招标人要求总承包人对专业工程进行统一管理和协调的，总承包人可计取总承包服务费，其取费基数为（　　）。

A. 专业工程估算造价　　　　　　　B. 投标报价总额

C. 分部分项工程费用　　　　　　　D. 分部分项工程费与措施费之和

【答案】A

专项突破3　最高投标限价计价程序

例题：根据《建设工程工程量清单计价标准》GB/T 50500—2024编制某办公楼的最高投标限价，相关数据为：建筑分部分项工程费为2400万元（不含增值税进项税额），安装分部分项工程费为1200万元（不含增值税进项税额），装饰装修分部分项工程费为900万元（不含增值税进项税额），其中定额人工费占分部分项工程费的15%。措施项目费以分部分项工程费为计费基础，其中安全生产措施费费率为4%，其他措施项目费费率合计1%。其他项目费合计900万元（不含增值税进项税额），增值税税率为9%。则该项目的最高投标限价合计为（　　）万元。

A．4725.00

B．5625.00

C．5906.25

D．6131.25

【答案】D

重点难点专项突破

1. 首先应熟悉最高投标限价的编制程序。

2. 上述例题中最高投标限价的计价程序如下：

序号	内容	计算方法	金额（万元）
1	分部分项工程费	（1.1＋1.2＋1.3）	4500
1.1	建筑工程		2400
1.2	安装工程		1200
1.3	装饰装修工程		900
2	措施项目费	分部分项工程费×5%	225
2.1	其中：安全生产措施费	分部分项工程费×4%	180
3	其他项目费		900
4	税金	（1＋2＋3）×9%	506.25

最高投标限价合计＝1＋2＋3＋4＝4500＋225＋900＋506.25＝6131.25万元

3. 最高投标限价的计算在2019年、2024年均有考核过，下面再准备两个题目练习：

（1）某招标工程，分部分项工程费为41000万元（其中定额人工费占15%），措施项目费以分部分项工程费的2.5%计算。其他项目费800万元，规费以定额人工费为基础计算，税率为9%。则该工程的最高投标限价为（　　）万元。

A．46343.530

B．45879.250

C．46679.250

D．47247.794

【答案】C

【解析】分部分项工程费＝41000万元；措施项目费＝41000×2.5%＝1025万元；其他项目费＝800万元；税金＝（41000＋1025＋800）×9%＝3854.250万元；该工程的

最高投标限价＝41000＋1025＋800＋3854.250＝46679.250万元

（2）编制某教学楼工程最高投标限价的数据如下：建筑面积12000m²，建筑工程、安装工程、装饰装修工程分部分项工程费指标分别为1800元/m²、500元/m²、1200元/m²。其中，定额人工费占分部分项工程费的15%；措施项目费以分部分项工程费为计算基数，费率10%；其他项目费合计900万元；增值税税率9%；以上数据均不含增值税进项税额。该工程的最高投标限价为（　　　）万元。

A. 6016.8　　　　　　　　　　　B. 5116.8

C. 5520.0　　　　　　　　　　　D. 5596.8

【答案】A

【解析】本题的计算过程如下：

分部分项工程费：（1800＋500＋1200）×12000＝4200万元；

措施项目费：4200×10%＝420万元；

其他项目费：900万元；

增值税：（4200＋420＋900）×9%＝496.8万元；

最高投标限价＝分部分项工程费＋措施项目费＋其他项目费＋增值税＝4200＋420＋900＋496.8＝6016.8万元。

16.4 投标报价编制

专项突破1　投标报价编制的一般规定

```
投标报价编制的一般规定
├─ 投标人可依据计价标准的规定自主确定投标报价，并应对已标价工程量清单填报价格的一致性及合理性负责
├─ 严禁投标人的投标报价低于成本价，高于招标人公布的最高投标限价
├─ 若投标人认为需要增加措施项目的，可在已标价工程量清单的措施项目中补充列项并报价，且应对已标价措施项目清单的准确性和完整性负责
├─ 投标人的投标价应包括招标文件中规定的由承包人承担范围及幅度内的风险费用
├─ 采用单价合同的工程，投标人应按要求完整填报工程量清单中所有清单项目的综合单价及合价和（或）总价计价项目的价格，且每个清单项目应只填报一个报价
├─ 采用总价合同的工程，投标人应按计价标准规定补充完善工程量清单，并完整填报工程量清单中所有清单项目的综合单价及其合价和（或）总价计价项目的价格，且每个清单项目应只填报一个报价
└─ 投标人的投标总价应当与分部分项工程项目清单、措施项目清单、其他项目清单和税金项目清单的合价总额一致
```

1. 本考点一般会考核判断正确与错误说法的综合题目。

2. 本考点可能会这样命题：

建设工程采用工程量清单招标模式时，关于投标报价的说法，正确的有（　　）。

A. 投标人可依据计价标准的规定自主确定投标报价

B. 投标人的投标报价可略低于成本价

C. 投标人的投标报价可略高于招标人公布的最高投标限价

D. 投标人的投标价应包括招标文件中规定的由承包人承担范围及幅度内的风险费用

E. 投标总价应当与分部分项工程项目清单、措施项目清单、其他项目清单和税金项目清单的合价总额一致

【答案】A、D、E

专项突破2　投标报价的编制方法

项目	内容
分部分项工程 和措施项目 计价表的编制	确定综合单价是分部分项工程和单价措施项目清单与计价表编制过程中最主要的内容。 综合单价包括完成一个规定清单项目所需的人工费、材料和工程设备费、施工机具使用费、企业管理费、利润，并考虑风险费用的分摊。【2010年、2014年、2020年、2021年、2022年考过】 （1）确定综合单价时的注意事项： ① 以项目特征描述为依据。在招标投标过程中，当招标工程量清单特征描述与设计图纸不符时，投标人应以招标工程量清单的项目特征描述为准，确定投标报价的综合单价【2011年、2012年、2016年、2017年、2020年、2022年考过】。当施工中施工图或设计变更与招标工程量清单项目特征描述不一致时，发承包双方应按实际施工的项目特征，依据合同约定重新确定综合单价。 ② 材料、工程设备暂估价的处理。对于招标文件中在其他项目清单中提供了暂估单价的材料和工程设备，应按其暂估的单价计入清单项目的综合单价中。【2011年考过】 ③ 考虑合理的风险。招标文件中要求投标人承担的风险费用，投标人应考虑计入综合单价【2011年、2018年、2023年考过】。在施工过程中，当出现的风险内容及其范围（幅度）在招标文件规定的范围（幅度）内时，综合单价不得变动，合同价款不作调整。【2018年考过】 （2）综合单价确定的步骤和方法： ① 确定计算基础。 ② 分析每一清单项目的工程内容。 ③ 计算工程内容的工程数量与清单单位的含量。当采用清单单位含量计算人工费、材料费、施工机具使用费时，还需要计算每一计量单位的清单项目所分摊的工程内容的工程数量，即清单单位含量【2018年考过】。 $$清单单位含量 = \frac{某工程内容的企业定额工程量}{清单工程量}$$ ④ 分部分项工程人工、材料、施工机具使用费的计算。 ⑤ 计算综合单价。企业管理费和利润的计算可按照规定的取费基数以及一定的费率取费计算，若以人工费与施工机具使用费之和为取费基数，则： 企业管理费 =（人工费 + 施工机具使用费）× 企业管理费费率 利润 =（人工费 + 施工机具使用费）× 利润率 将上述五项费用汇总，并考虑合理的风险费用后，即可得到清单综合单价【2010年、2012年、2015年、2016年、2017年、2019年、2021年、2022年、2023年考过】

项目	内容
总价措施项目清单与计价表的编制	（1）措施项目的内容应依据招标人提供的措施项目清单和投标人投标时拟定的施工组织设计或施工方案确定。 （2）措施项目费由投标人自主确定，但其中安全生产措施费必须按照国家或省级、行业建设主管部门的规定计价，不得作为竞争性费用【2011年、2012年、2024年考过】。招标人不得要求投标人对该项费用进行优惠，投标人也不得将该项费用参与市场竞争
其他项目清单与计价表的编制	（1）暂列金额按招标工程量清单中列出的金额填写。【2014年、2018年、2019年、2022年、2023年、2024年考过】 （2）暂估价不得变动和更改。暂估价中的材料、工程设备暂估价必须按照招标人提供的暂估单价计入清单项目的综合单价【2015年、2018年考过】；专业工程暂估价按招标工程量清单中列出的金额填写。【2014年、2015年、2018年、2019年、2023年、2024年考过】 （3）计日工按招标工程量清单中列出的项目和数量，自主确定综合单价并计算计日工金额。【2014年、2018年、2022年、2024年考过】 （4）总承包服务费根据招标文件中提出的需要投标人提供服务的范围、内容、要求及其招标工程量清单的特征描述自主确定，并列明其相应的计算方法【2014年、2017年、2018年、2019年、2024年考过】
税金项目计价表的编制	税金应按国家政府主管部门的规定计算，不得作为竞争性费用【2013年、2015年、2022年考过】。这是由于税金的计取标准是依据有关法律、法规和政策规定制定的，具有强制性
投标报价的汇总	招标工程量清单与计价表中列明的所有需要填写单价和合价的项目，投标人均应填写且只允许有一个报价。未填写单价和合价的项目，可视为此项费用已包含在已标价工程量清单其他相关项目的单价和合价之中。 投标总价应当与分部分项工程项目、措施项目、其他项目、税金的合计金额一致，即投标人在进行工程量清单招标的投标报价时，不能进行投标总价优惠（或降价、让利），投标人对投标报价的任何优惠（或降价、让利）均应反映在相应清单项目的综合单价中【2015年、2018年考过】

重点难点专项突破

1. 本考点采分点非常多，在2010—2024年均有考核，可能会就某一句话单独命题，也可能会以判断正确与错误说法的综合题目考核，还会考核计算题目，这部分知识点要全面掌握。

2. 在编制投标报价之前，需要先对工程量清单进行复核。复核工程量的目的是什么，可能会考查多项选择题。【2016年考过】

（1）选择施工方法。

（2）安排人力和机械。

（3）准备材料。

（4）分部分项工程的单价报价。

3. 应能区分在什么情况下以分部分项工程量清单的项目特征描述为准，什么情况下按实际施工的项目特征。一般会考核单项选择题。

4. 关于其他项目费报价也是需要重点掌握的采分点，可能会考核判断正确与错误说法的综合题目。比如：

根据《建设工程工程量清单计价标准》GB/T 50500—2024，关于投标人其他项目费编制的说法，正确的有（   ）。

A. 专业工程暂估价必须按照招标工程量清单中列出的金额填写

B. 暂列金额应按照招标工程量清单中列出的金额填写

C. 计日工应按照招标工程量清单列出的项目和数量自主确定各项综合单价

D. 总承包服务费应根据招标人要求提供的服务和现场管理需要自主确定

E. 材料暂估价由投标人根据市场价格变化自主测算确定

【答案】A、B、C、D

5. 本考点可能会这样命题：

（1）在招投标过程中，当出现招标工程量清单特征描述与设计图纸不符时，投标人应以（   ）为准，确定投标报价的综合单价。

A. 实际施工的项目特征   B. 招标工程量清单的项目特征描述

C. 预算定额   D. 设计图纸说明

【答案】B

（2）关于投标人进行工程量清单报价的说法，正确的有（   ）。【2023年真题】

A. 投标报价不得低于工程成本

B. 暂列金额应根据招标工程量清单列出的金额填写

C. 投标人对投标报价的任何优惠均应反映在相应的综合单价中

D. 暂估价应依据投标人市场询价结果进行填报

E. 投标人应在综合单价中计入招标文件要求其承担的风险费用

【答案】A、B、C、E

（3）投标人在确定综合单价时需要注意的事项有（   ）。

A. 清单项目特征描述   B. 清单项目的编码顺序

C. 材料暂估价的处理   D. 材料、设备市场价格的变化风险

E. 税金、规费的变化风险

【答案】A、C、D

6. 本考点还会涉及计算题目，在历年考试中是这样命题的：

（1）已知招标工程量清单中挖土方的工程量为3000m³。某投标人在考虑工作面和放坡后，预计挖土方量为3600m³。经测算，完成该挖土方的人工费40000元，材料费2000元，施工机具使用费140000元，管理费取人、料、机费用之和的10%，利润取人、料、机费用及管理费之和的6%。不考虑其他因素，根据《建设工程工程量清单计价标准》GB/T 50500—2024，该分项工程报价的综合单价应为（   ）元/m³。【2023年真题】

A. 53.89   B. 58.95

C. 66.73   D. 70.74

【答案】D

【解析】综合单价＝（人、料、机总费用＋管理费＋利润）/清单工程量＝（4000＋2000＋140000）×（1＋10%）（1＋6%）/3000＝70.74元/m³

（2）某工程的招标工程量清单中人工挖土方工程数量为5800m³。投标单位根据已方施工方案确定的挖方工程量为11200m³，人工、材料、机械费用之和为50元/m³，综合单价确定为80元/m³，则在如下人工挖土方分项工程的综合单价分析表中，"*"位置对应的数量应为（ ）。**【2018年真题】**

项目编号			项目名称	人工挖土方		计量单位		m³	
清单综合单价组成明细									
定额编号	定额名称	定额单位	数量	单价				合计			
				人工费	材料费	机械费	管理费和利润	人工费	材料费	机械费	管理费和利润
	人工挖土	m³	*	……	……	……	……	……	……	……	……
	……	……	……	……	……	……	……	……	……	……	……

A. 0.52　　B. 0.63

C. 1.60　　D. 1.93

【答案】 D

【解析】 清单单位含量$=\dfrac{\text{某工程内容的企业定额工程量}}{\text{清单工程量}}$=投标人确定的挖土方量/清单挖土方量＝112000/5800＝1.93。

（3）某施工企业投标一个单独招标的分部分项工程项目，招标清单工程量为3000m³。经测算：该分部分项工程直接消耗的人、料、机费用（不含增值税进项税额）为300万元，管理费为45万元，利润为40万元，风险费用为3万元，措施费（不含增值税进项税额）为60万元（其中：安全生产措施费为15万元），税金为10万元。不考虑其他因素，根据《建设工程工程量清单计价标准》GB/T 50500—2024，关于该工程投标报价的说法，正确的有（ ）。**【2018年真题】**

A. 为了中标，可将综合单价确定为990.00元/m³

B. 综合单价为1293.33元/m³

C. 安全生产措施费应按国家或省级、行业主管部门的规定计算确定

D. 投标总价为458.00万元

E. 若竞争激烈，标书中可将各项费用下调10%

【答案】 B、C、D

【解析】 选项B正确，综合单价＝（人、料、机总费用＋管理费＋利润＋风险）/清单工程量＝（300＋45＋40＋3）×10000/3000＝1293.33元/m³；选项A错误，措施费中除了安全生产措施费以外的45万元（60万元－15万元）可调；选项E错误，安全文明费为不可竞争性费用，不能下调；选项D正确，投标总价＝300＋45＋40＋3＋10＋60＝458万元。

（4）根据《建设工程工程量清单计价标准》GB/T 50500—2024，某工程项目的钢筋由发包人在施工合同签订后与承包人一起招标采购。编制招标工程量清单时，招标人将

HR335钢筋暂估价定为4200元/t，已知市场平均价格为3650元/t。若甲投标人自行采购，其采购单价低于市场平均价格，则甲投标人在投标报价时HR335钢筋应采用的单价是（　　）。【2018年真题】

    A. 甲投标人自行采购价格　　　　 B. 4200元/t

    C. 3650元/t　　　　　　　　　　 D. 预计招标采购价格

【答案】B

【解析】在合同中约定了一起采购钢筋，暂估价定为4200元/t，是不能动的，所以即使自行采购价低于市场平均价格，报价时也应采用暂估价。

16.5　合同价款约定

专项突破　合同价款的约定

（1）人工费的金额或比例、支付方式、支付周期和农民工工资专用账户。

（2）预付工程款的比例或金额、支付时间和抵扣方式。

（3）过程结算的节点和计量、计价、支付的依据、程序、比例、时限等。

（4）进度款计量、计价、支付的依据、程序、方法、比例、时限等。

（5）工程质量保证的方式和数额、扣留方式及其时限。

（6）工程保险的类型、范围、投保责任、保险费用支付等。

（7）价格风险分担的内容、范围（幅度）以及超出时的调整办法。

（8）工程量清单缺陷、工程变更、计日工、物价变化、工程索赔、暂列金额等合同价格调整的因素、方法、程序、支付及时限。

（9）违约责任以及发生合同价款争议的解决方法、时间、授权解决争议的工程师及其权限。

（10）竣工结算计量、计价、支付的依据、程序、方法、时限等。

（11）与履行合同、工程价款相关的其他事项。

重点难点专项突破

1. 承发包双方合同中约定的合同价款事项可能会考核多项选择题，还会考核判断正确与错误说法的综合题目。

2. 本考点可能会这样命题：

（1）发包人和承包人在签订合同时，预付工程款约定的内容主要是（　　）。

A. 预付工程款的金额、支付时间和详细用途

B. 预付工程款的支付时间、收回时间和责任人

C. 预付工程款的金额、支付时间和会计核算办法

D. 预付工程款的金额、支付时间和抵扣方式

【答案】D

（2）关于工程合同价款约定及其内容的说法，正确的是（　　）。

A. 对人工费应约定支付方式、支付周期和农民工工资专用账户

B. 应约定工程保险的范围及支付时间

C. 应约定质量保证金的最低额度

D. 只需要约定仅供结算计量、计价、支付的程序，不需要约定过程结算的计量、计价、支付的程序

【答案】A

第17章 工程计量与支付

17.1 工 程 计 量

专项突破1 工程计量的一般规定

项目	内容
不予计量的工程及工作	（1）承包人为完成永久工程所实施的临时工程，合同约定应予计量的临时工程除外。 （2）承包人原因造成超出合同约定工程范围的工程。 （3）承包人所完成、但不符合合同图纸及合同规范要求的工程。 （4）承包人拆除及迁离不符合合同图纸及合同规范要求的工程或工作。 （5）承包人责任造成的其他返工
计量成果核对	承包人应以书面形式提交相关工程的计量成果给发包人核对，发包人收到承包人的计量成果后应在约定时间内将核对结果以书面形式通知承包人。发包人未在约定时间内提供核对结果的，可视为承包人提交的计量成果已获得发包人认可，除合同另有约定外，承包人提交的该计量成果可作为工程价款的计算依据，但不应作为相关工程已合格交付的依据。 承包人收到发包人核对结果后应在约定的时间内以书面形式确认或以书面形式提交复核结果存在偏差的意见和详细计算资料给发包人。承包人提交复核结果意见的，发包人收到后应在约定时间内以书面形式确认或将复查结果以书面形式通知承包人，发包人未在约定时间内提供复查结果的，可视为承包人提交的复核结果意见已获得发包人认可。如承包人未在约定时间内对发包人核对的结果予以书面确认或提交复核意见的，可视为发包人核对的计量成果已获得承包人认可，除合同另有规定外，发包人提交的核对计量成果可作为工程价款的计算依据

重点难点专项突破

1. 重点掌握承包人实施的工程及工作不予计量的情形，可能会考核判断正确与错误说法的题目，也会要求根据题干中条件，判断可计量的工程量有多少【2015年、2018年考过】，比如：

某土方工程根据《建设工程工程量清单计价标准》GB/T 50500—2024签订了单价合同，招标清单中土方开挖工程量为8000m³。施工过程中承包人采用了放坡的开挖方式。完工计量时，承包人因放坡增加土方开挖量1000m³，因工作面增加土方开挖量1600m³，因施工操作不慎塌方增加土方开挖量500m³，则应予结算的土方开挖工程量为（　　）m³。【2018年真题】

A. 8000
B. 9000
C. 10600
D. 11100

【答案】A

2. 发包人未在约定时间内提供核对结果的处理应熟悉，可能会考核单项选择。

专项突破 2　工程计量要求

项目		内容
分部分项 工程计量	单价 合同	分部分项工程项目清单的单价计价项目应依据发包人提供的工程实际使用施工图纸，按照合同约定的国家及行业工程量计算标准及补充的工程量计算规则进行重新计量，招标工程量清单的分部分项工程项目清单出现缺陷引起的工程量增减应按规定作相应调整，但清单项目中以项计价的清单项目不作调整
	总价 合同	（1）除招标工程量清单中说明为暂定数量单价计价的分部分项工程项目清单和工程变更外，分部分项工程项目清单不应重新计量，分部分项工程项目清单存在工程量清单缺陷的，合同价格不应调整。 （2）合同约定的分部分项工程项目清单工程量为暂定数量的单价计价清单项目，应按单价合同的规定计量
措施项目计量		（1）除合同另有约定或工程变更规定应予计量的措施项目外，已标价工程量清单的措施项目均应不予计量调整，安全生产措施费用应按合同约定执行。 （2）专业工程暂估价已包含其措施项目费用，不应另外计算。 （3）除合同另有约定及计价标准规定用于工程变更、新增工程、工程索赔的暂列金额按规定计量用于未能完全预见或详细说明的工程按规定计量外，暂列金额的措施项目费已包含在已标价工程量清单的措施项目中，不应另外计量调整
工程变更计量		（1）采用单价合同的工程，按变更指令及发承包双方确认的实际施工图纸重新计量分部分项工程项目清单的所有清单项目及其工程量，并与合同图纸工程量清单项目及其工程量相比较，计量清单差异的增减变更项目及其变更工程量。 （2）采用总价合同的工程，按变更指令和发包人颁发或确认的实际施工图纸与合同图纸相比较，差异部分的分部分项工程项目清单即为工程变更项目，应按合同约定的工程量计算规则及适用的国家及行业工程量计算标准的清单项目分类和工程量计算规则计算变更项目及其变更工程量。 （3）由于工程变更引致的措施项目变化，应按发包人批准的承包人专为工程变更拟定的实施方案或实际发生内容，计算其因工程变更需要增加投入的施工管理人员、增加搭设的临时设施及其他增加的施工措施工程（工作）量；工程变更引致合同工期变化的，应依据发包人批准的工期延长或缩短的时间计算调整，作为计算变更工程价格的依据
计日工计量		以下工程项目或零星工作可采用计日工计量计价： （1）不能依据施工图纸、工程变更及合同约定计量规则进行计量的增加工程或替代工程； （2）按发包人要求增加的短工期、零星、有限工程范围、工程数量少的工程项目； （3）极端变化的工作条件导致的非正常操作； （4）进行紧急工程引致其他工程损坏的修复； （5）按发包人要求打开已隐蔽的工程，但相关工程通过检测证明符合合同要求的； （6）修复其他承包人完成工作后周边受影响工程的费用； （7）因发包人暂缓（停）工程引致工程延期而必须更换的材料设备的费用； （8）合同外发包人特殊要求的清扫和清场工作； （9）合同外发包人要求的测试运行； （10）非承包人原因导致的修复和恢复被损坏的微小工程（大规模的损坏恢复应按工程变更规定计量计价）。 采用计日工计价的任何一项工作，在该项工作实施过程中的每一天，承包人应将每天发生计日工内容的下列报表和有关凭证报送给发包人核实： （1）工作名称、内容和数量； （2）投入该工作所有人员的姓名、工种、级别和耗用工时； （3）投入该工作的材料名称、类别、规格、品牌和数量； （4）投入该工作的施工机具型号、台数和耗用台班； （5）发包人要求提交的其他资料和凭证

项目	内容
返工工程计量	（1）工程变更或发包人责任事件引致承包人已完成的部分或全部工程的返工，或引致承包人已采购及已加工的材料报损或报废的，承包人应在合同约定时间内以书面形式向发包人提出返工确认要求，并提供相关的证明资料。承包人未在约定时间内提出相关的返工确认要求的，应视为相关工程变更指令或发包人责任事件未造成工程返工或已采购及已加工材料的报损或报废，返工工程量不应计量，相关的费用不应补偿。 （2）发包人应按约定时间参与承包人完成的返工工程的确认，如发包人未按约定参与返工工程确认且未提出异议的，承包人可与监理人共同完成相关的确认，其确认结果应视为已获得发包人认可。 （3）发承包双方应在完成确认后签署相关的返工确认单
新增工程计量	（1）完成新增工程可按单价合同的分部分项工程计量规定计算其分部分项工程项目清单工程量，作为计算新增工程价格的依据。 （2）承包人为实施新增工程所发生的措施项目，可参照工程变更或发包人责任事件引致的措施项目变化规定计量，作为本计算新增工程价格的依据

重点难点专项突破

1. 本考点内容较多，应能区分不同工程，不同情形的计量方法。

2. 本考点可能会这样命题：

（1）在单价合同的分部分项工程项目清单工程量计算中，对于招标工程量清单的分部分项工程项目清单出现缺陷引起的工程量增减，处理方式是（　　　）。

A. 不作调整
B. 按合同约定重新计量

C. 按国家及行业工程量计算规范调整
D. 按补充的工程量计算规则调整

【答案】B

（2）总价合同的分部分项工程项目清单工程量，应重新计量的条件是（　　　）。

A. 招标工程量清单中说明为暂定数量单价计价的分部分项工程项目清单

B. 工程变更

C. 工程量清单存在缺陷但按计价标准规定执行

D. 合同约定的所有情况

【答案】B

（3）计日工计量的工程项目或零星工作中，不属于其适用范围的是（　　　）。

A. 不能依据施工图纸计量的增加工程

B. 按发包人要求增加的短工期、零星工程项目

C. 极端天气导致的停工损失

D. 进行紧急工程引致其他工程损坏的修复

【答案】C

（4）关于已标价工程量清单中措施项目计量的说法，正确的有（　　　）。

A. 所有措施项目费用均不得进行计量调整，除非合同另有约定或工程变更规定

B. 安全生产措施费用不受任何情况影响，必须按原合同金额执行

C. 专业工程暂估价中的措施项目费用已经包含在内，无需额外计算

17.2　合同价格调整

专项突破1　工程量清单缺陷引起的合同价格调整

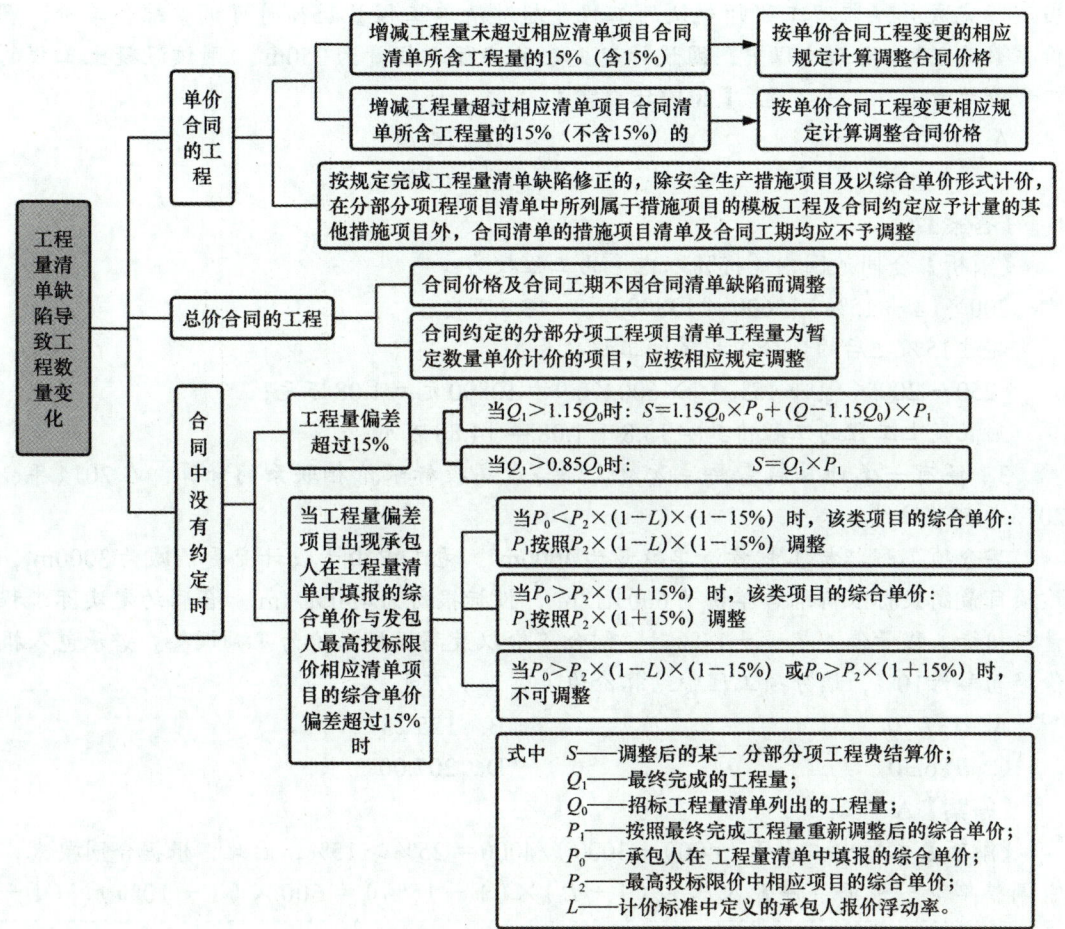

197

重点难点专项突破

1. "15%"这个数据一定要牢记，在2013年、2014年考核过数字题目。

2. 在2016年、2017年、2019年、2021年、2023年考核过工程价款的计算题。

（1）某采用工程量清单计价的场地平整工程，招标工程量清单中的工程量为8000m²。合同约定：场地平整全费用综合单价为11.3元/m²，当实际工程量超过清单中工程数量15%以上时，15%以内部分按原有单价计算，15%以外部分单价调整为10元/m²。工程结束时实际完成的场地平整工程量为10000m²。该场地平整工程实际结算价款为（　　）万元。【2023年真题】

A. 10.000　　　　　　　　　　B. 11.040

C. 11.300　　　　　　　　　　D. 11.196

【答案】D

【解析】合同约定范围内（15%以内）的工程款为：8000×（1＋15%）×11.3＝103960元；超过15%之后部分工程量的工程款为：［10000－8000×（1＋15%）］×10＝8000元；则土方工程款合计＝103960＋8000＝111960元＝11.196万元。

（2）某混凝土工程招标清单工程量为200m³，合同约定的综合单价为600元/m³，当实际完成并经监理工程师确认的工程量超过清单工程量15%时可调整综合单价，调价系数为0.9。施工过程中，因设计变更导致实际工程量为250m³。则该混凝土工程的工程价款为（　　）万元。【2019年真题】

A. 12.00　　　　　　　　　　B. 14.74

C. 14.88　　　　　　　　　　D. 15.00

【答案】C

【解析】合同范围内（15%以内）的工程款为：

200×（1＋15%）×600＝138000元＝13.8万元；

超过15%之后的部分工程量的工程款为：

［250－200×（1＋15%）］×600×0.9＝10800元＝1.08万元；

则混凝土工程的工程价款＝13.8＋1.08＝14.88万元。

3. 还有一类计算题需要注意，就是与最高投标限价相联系的计算，在2014年、2016年都考核过。

某分项工程招标工程量清单数量为4000m²，施工中由于设计变更调减为3000m²，该项目最高投标限价综合单价为600元/m²，投标报价为450元/m²。合同约定实际工程量与招标工程量偏差超过±15%时，综合单价以最高投标限价为基础调整。若承包人报价浮动率为10%，该分项工程费结算价为（　　）万元。

A. 137.70　　　　　　　　　　B. 155.25

C. 186.30　　　　　　　　　　D. 207.00

【答案】A

【解析】本题中，由于（4000－3000）/4000＝25%＞15%，因此，根据合同要求，需调整单价。根据条件带入P_2×（1－L）×（1－15%）＝600×（1－10%）×（1－

15%）＝459元＞450元。因此，P_1按照$P_2 \times (1-L) \times (1-15\%)$进行调整，即$P_1 = 459 \times 3000 = 1377000$元＝137.7万元。

专项突破2　暂列金额引起的合同价格调整

项目	内容
使用	合同总价内的暂列金额应由发包人掌握，依据发包人发出的指令使用【2020年、2021年考过】
价格调整规定	发生工程变更、工程索赔引致措施项目、合同工期变化的，应分别调整措施项目费用和合同工期，合同总价应按所确定的调整价格与暂列金额的差异调整；发生其他暂列金额调整事件的，合同清单的措施项目费与合同工期均应不作调整。 在合同执行中没有发生暂列金额调整事件的，合同总价包括的暂列金额应在结算时全部扣除；如发生暂列金额调整事件的，发承包双方应按相关规定进行暂列金额调整价格的申报、核实及确定，并支付相应的价款

重点难点专项突破

1. 暂列金额由谁掌握使用应熟悉，会考核单项选择题，也会作为判断正确与错误说法的综合题目的备选项。

2. 区分是否发生暂列金额调整事件的相关规定。

3. 本考点可能会这样命题：

（1）合同总价内的暂列金额应由（　　）掌握使用。

A. 承包人　　　　　　　　　　　　B. 监理人

C. 第三方监管机构　　　　　　　　D. 发包人

【答案】D

（2）关于合同总价内暂列金额的说法，正确的有（　　）。

A. 暂列金额只能用于未能完全预见或详细说明的工程

B. 暂列金额的使用和调整完全依据承包人的意愿

C. 当发生工程变更时，合同总价应按所确定的调整价格与暂列金额的差异进行调整

D. 在合同执行中没有发生暂列金额调整事件时，暂列金额应全部保留在合同总价内

E. 暂列金额的调整价格申报、核实及确定需按照相关规定进行

【答案】C、E

专项突破3　暂估价引起的合同价格调整

项目	给定暂估价的材料	给定暂估价的专业工程
属于依法必须招标的	应以招标确定的材料税前价格和（或）含税专业分包工程价格取代暂估价，调整合同价格	
不属于依法必须招标的	由承包人进行市场采购询价或自主报价（承包人自产自供的），经发包人确认价格后以税前价格取代暂估价，或可由发承包双方共同询价确认价格后以税前价格取代暂估价，并计算相应价格调整引致的增值税变化，调整合同价格	可参照新增工程的相关规定确定税前专业工程价格，并以此取代专业工程暂估价，或可由发承包双方共同招标确定含税专业分包工程价格取代专业工程暂估价，调整合同价格

1. 本考点内容不多，如果考核的话，一般会是判断正确与错误说法的题目。

2. 本考点可能会这样命题：

（1）工程量清单中给定暂估价的材料和（或）暂估价的专业工程若属于依法必须招标的，应以（ ）方式确定的价格取代暂估价。

A. 承包人自主报价

B. 发包人指定价格

C. 招标确定的材料税前价格和（或）含税专业分包工程价格

D. 市场平均价格

【答案】C

（2）当承包人作为招标人进行暂估价材料、暂估价专业工程招标时，组织招标工作有关的费用应由（ ）承担。

A. 发包人　　　　　　　　　　B. 承包人

C. 监理方　　　　　　　　　　D. 第三方机构

【答案】B

（3）关于暂估价材料、暂估价专业工程招标费用承担的说法，正确的有（ ）。

A. 由发包人作为招标人时，组织招标工作的费用由发包人承担

B. 由承包人作为招标人时，组织招标工作的费用由承包人承担，且需要发包人配合的费用也由承包人承担

C. 由发包人和承包人共同作为招标人时，双方应各自承担相应的费用

D. 无论由谁作为招标人，组织招标工作的费用都应由承包人承担

E. 发包人配合承包人进行招标工作时，其配合费用应由发包人承担

【答案】A、C、E

（4）关于工程量清单中给定暂估价的价格调整，下列说法正确的有（ ）。

A. 材料暂估价的价格调整只调整综合单价的材料暂估价价格，其他费用不作调整

B. 调整后的合同单价可用于工程量清单缺陷、暂列金额、工程变更的计价

C. 无论材料是否属于依法必须招标，其价格调整都应由承包人自主决定

D. 暂估价的专业工程不属于依法必须招标的，可由发承包双方共同招标确定含税专业分包工程价格

E. 承包人参加由发包人作为招标人的暂估价专业工程投标并中标的，应增加该专业工程的总承包服务费

【答案】A、B、D

专项突破4　总承包服务费引起的合同价格调整

例题： 如合同履行过程中发生合同约定的承包人提供材料变更为发包人提供的，发承包双方对合同总承包服务费调整的处理，正确的是（ ）。

A. 按规定调整相应分部分项工程项目清单的综合单价，并扣除合同总价中计取的相

应发包人提供材料的总承包服务费

B．按规定计算新增发包人提供材料的总承包服务费

C．应扣除合同总价中计取的相应专业分包工程、直接发包工程的总承包服务费

D．为风险包干，工程结算应不作调整

【答案】B

重点难点专项突破

本考点还可以考核的题目有：

（1）若合同约定的发包人提供材料变更为承包人提供的，发承包双方对合同总承包服务费调整的处理，正确的是（A）。

（2）若合同履行过程中发生暂估价专业分包工程、发包人直接发包工程取消，或确定由承包人负责完成，或承包人按规定中标，或在承包人的合同工程已竣工且撤场后进行的，发承包双方对合同总承包服务费调整的处理，正确的是（C）。

（3）若总承包服务费以项计价的，总承包服务费除可按规定扣减或调整外，应（D）。

专项突破5　计日工引起的合同价格调整

项目	内容
一般规定	合同工程发生不适宜按合同约定和相关国家及行业工程量清单计价标准等计价的，发承包双方可采用计日工方式进行计价。 采用计日工方式进行计价的工程或工作，应按计日工的规定计量，依据合同清单中计日工清单项目的综合单价计算费用
没有已标价计日工清单项目或已标价计日工清单项目没有适用的综合单价的	（1）合同没有约定，或约定不明的，人工费、材料费、施工机具费可依据工程所在地工程造价管理部门或行业发布的工程价格信息中的不含税人工、材料、施工机具租赁市场价格信息，并参考合同清单中类似清单项目综合单价分析表中的明细价格组成等确定相应计日工综合单价。 （2）工程所在地工程造价管理部门及行业发布的工程价格信息中没有相关市场价格信息的，可依据经发承包双方确认的承包人采购单价，并参考合同清单中类似清单项目综合单价分析表中的明细价格组成等确定相应计日工综合单价

重点难点专项突破

1．本考点主要掌握上述内容即可。

2．本考点可能会这样命题：

（1）当合同工程发生不适宜按合同约定和相关国家及行业工程量清单计价标准等计价的情况时，发承包双方可采用（　　）方式进行计价。

A．固定总价　　　　　　　　　　B．计日工

C．成本加酬金　　　　　　　　　D．可调总价

【答案】B

（2）在采用计日工方式进行计价的工程中，如果合同清单中没有已标价计日工清单项目或已标价计日工清单项目没有适用的综合单价，在合同中没有约定时，确定计日工

综合单价的方式是（　　）。

A. 直接采用市场平均价格

B. 依据工程所在地工程造价管理部门或行业发布的工程价格信息中的不含税人工、材料、施工机具租赁市场价格信息，并参考合同清单中类似清单项目综合单价分析表

C. 由发包人单方面决定

D. 由承包人单方面决定

【答案】B

（3）关于采用计日工方式进行计价的说法，正确的有（　　）。

A. 计日工方式仅适用于合同清单中没有的项目

B. 计日工综合单价应视为已包括计日工项目随机发生、少量发生等特点造成的额外增加费用和措施项目费用

C. 合同总价中的措施项目费用会因计日工的发生而调整

D. 计日工项目的计量应依据合同清单中计日工清单项目的综合单价计算费用

E. 工程结算时，所有按合同约定应予计算的计日工项目都应计算在结算总价内

【答案】B、D

专项突破6　采用价格指数调差法进行价格调整

例题：某工程施工合同约定采用价格调整公式调整合同价款。已知不调值部分占合同总价的比例为20%，各可调部分的费用类型、占合同总价的比例和相关价格指数见下表。若结算当月已完成的合同工程量价款为1000万元，则需调整的价款差额为（　　）万元。【2022年真题】

费用类型	占合同总价的比例	基准日期价格指数	合同签订时价格指数	现行价格指数
人工	25%	110	115	120
钢筋	20%	108	112	125
水泥	15%	105	109	120
木材	10%	102	105	115
汽油	10%	110	120	130

A. 67.079

B. 106.564

C. 1067.079

D. 1106.564

【答案】B

重点难点专项突破

1. 价格调整公式：

$$\Delta P = P_0 \left[A + \left(B_1 \times \frac{F_{t1}}{F_{01}} + B_2 \times \frac{F_{t2}}{F_{02}} + B_3 \times \frac{F_{t3}}{F_{03}} + \cdots + B_n \times \frac{F_{tn}}{F_{0n}} \right) - 1 \right]$$

例题中，调整的价款差额＝1000×［20%＋（25%×120/110＋20%×125/108＋15%×120/105＋10%×115/102＋10%×130/110）－1］＝106.564万元。

2. 对于价格指数调差公式命题形式主要有两种：一是考核调整的价款差额，比如2022年、2024年真题；二是考核调整后的合同金额，比如2018年真题。

某工程施工合同约定根据价格调整公式调整合同价。已知不调值部分占合同总价的比例为15%，可参与调值部分的费用类型、占合同总价的比例和相关价格指数见下表。若结算当月完成的合同额为1000万元，则调整后的合同金额为（　　）万元。【2018年真题】

费用类型	占合同总价的比例	基准日期价格指数	合同签订时价格指数	结算时价格指数
人工	30%	101	103	106
钢筋	20%	101	110	105
混凝土	25%	105	109	115
木材	10%	102	102	105

A. 1000
B. 1017
C. 1034
D. 1050

【答案】D

【解析】调整后的合同金额＝1000×15%＋1000×30%×106/101＋1000×20%×105/101＋1000×25%×115/105＋1000×10%×105/102＝1050万元。

> 重点提示：
> 如果在题目中明确了"约定采用价格指数及价格调整公式调整价差额"，我们就可以直接套用该公式。

3. 该考点还需要掌握以下几个采分点：

（1）价格调整公式中的各可调因子、定值和变值权重，以及基本价格指数及其来源在投标函附录价格指数和权重表中约定。

> 重点提示：
> "投标函附录价格指数"会作为采分点考核单项选择题，可能会设置的干扰选项是：合同专用条款、合同补充条款、投标报价说明。

（2）因非承包人原因导致工期延误的，计划进度日期后续工程的价格指数，采用计划进度日期与实际进度日期两者指数的较高者作为现行价格指数；因承包人原因导致工期延误的，计划进度日期后续工程的价格指数，采用计划进度日期与实际进度日期两者指数中较低者作为现行价格指数。【2019年考过】

> 命题总结：
> 第一种题型：判断因承包人原因未按期竣工或发包人原因导致延误，应采用的价值指数，考核单项选择题。比如：

专项突破7　采用价格信息调差法进行价格调整

例题：承包人投标报价中可调价因子单价低于基准价，材料单价跌幅以（　　）为基础超过合同约定的风险幅度值时，其超过部分按实调整。

A．基准价　　　　　　　　　　　B．投标报价

C．定额单价　　　　　　　　　　D．最高投标限价

【答案】B

重点难点专项突破

1．本考点还可以考核的题目有：

（1）承包人投标报价中可调价因子单价低于基准价，计量周期工程造价管理机构发布的单价涨幅以（A）为基础超过合同约定的风险幅度值涨幅。

（2）承包人投标报价中可调价因子单价高于基准价，计量周期工程造价管理机构发布的单价跌幅以（A）为基础超过合同约定的风险幅度值。

（3）承包人投标报价中可调价因子单价高于基准价，材料单价涨幅以（B）为基础超过合同约定的风险幅度值时，其超过部分按实调整。

2．本考点中还应掌握以下采分点：

（1）因人工、材料、施工机具台班价格波动影响合同价格时，根据招标人提供的附录，承包人应提供可调价主要材料表，并采用投标函附录中的价格数据，按下式计算差

额并调整合同价格：

$$\Delta P = (\Delta C - C_0 \times r) \times Q, \text{其中} |\Delta C| > |C_0 \times r|$$
$$\Delta C = C_i (i = 1, \cdots, n) - C_0$$

式中　ΔP——价差调整费用，系按计量周期计算的当次调价费用；

　　　ΔC——可调因子价差；

　　　C_0——基准价；

　　　C_i——计量周期市场价格；

　　　Q——可调因子的数量；

　　　r——风险幅度系数。当$\Delta C > 0$时，r为正值，当$\Delta C < 0$时，r为负值；

　　　i——采购时间。

（2）采用发包人认定的材料采购价格作为计量周期材料市场价格的，承包人应在采购材料前将采购数量和新的材料单价报送发包人核对，确认用于本合同工程时，发包人应确认采购材料的数量和单价，分批采购时按权重取平均值计算。

3. 本考点可能会这样命题：

某工程采用的预拌混凝土由承包人提供，双方约定承包人承担的价格风险系数≤5%。承包人投标时对预拌混凝土的投标报价为308元/m^3，招标人的基准价格为310元/m^3，实际采购价为327元/m^3。发包人在结算时确认的单价应为（　　　）元/m^3。

A. 308.00　　　　　　　　　　　B. 309.49

C. 310.00　　　　　　　　　　　D. 327.00

【答案】B

【解析】327÷310－1＝5.48%＞5%，承包人投标报价低于基准价，按基准价算，并且超过合同中约定的风险系数，应予以调整，则308＋310×（5.48%－5%）＝309.49元/m^3。

17.3　工程变更价款确定

专项突破1　工程变更价款确定

项目		内容
单价合同的工程	工程量变化不超过15%（含15%）时	（1）相同施工条件下实施相同项目特征的清单项目，应采用相应的合同单价； （2）相同施工条件下实施类似项目特征的清单项目或类似施工条件下实施相同项目特征的清单项目，应采用类似清单项目的合同单价换算调整后的综合单价； （3）相同施工条件下实施不同项目特征的清单项目或不同施工条件下实施相同项目特征的清单项目，发承包双方应依据工程实施情况，结合类似项目的合同单价计价规则及报价水平，协商确定市场合理的综合单价； （4）不同施工条件下实施不同项目特征的清单项目，发承包双方可依据工程实施情况，结合同类工程类似清单项目的综合单价，协商确定市场合理的综合单价； （5）因减少或取消清单项目的工程变更显著改变了实施中的工程施工条件，发承包双方可根据实施工程的具体情况、市场价格、合同单价计价规则及报价水平协商确定工程变更的综合单价并计价

项目		内容
单价合同的工程	工程量变化超过15%（不含15%）时	（1）如工程变更或工程量清单缺陷引致增加清单项目或相应清单项目工程量的，可按上述工程量变化不超过15%（含15%）时规定，并考虑因增加工程数量引致的人工及材料采购价格优惠而合理下调其合同单价及新增综合单价，计算相应清单项目价格，调整合同总价。 （2）如工程变更或工程量清单缺陷引致减少清单项目或相应清单项目工程量的，可按上述工程量变化不超过15%（含15%）时规定，并考虑因减少工程数量引致的人工及材料采购价格失去优惠而合理上调其合同单价及新增综合单价，计算相应清单项目价格，调整合同总价
总价合同的工程		采用总价合同的工程，按合同约定有适用于工程变更合同单价的，因工程变更引致工程量清单项目或其工程数量发生变化时，可依据工程计量条款规定计算的变更工程量，按上述工程量变化不超过15%（含15%）时和工程量变化超过15%（不含15%）时的规定调整合同总价；若发承包双方约定已标价工程量清单不适用于工程变更的，工程变更发生的清单项目可由发承包双方根据工程实施情况、市场价格，结合已标价工程量清单计价规则及报价水平重新确定综合单价并计价
引致合同工期实质性延长或缩短的		发承包双方可按以下公式计算合同工期影响的措施项目调增（减）价格，并调整合同总价： 措施项目调整价格＝按规定计算的延长或缩短工期×按规定已标价工程量清单中的所有受影响措施项目的《措施项目费用分拆表》所报的中期运行费用总额／合同工期

重点难点专项突破

1. 掌握不同条件下工程变更的价款调整。
2. 本考点可能会这样命题：

关于工程变更引起措施项目费用调整的说法，正确的有（   ）。

A. 工程变更导致合同工期实质性延长或缩短时，应调整措施项目费

B. 增加的额外措施项目费用必须包括在原有合同计价范围内

C. 完成工程变更所需增加的临时设施，应按实际发生情况进行计量并按协商确定的市场价格计价

D. 若发承包双方的不利一方未在约定时间内提出调整措施项目费用，则视为放弃调整权利

E. 工程变更涉及实质性内容变化并引致措施项目发生改变时，发承包双方的不利一方提出调整措施项目费的，应事先将拟实施的方案提交另一方审核

【答案】A、C、D、E

专项突破2　新增工程价款确定

项目	内容
承包人按发包人要求完成不属于合同约定工程范围的新增工程	发承包双方可按合同约定的国家及行业工程量计算标准所规定的清单项目列项要求、工程量计算规则和补充的工程量计算规则、合同单价及投标报价水平计算新增工程价格，或重新协商确定新增工程的计量计价规则计算新增工程价格，并签订相关新增工程合同或补充协议。

项目	内容
承包人按发包人要求完成不属于合同约定工程范围的新增工程	承包人应在新增工程实施前将其施工组织设计或实施方案、施工进度计划、自身要求费用的报价单（包括分部分项工程项目清单及措施项目清单等）提交给发包人审核，发包人应在合理时间内予以审定
新增工程的分部分项工程项目清单采用合同单价的	可按合同价款调整条款的规定调整合同单价计价
新增工程的措施项目费用	应包括承包人完成新增工程所需发生的以下费用： （1）增加的施工机具费，包括延期使用现有相关施工机具及新增施工机具的费用； （2）增加的临时设施费，包括延期使用现有临时设施及新增工程专用临时设施的费用； （3）增加的安全生产、文明施工、环境保护等措施费用； （4）增加的现场管理人员费用； （5）新增工程其他必要的措施项目费用
新增工程发生工程变更的	应依据工程变更条款规定的承包人所报并获得发包人审定的报价单中的综合单价计价

重点难点专项突破

1. 掌握不同情形下，价款确定的方法。

2. 承包人应在新增工程实施前提交给发包人审核的资料可能会考核多项选择题。

3. 新增工程的措施项目费用内容会考核多项选择题。

4. 本考点可能会这样命题：

（1）当承包人完成不属于合同约定工程范围的新增工程时，新增工程的价格（　　）。

A. 仅按照合同单价计算

B. 由发包人单方面决定

C. 根据合同约定的国家及行业工程量计算标准或重新协商确定

D. 无需计算，直接按市场价格执行

【答案】C

（2）承包人在新增工程实施前应提交（　　）给发包人审核。

A. 施工图纸　　　　　　　　　B. 施工组织设计或实施方案

C. 工程变更申请　　　　　　　D. 工程质量保证书

E. 施工进度计划及费用报价单

【答案】B、E

（3）新增工程的分部分项工程项目清单采用合同单价时，可能影响合同单价调整的因素有（　　）。

A. 合同单价内包括的人工费、材料费、施工机具使用费的市场价格波动

B. 新增工程的地理位置与原有工程不同导致的运输成本增加

C. 合同单价对应的清单项目工程量与新增工程相关项目工程量的差异

D. 招标市场竞争确定的合同单价与协商确定的新增工程综合单价之间的差异

E. 承包人的企业规模和财务状况

【答案】A、C、D

（4）新增工程的措施项目费用应包括（　　）。

A. 新增施工人员的工资

B. 增加的施工机具费，包括延期使用现有相关施工机具及新增施工机具的费用

C. 因新增工程导致的额外税费

D. 增加的安全生产、文明施工、环境保护等措施费用

E. 新增工程的其他必要的措施项目费用，如现场管理人员费用

【答案】B、D、E

专项突破3　工程变更价款调整方法的应用

例题：某工程采用工程量清单计价。施工过程中，业主将屋面防水变更为PE高分子防水卷材（1.5mm）。清单中无类似项目，工程所在地造价管理机构发布该卷材单价为18元/m²，该地区定额人工费为3.5元/m²，机械使用费为0.3元/m²，除卷材外的其他材料费为0.6元/m²，管理费和利润为1.2元/m²。若承包人报价浮动率为6%，则发承包双方协商确定该项目综合单价的基础为（　　）元/m²。【2017年真题】

A. 25.02　　　　　　　　　　　B. 23.60

C. 22.18　　　　　　　　　　　D. 21.06

【答案】C

重点难点专项突破

本考点内容不多，只需要掌握四点：

（1）直接采用适用的项目单价的前提是其采用的材料、施工工艺和方法相同，也不因此增加关键线路上工程的施工时间。

（2）采用类似的项目单价的前提是其采用的材料、施工工艺和方法基本类似，不增加关键线路上工程的施工时间，可仅就其变更后的差异部分，参考类似的项目单价由承发包双方协商新的项目单价。

（3）无法找到适用和类似的项目单价时，应采用招标投标时的基础资料和工程造价管理机构发布的信息价格，按成本加利润的原则由发承包双方协商新的综合单价。

（4）无法找到适用和类似的项目单价、工程造价管理机构也没有发布此类信息价格，由发承包双方协商确定。

2017年这道题目考核的就是第（3）条，项目综合单价＝（3.5＋18＋0.3＋0.6＋1.2）×（1－6%）＝22.18元/m²。

17.4 工 程 索 赔

专项突破1 因法律法规与政策变化事件导致的工程索赔

例题：因承包人原因导致工期延长，在工期延长期间出现规定的法律法规及政策性变化的，对工程合同价格调整说法正确的是（   ）。

A. 合同价格调增的不予调整，合同价格调减的予以调整

B. 合同价格调减的不予调整，合同价格调增的应予调整

C. 合同价格应按实调整

D. 不作调整

【答案】A

重点难点专项突破

1. 本考点还可以考核的题目有：

（1）因发包人原因导致工期延长，在工期延长期间出现规定的法律法规及政策性变化的，对工程合同价格调整说法正确的是（B）。

（2）因非发承包双方原因导致工期延长，在工期延长期间出现规定的法律法规及政策性变化的，对工程合同价格调整说法正确的是（C）。

2. 法律法规及政策性变化引致合同价格调整的，其合同总价及合同单价内的管理费及利润不应作调整。

3. 本考点可能会这样命题：

（1）某工程原定2020年9月20日竣工，因承包人原因，致使工程延至2020年10月20日竣工，但在2020年10月因法规的变化导致工程造价增加120万元，工程合同价款应（   ）。

A. 调增60万元　　　　　　　　　　B. 调增90万元

C. 调增120万元　　　　　　　　　　D. 不予调整

【答案】D

【解析】这道题目两个关键点：承包人原因、造价增加，属于调增，不予调整。

（2）某工程项目施工合同约定竣工日期为2018年6月30日，在施工中因天气持续下雨导致甲供材料未能及时到货，使工程延误至2018年7月30日竣工。但由于2018年7月1日起当地计价政策调整，导致承包人额外支付了300万元工人工资。关于这300万元的责任承担的说法，正确的是（   ）。**【2018年真题】**

A. 发包人原因导致的工期延误，因此政策变化增加的300万元应由发包人承担

B. 增加的300万元因政策变化造成，属于承包人的责任，应由承包人承担

C. 因不可抗力原因造成工期延误，增加的300万元应由承包人承担

D. 工期延误是承包人原因，增加的300万元是政策变化造成，应由双方共同承担

【答案】A

【解析】政策调整属于发包人应承担的责任，所以选项B错误。天气持续下雨不属

于不可抗力原因，所以选项C错误。甲供材料未能及时到货，属于发包人责任，工期延误属于发包人原因，所以选项D错误。

专项突破2　因不可抗力事件导致的工程索赔

例题：下列因不可抗力造成的损失中，属于发包人承担的有（　　　）。

A．永久工程的损坏

B．已运至施工现场材料的损坏

C．因工程损坏导致第三方人员伤亡和财产损失

D．发包人人员伤亡和财产的损失

E．承包人施工设备的损坏及停工损失

F．承包人人员伤亡和财产的损失

G．停工期间工程照管费

H．工程清理费

I．修复工程的费用

【答案】A、B、C、D、G、H、I

重点难点专项突破

1．本考点还可以考核的题目有：

下列因不可抗力造成的损失中，属于承包人承担的有（E、F）。**【2013年、2017年、2021年、2024年考过】**

2．本考点在考试有三种命题形式：

（1）判断备选项中给出因不抗力造成的损失，判断是由发包人承担还是承包人承担，上述例题题型。

（2）题干中给出不可抗力造成的损失，计算监理机构批准的索赔金额，在2019年、2020年、2022年考试中考核的是这类型题目，下面来看下这两道题目：

①某施工项目因新冠疫情停工两个月，承包人在停工期间发生如下费用和损失：按照发包人要求照管工程发生费用5万元，承包人施工机具损坏损失2万元，已经建成的永久工程损坏损失3万元，疫情过后发包人要求赶工增加的赶工费用10万元。上述产生的费用和损失中，发包人应承担（　　　）万元。

A．18　　　　　　　　　　　　　　B．5

C．8　　　　　　　　　　　　　　D．20

【答案】A

【解析】按照发包人要求照管工程发生费用由发包人承担；承包人施工机具损坏损

失由承包人承担；已经建成的永久工程损坏损失由发包人承担；发包人要求赶工增加的费用由发包人承担。则发包人承担的费用＝5＋3＋10＝18万元。

② 某施工项目因80年一遇的特大暴雨停工10d，承包人在停工期间按照发包人要求照管工程发生费用2万元，承包人施工机具损坏损失10万元，已经建成的永久工程损坏损失20万元，之后应发包人要求修复被暴雨冲毁的道路花费2.5万元，修复道路时因施工质量问题发生返工费用1万元。以上事件产生的费用和损失中，承包人应承担（　　）万元。

A. 21.0   B. 13.5

C. 11.0   D. 10.0

【答案】C

【解析】这里需要注意的就是修复道路时因施工质量问题发生返工费用1万元应由承包人承担。故承包人应承担10＋1＝11万元。

（3）以判断正确与错误说法的形式考核综合题目，比如：

施工合同履行期间，关于因不可抗力事件导致合同价款和工期调整的说法，正确的有（　　）。

A. 工程修复费用由承包人承担

B. 承包人的施工机械设备损坏由发包人承担

C. 已运至施工现场的材料的损坏由发包人承担

D. 发包人要求赶工的，赶工费用由发包人承担

E. 工程所需清理费用由发包人承担

【答案】C、D、E

专项突破3　因提前竣工（赶工）事件及工期延误导致的工程索赔

项目	内容
因提前竣工（赶工）事件导致的工程索赔	（1）发包人要求合同工程提前竣工的，应征得承包人同意后与承包人商定采取加快工程进度的措施，并应修订合同工程进度计划。发包人应承担承包人由此增加的提前竣工（赶工）补偿费用。【2016年、2017年、2020年、2022年考过】 （2）发包人未作要求，由承包人自行提前竣工的，由此增加的费用应由承包人承担。 赶工费用主要包括：人工费的增加、材料费的增加、机械费的增加【2017年考过】
因工期延误导致的工程索赔	（1）因承包人原因延误工期导致的工程索赔，发承包双方可按下列原则分别承担并调整合同价格和工期： ①发承包双方应约定误期赔偿费的计算方法或金额和赔偿费用上限； ②合同工程发生误期，承包人应赔偿发包人由此产生的损失，并应向发包人支付误期赔偿费。即使承包人支付误期赔偿费，也不能免除承包人应承担的责任和应履行的义务。 ③在工程竣工之前，合同工程内的某单项（位）工程已通过了竣工验收，且该单项（位）工程接收证书中表明的竣工日期并未延误，而是合同工程的其他部分产生了工期延误时，误期赔偿费按照已颁发工程接收证书的单项（位）工程造价占合同价格的比例幅度予以扣减。 （2）因发承包一方原因导致工期延误，且在延长的工期内遭遇不可抗力的，不可抗力事件造成的损失由责任方承担。发承包双方对工期延误均有责任，且在延长的工期内遭遇不可抗力的，按双方过错比例另行协商承担责任

1. 本考点多以判断正确与错误说法的综合题目考核。

2. "征得承包人同意"处会设置陷阱，可能设置的干扰选项有：工程实施过程中，发包人要求合同工程提前竣工的，承包人必须采取加快工程进度的措施。

3. 赶工费用可能会考核一道多项选择题，也会作为判断正确与错误说法的备选项考核。

4. 本考点可能会这样命题：

（1）关于提前竣工与工期延误的说法，正确的是（　　）。

A. 发包人要求合同工程提前竣工的，应承担承包人由此增加的提前竣工费用

B. 工程实施过程中，发包人要求合同工程提前竣工的，承包人必须采取加快工程进度的措施

C. 因承包人原因导致合同工程发生误期，承包人应赔偿发包人由此产生的损失，并应向发包人支付误期赔偿费

D. 因发承包一方原因导致工期延误，且在延长的工期内遭遇不可抗力的，不可抗力事件造成的损失由责任方承担

E. 发包人未作要求，由承包人自行提前竣工的，由此增加的费用应由承包人承担

【答案】A、C、D、E

（2）赶工费用主要包括（　　）。

A. 人工费　　　　　　　　　　B. 管理费

C. 材料费　　　　　　　　　　D. 机械费

E. 利润

【答案】A、C、D

专项突破4　承包人索赔

例题： 如果工程索赔事件具有连续影响的，承包人应按合理时间间隔继续递交（　　）。

A. 工程索赔意向通知书　　　　B. 延续工程索赔通知

C. 工程索赔报告　　　　　　　D. 最终工程索赔报告

【答案】B

1. 本考点还可以考核的题目有：

（1）承包人应工程索赔事件发生后28d内，向发包人递交（A）。

（2）承包人应在发出索赔意向通知后的28d内，向发包人正式递交（C）。

（3）在索赔事件影响结束后的28d内，承包人应向发包人递交（D）。

2. 关于索赔程序需要注意两个采分点：时间和递交的文件。上述题目是以"递交的文件"作为采分点进行考核，还可能会以"时间"作为采分点进行考核，可能会这样

命题的:"承包人向发包人正式递交索赔报告应在发出索赔意向通知书后( )d内。"除此之外,还可能会以判断正确与错误说法的题目考核,比如:

关于承包人索赔的说法,正确的有( )。

A. 承包人应在发出工程索赔意向通知书28d后,向发包人正式递交工程索赔报告

B. 承包人应在工程索赔事件发生后28d内,向发包人递交工程索赔意向通知书

C. 发包人应在收到索赔报告后28d内完成审查并报送监理人

D. 承包人接受索赔处理结果的,索赔款项应在竣工结算时进行支付

E. 具有持续影响的索赔事件,承包人应按合理时间间隔持续递交延续工程索赔通知

【答案】B、E

3. 关于索赔的期限需要掌握在什么时候无权再提出索赔。

(1)发承包双方在办理了竣工结算后,应被认为承包人已无权再提出竣工结算前所发生的任何工程索赔。

(2)承包人在提交的最终结清申请单中,只限于提出竣工结算后的工程索赔。提出索赔的期限自发承包双方最终结清时终止。

专项突破5 索赔费用的组成与计算方法

例题:某建设工程施工过程中,由于发包人设计变更导致承包人暂停施工,致使承包人自有机械窝工10个台班,该机械的台班单价为400元/台班,台班折旧费为300元/台班;承包人的租赁机械窝工10个台班,台班租赁费用为500元,工作时每台班燃油动力费100元;人员窝工20个工作日,人工工资单价300元/工日,人工窝工补贴100元/工日。不考虑其他因素,则承包人可以索赔的费用为( )元。【2022年真题】

A. 14000   B. 15000

C. 16000   D. 10000

【答案】D

重点难点专项突破

1. 2016年、2019年、2020年、2022年考核都是这类型的计算题目,难度不大,考生主要掌握分部分项工程量清单费用索赔内容,应能区分人工费、材料费、机械设备使用费的索赔内容,需要特别注意的一点是,机械设备自有与租赁的计算标准。考生可根据下图进行学习。

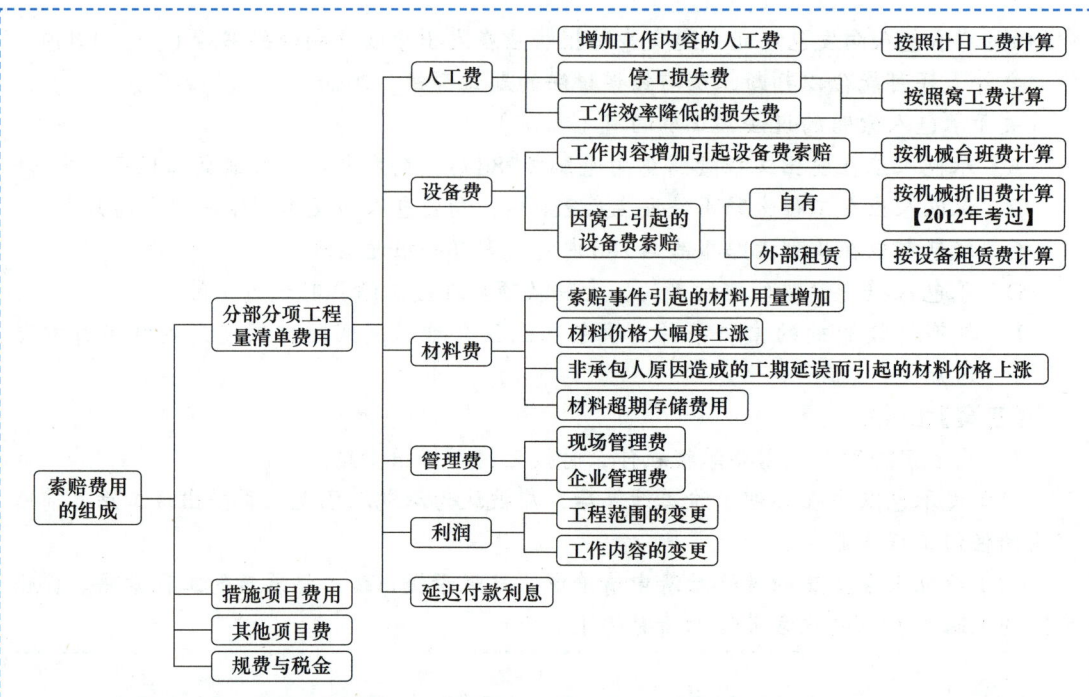

命题总结：

（1）关于人工费、材料费索赔内容可以这样命题："在建设工程施工索赔中，可索赔的合理人工费/材料费包括（　　）。"

在考核材料费时经常会出现的干扰选项是：承包人管理不善造成损失的材料费。考试时不会将其他索赔费用的内容相互作为干扰选项。

（2）计算题目的考核，一般会考核人工费、施工机具使用费的索赔费用。

（3）设备窝工费的考核，在考核时可能会这样命题："因修改设计导致现场停工而引起施工索赔时，承包商自有施工机械的索赔费用宜按机械（　　）计算。"【2012年真题题干】

2. 掌握了上面知识点，再来看上述例题的解题过程：

人工费索赔：20×100＝2000元；

自有机械索赔：10×300＝3000元；

租赁机械索赔：10×500＝5000元。

所以承包人可以索赔的费用＝3000＋5000＋2000＝10000元。

3. 掌握索赔费用的三个主要计算方法。

（1）实际费用法：最常用的一种方法。【2018年考过】

（2）总费用法。

（3）修正的总费用法。

4. 本考点可能会这样命题：

（1）某建设工程项目在施工中发生下列人工费：完成业主要求的合同外工作花费3万元；由于业主原因导致工效降低，使人工增加3万元；施工机械故障造成人员窝工损失1万元。则施工单位可向业主索赔的合理人工费为（　　）万元。

　　A. 3　　　　　　　　　　　　　　B. 4

　　C. 6　　　　　　　　　　　　　　D. 7

　　【答案】C

　　【解析】对于索赔费用中的人工费部分而言，可以索赔的有完成业主要求的合同外工作花费3万元；由于业主原因导致工效降低，使人工费增加3万元。则可向业主索赔的合理人工费为3＋3＝6万元。

　　（2）因修改设计导致现场停工而引起施工索赔时，承包商自有施工机械的索赔费用宜按机械（　　）计算。【2012年真题】

　　A. 租赁费　　　　　　　　　　　　B. 台班费

　　C. 折旧费　　　　　　　　　　　　D. 大修理费

　　【答案】C

专项突破6　《标准施工招标文件》（2007年版）中承包人索赔可引用的条款

　　例题：根据《标准施工招标文件》（2007年版），承包人可同时索赔费用、延误的工期和相应利润的情形有（　　）。**【2021年、2022年、2023年、2024年考过】**

　　A. 发包人提供材料和工程设备不符合合同要求【2022年、2024年考过】

　　B. 发包人提供资料错误导致承包人的返工或造成工程损失【2017年、2024年考过】

　　C. 发包人的原因造成工期延误【2023年考过】

　　D. 发包人原因引起的暂停施工【2017年考过】

　　E. 发包人原因引起造成暂停施工后无法按时复工

　　F. 发包人原因造成工程质量达不到合同约定验收标准的

　　G. 监理人对隐蔽工程重新检查，经检验证明工程质量符合合同要求的

　　H. 发包人在全部工程竣工前，使用已接收的单位工程导致承包人费用增加的

　　I. 发包人向承包人提前交付材料和工程设备【2014年、2017年、2019年、2021年考过】

　　J. 发包人要求承包人提前竣工

　　K. 基准日后法律变化引起的价格调整【2019年考过】

　　L. 施工过程发现文物、古迹以及其他遗迹、化石、钱币或物品【2017年、2019年、2021年、2024年考过】

　　M. 承包人遇到不利物质条件【2014年、2017年、2019年、2022年、2024年考过】

　　N. 不可抗力【2013年、2022年考过】

　　O. 发包人的原因导致工程试运行失败

　　P. 发包人原因导致的工程缺陷和损失【2014年、2021年考过】

　　Q. 异常恶劣的气候条件【2014年、2017年、2019年、2021年、2023年考过】

　　R. 提供图纸延误【2023年考过】

　　S. 延迟提供施工场地【2022年、2024年考过】

　　T. 采取合同未约定的安全作业环境及安全施工措施【2023年考过】

U. 因发包人原因造成承包人人员工伤事故

V. 因发包人提供的材料、工程设备造成工程不合格

W. 承包人应监理人要求对材料、工程设备和工程重新检验且检验结果合格【2023年考过】

X. 工程移交后因发包人原因出现的缺陷修复后的试验和试运行

Y. 因发包人违约导致承包人暂停施工

【答案】A、B、C、D、E、F、G、H、R、S、V、W、Y

重点难点专项突破

1. 本考点还可以考核的题目有：

（1）根据《标准施工招标文件》（2007年版）的合同通用条件，承包人通常只能获得费用补偿，但不能得到利润补偿和工期顺延的事件有（I、J、K、T、U、X）。

（2）根据《标准施工招标文件》（2007年版）通用合同条款，引起承包人索赔的事件中，只能获得工期补偿的是（Q）。

（3）根据《标准施工招标文件》（2007年版）通用合同条款，承包人可能同时获得工期和费用补偿，但不能获得利润补偿的索赔事件有（L、M、N）。【2014年、2019年考过】

（4）根据《标准施工招标文件》（2007年版），承包人可以得到费用和利润补偿而不能得到工期补偿的事件有（O、P）。

（5）事件的发生，已经或将造成工期延误，则按照《标准施工招标文件》（2007年版）中相关合同条件，可以获得工期补偿的有（A、B、C、D、E、F、G、H、L、M、N、Q、R、S、V、W、Y）。

（6）根据《标准施工招标文件》（2007年版）中的合同条款，引起承包人索赔的事件中，可以获得费用补偿的有（A、B、C、D、E、F、G、H、I、J、K、L、M、N、O、P、T、U、X）。

（7）根据《标准施工招标文件》（2007年版），索赔事件引起的费用索赔中，可以获得利润补偿的有（A、C、D、E、F、G、H、J、O、P、R、S、V、W、Y）。

> 命题总结：
>
> 考试时还可能会逆向命题，比如2013年的考试是这样命题的："根据《标准施工招标文件》（2007年版），在施工过程中遭遇不可抗力，承包人可以要求合理补偿（　　）。"

2. 只可索赔工期，只可索赔费用，只可索赔工期和费用，只可索赔费用和利润，可索赔工期，可索赔费用，可索赔利润的索赔事件互相作为干扰选项。

3. 从历年考试情况来看，合理补偿承包人索赔条款考查较多就是I、L、M、Q四项，考生要特别的关注。

4. 关于合理补偿承包人索赔条款还会有两种命题形式：

一是，关于合理补偿承包人索赔表述的题目，比如：

根据《标准施工招标文件》（2007年版）中的合同条款，关于合理补偿承包人索赔

的说法，正确的是（　　　）。

A. 承包人遇到不利物质条件可进行利润索赔

B. 发生不可抗力能进行工期索赔

C. 异常恶劣天气导致的停工通常可以进行费用索赔

D. 发包人原因引起的暂停施工只能进行工期索赔

【答案】B

二是，计算题目，这类型题目主要就是根据《标准施工招标文件》（2007年版）中的合同条款分析题干中的条件是否应索赔费用，看下2017年这道考试题目：

某施工项目6月份因异常恶劣的气候条件停工3d，停工费用8万元；之后因停工待图损失3万元；因施工质量不合格，返工费用4万元。根据《标准施工招标文件》（2007年版），施工承包商可索赔的费用为（　　　）万元。【2017年真题】

A. 15

B. 11

C. 7

D. 3

【答案】D

【解析】异常恶劣的气候条件停工3d，停工费用8万元，只可索赔工期3d。因施工质量不合格，返工费用4万元这属于承包人的原因，不可索赔费用。因停工待图损失3万元，属于发包人的责任，可索赔费用3万元。

专项突破7　现场签证

项目	内容
范围	（1）施工合同范围以外零星工程的确认。 （2）在工程施工过程中发生变更后需要现场确认的工程量。 （3）非承包人原因导致的人工、设备窝工及有关损失。 （4）符合施工合同规定的非承包人原因引起的工程量或费用增减。 （5）确认修改施工方案引起的工程量或费用增减。 （6）工程变更导致的工程施工措施费增减等【2023年考过】
程序	（1）承包人应在接受发包人要求的7d内向发包人提出签证，发包人签证后施工。 （2）发包人应在收到承包人的签证报告48h内给予确认或提出修改意见，否则视为该签证报告已经认可。 （3）发承包双方确认的现场签证费用与工程进度款同期支付

重点难点专项突破

1. 现场签证的范围单项选择题、多项选择题都可能考核，可能会出现的干扰选项有：

（1）完成施工合同以内的零星工程。

（2）承包人原因导致设备窝工损失的确认。

（3）承包人原因引起的工程量增减的确认。

（4）合同范围以外新增工程的确认。

2. 现场签证的程序中有三个采分点：由谁提出、两个时间点、何时支付，会考核单项选择题。

3. 本考点可能会这样命题：

（1）施工合同履行期间出现现场签证事件时，现场签证应由（　　　）提出。

A. 发包人　　　　　　　　　　　B. 监理人

C. 设计人　　　　　　　　　　　D. 承包人

【答案】D

（2）下列事项中，属于现场签证范围的有（　　　）。

A. 确认修改施工方案引起的工程量增减

B. 施工过程中发生变更后需要现场确认的工程量

C. 施工合同范围内的工程确认

D. 承包人原因导致的人工窝工及有关损失

E. 工程变更导致的措施费用增减

【答案】A、B、E

17.5　合同价款期中支付

专项突破1　预付款

项目	内容
支付	发包人应按合同约定向承包人支付预付款，且不应向承包人收取预付款的利息。 承包人应在合同约定时间内提交预付款支付申请给发包人审核，发包人应在收到支付申请后及时审核并按合同约定的时间向承包人支付预付款。发包人不按合同约定时间支付预付款的，承包人可催告发包人预付，发包人在催告后的约定时间内仍不按要求预付的，承包人有权暂停施工，并按规定向发包人提出索赔，发包人应承担违约责任
用途	承包人应将预付款专用于合同工程，可用于为履行合同而预先采购材料、租赁或采购相关施工机具、搭设现场临时设施、组织施工人员进场等工程施工前发生的必要费用
扣回	预付款应按合同约定在履行过程扣回，合同没约定或约定不明的，可选择当累计完成工程总值达到合同总价的一定比例后一次扣回或分次扣回的方式。选择分次扣回方式的，预付款可从每一个支付期应支付给承包人的工程进度款或施工过程结算款中按比例扣回，直到扣回的金额达到合同约定的预付款金额为止。提前解除合同的，尚未扣回的预付款应在合同终止结算时全部扣回

重点难点专项突破

1. 本考点主要掌握上述内容即可。

2. 本考点可能会这样命题：

（1）发包人应按合同约定向承包人支付预付款，且不应向承包人收取预付款的利息。预付款应用于（　　　）。

A. 承包人的企业运营费用

B. 合同工程所需的材料采购、施工机具租赁等施工前必要费用

C. 承包人的利润分配

D. 承包人的员工福利

【答案】B

（2）当发包人不按合同约定时间支付预付款时，承包人可以采取的措施是（　　）。

A. 直接解除合同

B. 自行调整施工进度

C. 催告发包人预付，并在催告无果后提出索赔

D. 自行垫付资金并增加合同金额

【答案】C

（3）关于预付款扣回的说法，正确的有（　　）。

A. 预付款应在合同履行过程中按合同约定扣回

B. 合同没有约定或约定不明的，预付款应一次性扣回

C. 预付款可以从工程进度款或施工过程结算款中按比例扣回

D. 提前解除合同时，尚未扣回的预付款应在合同终止结算时全部扣回

E. 预付款的扣回比例应与预付款支付比例一致

【答案】A、C、D

专项突破2　安全生产措施费

项目	内容
支付时间及额度	发包人应在工程开工后28d内预付安全生产措施费总额的50%，其余部分与进度款同期支付【2020年考过】
未按时支付的处理	发包人没有按时支付安全生产措施费的，承包人可催告发包人支付；发包人在催告后的约定时间内仍未支付的，承包人有权暂停施工，发包人应承担违约责任
使用规定	承包人对安全生产措施费应专款专用，并在财务账目中单独列项备查，不得挪作他用，否则发包人有权要求其限期改正【2020年考过】；逾期未改正的，可以责令其暂停施工，由此增加的费用和（或）延误的工期由承包人承担

重点难点专项突破

1. 该考点内容虽少，但每一句话都可以作为一个采分点出现。

2. 支付时间、金额会考核单项选择题，可能会设置的干扰选项有：工程开工前，14、21、42，60%、80%等。

3. 本考点可能会这样命题：

（1）发包人应当开始支付不低于当年施工进度计划的安全生产措施费总额50%的期限是工程开工后的（　　）d内。

A. 7　　　　　　　　　　　　　　　　　B. 14

C. 21   D. 28
【答案】D

（2）关于安全生产措施费的说法，正确的是（   ）。

A. 承包人对安全生产措施费应专款专用，并在财务账目中单独列项备查

B. 基准日期后合同所适用的法律发生变化，由此增加的安全生产措施费由承包人承担

C. 经发包人同意，承包人采取合同约定以外的安全措施所产生的费用，由承包人承担

D. 发包人应在开工后42d内预付安全生产措施费总额的60%

【答案】A

专项突破3　进度款

例题：某工程合同价6000万元。合同约定：工期6个月；预付款120万元，每月进度款按实际完成工程价款的80%支付；每月再单独支付安全生产措施费50万元；质量保证金按进度款的3%逐月扣留；预付款在最后两个月等额扣回。承包人每月实际完成工程价款金额见下表，则第2个月发包人实际应支付的工程款金额为（   ）万元。【2018年真题】

月份	1	2	3	4	5	6
实际完成工程价款金额（万元）	800	1000	1000	1200	1200	800

A. 776.0   B. 824.5

C. 826.0   D. 850.0

【答案】C

重点难点专项突破

1. 除按规定完成的预付款支付及其扣回，按规定完成的安全文明施工费的支付或除进度款支付条款规定外另有约定，发承包双方应按以下进度款核算公式确定应予支付的各期进度款的金额：

当期应付进度款＝［累计已完成工程总值（包括已确认的合同价格调整价款）×支付比例－累计预付款扣回（包括当期扣回价款）－前期累计已支付进度款］－发包人累计扣除的款项（不含预付款扣回）。

2. 进度款支付申请单的内容，可能会考核多项选择题，具体内容：

（1）累计完成工程总值：

① 累计完成合同价款；

② 累计发生工程量清单缺陷调整价款（包括单价合同的重新计量调整价款、总价合同的暂定数量调整价款）；

③累计发生暂列金额价款；

④累计发生暂估价调整价款（包括材料暂估价、承包人实施的专业工程暂估价）；

⑤累计发生总承包服务费调整价款；

⑥累计发生计日工价款；

⑦累计发生物价变化调整价款；

⑧累计发生法律法规及政策性变化调整价款；

⑨累计发生工程变更价款；

⑩累计发生新增工程价款；

⑪累计发生工程索赔价款。

（2）累计已扣回预付款（包括当期扣回价款）；

（3）累计应付进度款；

（4）前期累计已支付进度款；

（5）发包人应扣除的价款；

（6）本期应付进度款。

3. 上述例题的计算过程为：第2个月发生的费用包括：进度款、每年单独支付的安全生产措施费、质量保证金。所以第2个月发包人实际应支付的工程款金额＝（1000×80%＋50）－1000×80%×3%＝826.0万元。

4. 工程款结算还会这样考核：

某工程采用单价合同计价方式，其中一个分项工程的全费用综合单价为500元/m³。合同约定：发包人第1个月起从承包人工程进度款中按3%扣留质量保证金；监理人每月签发付款凭证的最低金额为25万元。在第1个月承包人仅进行了该分项工程施工，实际完成并经监理人计量的该分项工程量为450m³。第1个月监理人实际签发的付款金额为（　　）万元。【2023年真题】

A. 21.825　　　　　　　　　　　B. 22.500

C. 0　　　　　　　　　　　　　　D. 25.000

【答案】C

【解析】第1个月的进度款额为500×450×（1－3%）＝21.825万元＜25万元，因此本月监理签发的付款金额为0元。

17.6　结算与支付

专项突破1　施工过程结算

项目	内容
施工过程结算编制依据	（1）工程施工合同文件及补充协议（包括已标价工程量清单及清标澄清文件）。 （2）计价标准和相关的国家及行业工程量计算标准。 （3）合同图纸、实际施工图纸及相关工程勘察与设计资料。 （4）合同规范、发包人在施工过程中补充的技术规范。

项目	内容
施工过程结算编制依据	（5）工程招标文件、投标文件。 （6）经批准或确认的工程变更、计日工、工程索赔等资料。 （7）发承包双方已确认计入当期施工过程结算的工程量及其价款。 （8）发承包双方已确认计入当期施工过程结算的合同调整价款。 （9）其他相关依据及资料
施工过程结算价款的支付比例	应在合同中约定，不宜低于当期施工过程结算价款总额的90%
施工过程结算文件提交与确认	施工过程结算节点工程完工后，承包人应在规定时间内向发包人提交施工过程结算文件。承包人未提交施工过程结算文件，经发包人催告后仍未按要求提交或没有明确答复的，发包人可根据已有资料编制施工过程结算文件，并提请承包人确认。承包人确认无异议或在约定时间内没有明确答复的，应视为发包人编制的施工过程结算文件已被承包人认可，可作为办理施工过程结算和支付施工过程结算价款的依据。 承包人提交施工过程结算文件时，应同时提交施工过程结算项目的相关质量合格证明等验收资料。但施工过程验收不代替竣工验收，不能免除或减轻在工程竣工验收时质量不合格承包人应承担的整改义务，施工过程结算也不影响缺陷责任期及质量保修期
施工过程结算款支付申请内容	（1）累计已完成的施工过程结算款：①累计已完成的分部分项工程项目费的金额；②累计已完成的措施项目费的金额；③累计已完成的其他项目费的金额；④累计已完成合同价款调整的金额；⑤累计应计算的规费和增值税。 （2）累计已支付的施工过程结算款； （3）本期合计应扣减的金额：①本期应扣回的预付款；②本期应扣回的已支付进度款；③本期发包人应扣减的金额。 （4）本期应支付的施工过程结算款

重点难点专项突破

1. 施工过程结算价款的支付比例是一个单项选择题采分点。

2. 施工过程结算编制依据和施工过程结算款支付申请内容一般会考核多项选择题。

3. 施工过程结算文件提交与确认的过程应掌握。

4. 本考点可能会这样命题：

（1）施工过程结算价款支付比例在合同中约定的最低要求是不低于当期施工过程结算价款总额的（　　）。

A. 80% B. 85%

C. 90% D. 95%

【答案】C

（2）施工过程结算文件在被承包人认可后，可以作为办理（　　）的依据。

A. 工程竣工验收 B. 竣工结算

C. 施工过程结算 D. 工程变更

【答案】C

（3）在提交施工过程结算文件时，承包人应同时提交（　　）。

A. 施工过程结算项目的相关质量合格证明

B. 工程竣工验收报告

C. 工程变更签证单

D. 施工过程结算项目的成本分析报告

【答案】A

（4）施工过程结算的依据包括（　　）。

A. 工程施工合同文件及补充协议

B. 承包人自行编制的施工方案

C. 合同图纸、实际施工图纸及相关工程勘察与设计资料

D. 发包人在施工过程中补充的技术规范

E. 承包人提供的未经发包人确认的工程变更资料

【答案】A、C、D

专项突破2　竣工结算

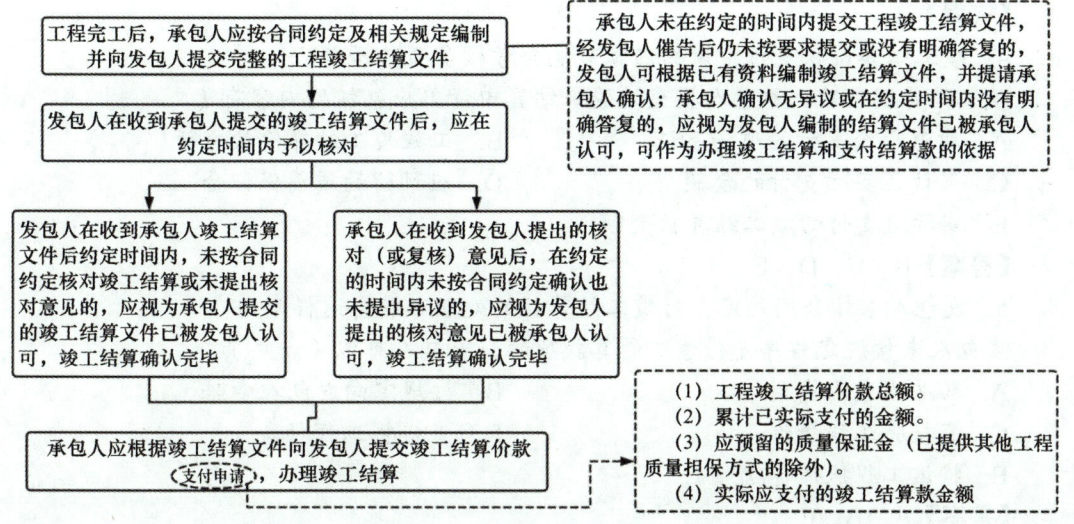

重点难点专项突破

1. 熟悉竣工结算的程序。应注意：工程竣工结算核对完成，发承包双方签字并盖章确认后，发包人不应要求承包人再与另一个或多个工程造价咨询人重复核对竣工结算。

2. 因承包人原因导致工程质量不合格，发包人的处理方式应熟悉，可能会这样命题：

关于因承包人原因导致工程质量不合格的处理方式，下列说法正确的有（　　）。

A. 发包人应立即终止合同，并要求承包人赔偿全部损失

B. 发包人可以要求承包人进行整改，直至工程质量合格

C. 承包人整改后仍不合格的，发包人只能自行修复工程

D. 发包人可按合同约定要求承包人承担修复、返工等费用，并在工程竣工结算中扣减

E. 发包人可以无条件地将工程转包给其他承包商，费用由承包人承担

【答案】B、D

3. 发包人对工程质量有异议，拒绝办理工程竣工结算的处理应掌握，可能会这样命题：

关于办理有质量争议工程的竣工结算，下列说法中错误的是（　　）。

A. 已实际投入使用工程的质量争议按工程保修合同执行，竣工结算按合同约定办理

B. 已竣工未投入使用工程的质量争议按工程保修合同执行，竣工结算按合同约定办理

C. 停工、停建工程的质量争议可在执行工程质量监督机构处理决定后办理竣工结算

D. 已竣工未验收并且未实际投入使用，其无质量争议部分的工程，竣工结算按合同约定办理

【答案】B

4. 竣工结算价款支付申请的内容可能会考核多项选择题。

竣工结算确定后，承包人提交的竣工结算申请单应包括的内容有（　　）。

A. 所有已经支付的现场签证　　　　　B. 工程竣工结算价款总额

C. 累计已实际支付的金额　　　　　　D. 应预留的质量保证金

E. 实际应支付的竣工结算款金额

【答案】B、C、D、E

5. 发包人未按合同约定支付竣工结算款的处理可能会这样命题：

发包人未按规定程序支付竣工结算款项的，承包人可以（　　）。

A. 催告发包人支付　　　　　　　　　B. 按规定向发包人索赔

C. 直接将工程折价　　　　　　　　　D. 直接将工程拍卖

E. 将该工程抵押贷款

【答案】A、B、E

专项突破3　合同解除结算

例题： 因不可抗力解除合同的，发包人应向承包人支付的费用是（　　）。

A. 合同解除前承包人已完成工作的价款

B. 承包人为合同工程合理订购且已交付的，或承包人有责任接受交付的材料和其他物品的价款

C. 发包人要求承包人退货或解除订货合同而产生的费用，或因不能退货或解除合同而产生的损失

D. 承包人撤离施工现场以及遣散承包人人员的费用

E. 在合同解除前应支付给承包人的其他款项

F．扣减承包人应向发包人支付的款项

【答案】A、B、C、D、E、F

重点难点专项突破

1．因不可抗力导致合同无法履行谁有权解除合同，可能会这样命题：

因不可抗力导致合同无法履行时，关于施工合同解除的说法，正确的是（　　）。

A．仅发包人有权提出解除合同

B．发包人和承包人均有权提出解除合同

C．仅承包人有权提出解除合同

D．发包人和承包人均无权提出解除合同

【答案】B

2．因承包人违约解除合同的，发包人应暂停向承包人支付任何价款。如果发包人应扣除的金额超过了应支付的金额，承包人应在确认合同结算价格后的**56d**内将其差额退还给发包人。发承包双方不能就解除合同后的结算达成一致的，可按照规定的争议解决方式处理。

3．因发包人违约解除合同的，发包人除应按照合同解除结算的规定向承包人支付各项价款以及退还质量保证金外，还应核算发包人应支付的违约金以及给承包人造成损失或损害的索赔金额费用。

专项突破4　质量保证金的处理

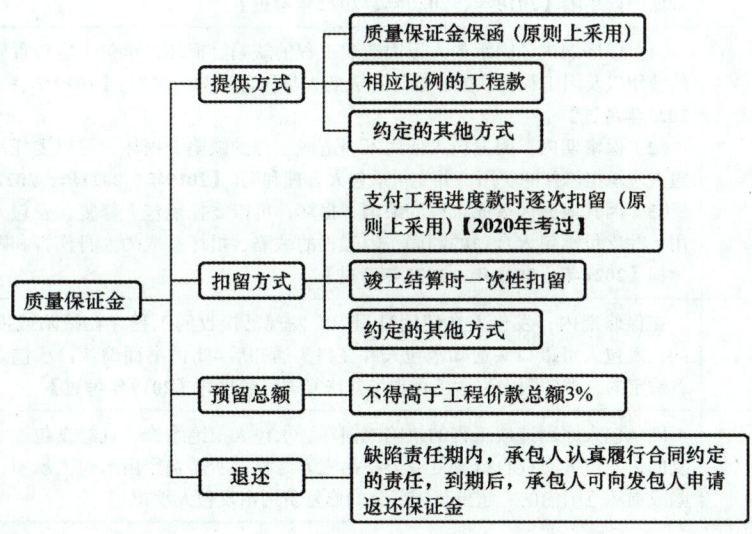

重点难点专项突破

1．本考点主要有三个采分点：原则上采用的提供方式、原则上采用的扣留方式、预留总额。

2. 本考点可能会这样命题：

（1）承包人提供质量保证金的方式原则上应为（　　）。

A. 质量保证金保函　　　　　　　B. 相应比例的工程款

C. 相应额度的担保物　　　　　　D. 相应额度的现金

【答案】A

（2）质量保证金扣留的方式原则上采用（　　）。

A. 在支付工程进度款时逐次扣留　　B. 工程竣工结算时一次性扣留

C. 按照里程碑扣留　　　　　　　　D. 签订合同后一次性扣留

【答案】A

（3）发包人累计扣留的质量保证金不得超过工程价款结算总额的（　　）。

A. 2%　　　　　　　　　　　　　B. 3%

C. 5%　　　　　　　　　　　　　D. 10%

【答案】B

专项突破5　工程保修

项目	内容
保修责任	（1）工程保修期从工程竣工验收合格之日起算。【2018年、2020年考过】 （2）发包人未经竣工验收擅自使用工程的，保修期自转移占有之日起算。【2018年、2020年、2022年考过】 （3）具体分部分项工程的保修期由合同当事人在专用合同条款中约定，但不得低于法定最低保修年限【2018年、2020年、2022年考过】
修复费用	（1）保修期内，因承包人原因造成工程的缺陷、损坏，承包人应负责修复，并承担修复的费用以及因工程的缺陷、损坏造成的人身伤害和财产损失。【2019年、2021年、2022年、2023年考过】 （2）保修期内，因发包人使用不当造成工程的缺陷、损坏，可以委托承包人修复，但发包人应承担修复的费用，并支付承包人合理利润。【2019年、2021年、2022年、2023年考过】 （3）因其他原因造成工程的缺陷、损坏，可以委托承包人修复，发包人应承担修复的费用，并支付承包人合理的利润，因工程的缺陷、损坏造成的人身伤害和财产损失由责任方承担【2021年、2022年、2023年考过】
修复通知	在保修期内，发包人在使用过程中，发现已接收的工程存在缺陷或损坏必须立即修复的，发包人可以口头通知承包人并在口头通知后48h内书面确认，承包人应在专用合同条款约定的合理期限内到达工程现场并修复缺陷或损坏【2019年考过】
未能修复	因承包人原因造成工程的缺陷或损坏，承包人拒绝维修，且经发包人书面催告后仍未修复的，发包人有权自行修复或委托第三方修复，所需费用由承包人承担；修复范围超出缺陷或损坏范围内的，超出范围部分的修复费用由发包人承担

重点难点专项突破

1. 保修期的起算日期会考查单项选择题，干扰选项设置会是："提交竣工验收申请报告之日"或"发包人签发工程接收证书之日"。

2. 对修复费用的约定，要区分是谁的责任，由谁承担修复费用。如果修复范围超出缺陷或损坏范围的，超出范围部分的修复费用由发包人承担。

3. 本考点可能会这样命题：

（1）关于工程保修期和保修责任的说法，正确的是（   ）。【2022年真题】

A. 单位工程中各分部分项工程的保修期必须相同

B. 保修期内，承包人应承担全部工程损坏的维修责任

C. 工程保修期从工程竣工验收合格之日起算

D. 发包人未经竣工验收擅自使用工程的，保修期自使用之日起算

【答案】C

（2）关于工程保修期内的保修责任和修复费用的说法，正确的有（   ）。【2023年真题】

A. 因承包人原因造成工程的缺陷，承包人应负责修复并承担修复费用

B. 因发包人使用不当造成工程的缺陷，发包人承担修复费用并支付承包人合理利润

C. 因不可抗力原因造成工程的缺陷，发包人承担修复费用并支付承包人合理利润

D. 发包人未经验收擅自使用工程的，承包人不再承担修复责任和费用

E. 因工程的缺陷导致的人身伤害和财产损失应由造成缺陷的责任方承担

【答案】A、B、C、E

17.7　合同价款争议的解决

专项突破　合同价款争议的解决

例题：合同价款争议的解决方式包括（   ）。

A. 争议评审　　　　　　　　　　B. 调解

C. 仲裁　　　　　　　　　　　　D. 诉讼

【答案】A、B、C、D

重点难点专项突破

1. 本考点还可以考核的题目有：

在规定的合理期限内，发承包中一方未能遵守双方确认的争议评审意见或调解书的，另一方可将争议事项提交（C、D）。

2. 本考点考核力度不大，熟悉即可。

第18章　工程总承包计价

18.1　工程总承包计价原理

专项突破1　工程总承包模式的适用情形

例题：发包人不宜采用设计采购施工总承包（EPC），可采用设计施工总承包（DB）的情形包括（　　　）。

A．发包人以施工图项目进行工程计量和计价

B．投标人没有足够的时间或信息仔细审核发包人要求

C．投标人没有足够的时间或信息进行设计、风险评估和估价

D．施工涉及实质性地下工程或投标人无法检查的其他区域的工程

E．发包人要密切监督或控制承包人的工作，或审查大部分施工图纸

【答案】B、C、D、E

重点难点专项突破

1. 本考点还可以考核的题目有：

具有（A）情形中，不宜采用工程总承包模式，宜采用施工总承包模式。

2. 如在可行性研究报告批准后发包，或在方案设计或初步设计批准后发包等，并根据发包阶段选择合适的工程总承包模式：

（1）可行性研究报告批准后发包的，宜采用设计采购施工总承包（EPC）模式；

（2）方案设计批准后发包的，可采用设计采购施工总承包（EPC）或设计施工总承包（DB）模式；

（3）初步设计批准后发包的，宜采用设计施工总承包（DB）模式。

专项突破2　工程总承包计价方式

项目	内容
投资控制目标	（1）在可行性研究报告批准或方案设计后，按照投资估算中与发包内容对应的总金额作为投资控制目标。 （2）在初步设计批准后，按照设计概算中与发包内容对应的总金额作为投资控制目标【2024年考过】
材料设备采购原则	（1）如果发包人要提供部分材料和设备，应在发包人要求中提出，并应在合同中明确约定。发包人应按工程进度计划的要求保质保量且按期提供材料和设备。

项目	内容
材料设备采购原则	（2）工程总承包范围的材料、设备需要加工定制时，承包人可以外包并负责采购策划、设计、招标、签约、催交、检验、运输、验收、入库等。 （3）承包人应按照合同约定的品牌、规格提供材料和设备，并应满足合同约定的质量标准。若需更换时，应报发包人核准；若擅自更换，承包人应进行改正，并应承担由此造成的返工损失，延误的工期应不予顺延。发包人发现后予以核准时，因更换而导致的费用增加，发包人不应另行支付。因更换而导致的费用减少，发包人应核减相应费用。 （4）发包人可根据工程具体情况，要求承包人在施工过程中更换相关材料或设备，对更换部分的价格变化应按合同约定的有关规定执行。对承包人造成影响的，由此导致的费用增加和工期延误应由发包人承担
建筑安装工程计价	除专用合同条件约定的按照应予计量的实际工程量进行结算支付的单价项目外，不得以项目的施工图为基础对合同价款进行重新计量或调整
预备费	（1）工程总承包为可调总价合同，已签约合同价中的预备费应由发包人掌握使用，发包人按照合同约定支付后，如预备费有余额，应归发包人所有。【2024年考过】 （2）工程总承包为固定总价合同，预备费可作为风险包干费用，在合同专用条件中约定，预备费归承包人所有

重点难点专项突破

1. 掌握上表中的内容。
2. 本考点可能会这样命题：
（1）在初步设计批准后，按照（　　）中与发包内容对应的总金额作为投资控制目标。

A. 投资估算　　　　　　　　　　B. 施工预算

C. 设计概算　　　　　　　　　　D. 设计概算

【答案】C

（2）工程总承包为固定总价合同，预备费可作为风险包干费用，在合同专用条件中约定，预备费应（　　）。

A. 归发包人所有　　　　　　　　B. 归承包人所有

C. 归监理人所有　　　　　　　　D. 由项目设计方决定其用途

【答案】B

专项突破3　工程总承包费用项目构成

例题：下列费用，属于工程总承包其他费的有（　　）。

A. 建筑工程费　　　　　　　　　B. 安装工程费

C. 设备购置费　　　　　　　　　D. 勘察费

E. 设计费　　　　　　　　　　　F. 工程总承包管理费

G. 研究试验费　　　　　　　　　H. 临时用地及占道使用补偿费

I. 场地准备及临时设施费　　　　J. 检验检测及试运转费

K. 系统集成费　　　　　　　　　L. 工程保险费

M. 专利及专有技术使用费　　　　　N. 引进技术和引进设备其他费
O. 工程技术经济咨询费　　　　　　P. 苗木迁移、测绘费
【答案】D、E、F、G、H、I、J、K、L、M、N、O、P

重点难点专项突破

1. 本考点还可以考核的题目有：

（1）下列费用，属于工程总承包工程费用的有（A、B、C）。

（2）根据《建设项目工程总承包计价标准》T/CCEAS 001—2022，下列工程总承包其他费中，属于其他专项费的有（M、N、O、P）。【2024年真题题干】

2. 如果发包人将建设项目的报建报批以及与建设、供电、规划、消防、水务、城管等部门相关的技术与审批等其他服务工作列入了发包范围，则相应的代办服务费也应纳入工程总承包其他费。

专项突破4　工程总承包费用项目清单

例题：在工程总承包模式下，可行性研究或方案设计后清单编码包含四级编码，第一级为（　　）。

A. 专业工程分类码　　　　　　　B. 房屋类型分类码
C. 单位工程分类码　　　　　　　D. 可行性研究或方案设计后自编码
E. 扩大分部分类码　　　　　　　F. 扩大分项分类码
G. 初步设计后自编码
【答案】A

重点难点专项突破

1. 本考点还可以考核的题目有：

（1）在工程总承包模式下，可行性研究或方案设计后清单编码包含四级编码，第二级为（B）。

（2）在工程总承包模式下，可行性研究或方案设计后清单编码包含四级编码，第三级为（C）。

（3）在工程总承包模式下，可行性研究或方案设计后清单编码包含四级编码，第四级为（D）。

（4）在工程总承包模式下，初步设计后项目清单编码第五级为（E）。

（5）在工程总承包模式下，初步设计后项目清单编码第六级为（F）。

（6）在工程总承包模式下，初步设计后项目清单编码第七级为（G）。

2. 根据发承包阶段的不同，工程总承包费用项目清单可分为可行性研究或方案设计后清单和初步设计后清单两种。初步设计后清单前四级编码按照可行性研究或方案设计后清单编码确定。

18.2　工程总承包最高投标限价与投标报价编制

专项突破1　工程总承包最高投标限价的编制内容

例题：在编制最高投标限价时，若投资估算、设计概算中有与项目清单内容相对应的数额，可以（　　）。

A. 直接采用

B. 按扣除未包括的内容计列

C. 按投资估算或设计概算中勘察、设计费对应的工程总承包中的勘察、设计工作的部分金额计列

D. 根据发包内容全部或部分计列

E. 采用建设项目投资估算或设计概算中的预备费计列

【答案】A

重点难点专项突破

本考点还可以考核的题目有：

（1）在编制最高投标限价时，若有的项目相同，但发包范围缩小，应（B）。

（2）在编制最高投标限价时，勘察费、设计费根据不同阶段发包的勘察、设计工作内容，应（C）。

（3）在编制最高投标限价时，工程总承包管理等其他费用在投资估算或设计概算中有同类项目费用金额的，应（D）。

（4）在编制最高投标限价时，预备费根据不同阶段的发包内容，应（E）。

专项突破2　工程总承包投标报价编制

（1）对于依法必须招标的工程总承包建设项目，应通过招标方式确定承包人。

（2）投标人应依据招标文件、发包人要求、项目清单、补充通知、招标答疑、可行性研究、方案设计或初步设计文件，以及本企业积累的同类或类似工程的价格等，自主确定工程费用和工程总承包其他费用的投标报价，但投标报价不得低于成本。

（3）工程总承包采用可调总价合同的，预备费应按招标文件中列出的金额填写，不得变动，并应计入投标总价中；采用固定总价合同的，预备费由投标人自主报价，合同价款不予调整。

重点难点专项突破

1. 本考点掌握上述内容即可。

2. 本考点可能会这样命题：

关于工程总承包投标报价编制的说法，正确的是（　　）。

A. 对于依法必须招标的工程总承包建设项目，应通过招标方式确定承包人

B. 投标人应自主确定工程费用和工程总承包其他费用的投标报价，不得低于最高投标限价

C. 工程总承包采用可调总价合同的，预备费由投标人自主报价，合同价款不予调整

D. 采用固定总价合同的，预备费应按招标文件中列出的金额填写，不得变动，并应计入投标总价中

【答案】 A

18.3 工程总承包合同价款约定

专项突破1 合同价款约定的基本事项及计价风险

项目	内容
约定的基本事项	（1）工程费用和工程总承包其他费的总额，结算与支付方式。 （2）预付款的支付比例或金额、支付时间及抵扣方式。 （3）期中结算与支付的里程碑节点，进度款的支付比例。 （4）合同价款的调整因素、方法、程序及支付时间。 （5）竣工结算编制与核对、价款支付及时间。 （6）提前竣工的奖励及误期赔偿的计算与支付。 （7）质量保证金的比例或数额、预留和返还方式及缺陷责任期。 （8）违约责任以及争议解决方法。 （9）与合同履行有关的其他事项
计价风险	存在下列情形时，造成合同工期和价格的变化主要由发包人承担： （1）国家法律发生变化。 （2）专用合同条款中约定的人工、主要材料等市场价格变化超过合同约定幅度。 （3）可行性研究报告批准或方案设计后发包，发包人要求和方案设计发生变更。初步设计后发包，发包人要求和初步设计发生变更。 （4）不可预见的地质条件、地下掩埋物等变化。 （5）不可抗力
工程总承包合同的几类计价风险	发包人要求错误、发包人提供的数据错误、设计优化和深化、承包人文件错误

重点难点专项突破

本考点一般会考核多项选择题，可能会这样命题：

工程总承包项目的发承包双方应当按照招标文件和中标人的投标文件或谈判的结果，在合同中就价款对（　　）事项进行约定。

A. 工程费用和工程总承包其他费的总额，结算与支付方式

B. 预付款的支付比例或金额、支付时间及抵扣方式

C. 期中结算与支付的里程碑节点，进度款的支付比例

D. 投标保证金的数额、支付方式及时间

专项突破2 合同价款支付分解表

项目	内容
里程碑节点的确定	（1）承包人应在合同生效后的14d内，编制工程总进度计划和工程项目管理及实施方案并报送发包人，发包人如需审批时，应在收到计划和方案的14d内予以批准或提出修改建议。 （2）工程总进度计划和工程项目管理及实施方案应分工程准备、勘察、设计、采购、施工、初步验收、竣工验收、缺陷修复等阶段编制细目，应明确里程碑节点，并作为控制工程进度以及工程款支付分解的依据。 （3）采用工程量清单及其单价计算的单价项目，应列入工程总进度计划，明确里程碑节点
合同价款支付分解表的编制	（1）建筑工程费应按照合同约定的工程进度计划划分的里程碑节点及对应的价款比例计算金额占比，进行支付分解。 设备购置费和安装工程费应按订立采购合同、进场验收、安装就位等阶段约定的比例计算金额占比，进行支付分解。 里程碑节点相邻之间超过一个月时，承包人应按照法规规定提出按月拨付人工费的比例。 （2）工程总承包其他费应按照约定的费用，结合工程进度计划拟完成的工作量或者比例计算金额占比，进行支付分解
合同价款支付分解表的审批	承包人应在收到经发包人批复的工程总进度计划后的7d内，将支付分解表以及形成支付分解表的支持性资料报发包人审批，发包人应在收到承包人报送的支付分解表后的7d内给予批复或提出修改意见，经发包人批准的支付分解表应具有合同约束力

重点难点专项突破

1. 掌握两个数据："7""14"，可能会考核单项选择题。

2. 形成合同价款支付分解表考虑的因素应掌握，有两种命题形式：

（1）在工程总承包合同中，发承包双方应根据价格清单的价格构成、费用性质、工程进度计划和相应工作量等因素，形成（　　　　）。

A. 工程价款使用计划表　　　　　B. 合同价款支付分解表

C. 建设资金平衡表　　　　　　　D. 投资计划使用分配表

【答案】B

（2）在工程总承包合同中，发承包双方应根据（　　　）形成合同价款支付分解表。

A. 工程效率　　　　　　　　　　B. 费用性质

C. 相应工作量　　　　　　　　　D. 工程进度计划

E. 价格清单的价格构成

【答案】B、C、D、E

18.4　工程总承包合同价款调整与索赔

专项突破1　工程变更引起的合同价款调整

例题：工程总承包合同中未包含价格清单，合同价格应按照（　　）进行调整。

A. 所执行的变更工程的成本加利润　　　B. 采用该项目的费率和价格

C. 参照类似项目的费率或价格　　　　　D. 成本加利润

【答案】A

重点难点专项突破

1. 本考点还可以考核的题目有：

（1）工程总承包合同中包含价格清单，价格清单中有适用于变更工程项目的，合同价格应（B）。

（2）工程总承包合同中包含价格清单，价格清单中没有适用但有类似于变更工程项目的，合同价格可在合理范围内（C）进行调整。

（3）工程总承包合同中包含价格清单，价格清单中没有适用也没有类似于变更工程项目的，该工程项目应按（D）原则调整适用新的费率或价格。

2. 关于发包人与承包人提出的工程变更，主要掌握下表内容：

项目	内容
发包人变更指示	（1）因发包人提出工程变更引起承包人施工方案改变并导致措施项目发生变化时，承包人提出调整措施项目费，应事先将拟实施的方案提交发包人确认，并应详细说明与原方案措施项目相比的变化情况。拟实施的方案经发承包双方确认后执行，并应按规范确定措施项目费的调整。 若承包人未事先将拟实施的方案提交给发包人确认，应视为工程变更不引起措施项目费的调整。 （2）当发包人提出的工程变更因非承包人原因删减了合同中的某项原定工作或工程，致使承包人发生的费用或（和）得到的收益不能被包括在其他已支付或应支付的项目中，也未被包含在任何替代的工作或工程中时，承包人有权提出并应得到合理的费用及利润补偿
承包人合理化建议	承包人提出合理化建议的，应向监理人提交合理化建议说明，说明建议的内容、理由以及实施该建议对合同价格和工期的影响。 承包人对方案设计或初步设计文件进行的设计优化，如满足发包人要求，其形成的利益应归承包人享有

专项突破2　物价波动引起的合同价款调整

项目	内容
对于投标函附录约定了价格指数和权重的	根据投标函附录中的价格指数和权重表约定的数据，采用价格指数调差法计算差额并调整合同价格
对于投标函附录没有约定价格指数和权重的	采用造价信息计算差额并调整合同价格。其中，人工、机械使用费按照国家或省、自治区、直辖市建设行政管理部门、行业建设管理部门或其授权的工程造价管理机构发布的人工成本信息、机械台班单价或机械使用费系数进行调整

1. 区别约定价格指数和权重与没有约定价格指数和权重合同价款调整的规定。

2. 本考点可能会这样命题：

（1）在建设项目中，当物价波动导致合同价款需要调整时，如果投标函附录中已约定了价格指数和权重，应采用（　　）计算差额并调整合同价格。

A. 造价信息调整法 　　　　　　B. 价格指数调差法

C. 直接协商法 　　　　　　　　D. 市场波动忽略法

【答案】B

（2）关于建设项目中物价波动引起的合同价款调整，下列说法正确的有（　　）。

A. 无论是否约定价格指数和权重，合同价格均可因市场价格波动进行调整

B. 若投标函附录未约定价格指数和权重，可采用造价信息计算差额并调整合同价格

C. 监理人确认的材料单价及数量，是调整合同价格差额的唯一依据

D. 发承包双方可在合同中约定采用"价格指数权重表"作为合同价款调整的依据

E. 采用工程总承包模式但未在合同中约定"价格指数权重表"，则合同价款一定不因市场价格波动而调整

【答案】B、D

专项突破3　工程总承包合同索赔规定

例题：工程总承包模式下，由发包人自身原因直接导致的索赔，承包人可以索赔（　　）。

A. 工期＋费用＋利润 　　　　　B. 工期＋费用

C. 工期 　　　　　　　　　　　D. 费用

【答案】A

1. 本考点还可以考核的题目有：

（1）工程总承包模式下，由发包人负责的其他原因导致的索赔，承包人一般能索赔（B）。

（2）工程总承包模式下，对于个别客观原因造成的索赔，承包人仅能索赔（C）。

（3）工程总承包模式下，若发包人增加或减少合同中的工作，承包人应在收到相应的变更资料后，及时向发包人申请变更费用。若双方不能达成一致，承包人可以索赔（A）。

（4）工程总承包模式下，由于发包人提供的技术文件的设计深度不够、设计不当造成发包人要求模糊的问题，应由发包人承担责任，承包人可以向发包人索赔（A）。

（5）工程总承包模式下，当出现发包人对合同中条款约定不全面、不明确的事项时，责任由发包人承担，承包人可以向发包人索赔（D）。

2. 工程总承包模式下的索赔相较于施工总承包模式下的索赔发生了以下变化：

项目	内容
承包人索赔程序的部分细节更明确	《标准施工招标文件》（2007年版）中仅规定了监理人应在收到索赔通知书或有关索赔的进一步证明文件后的42d内，将索赔处理结果答复承包人，但未明确规定未按期答复的处理方式。 《标准设计施工总承包招标文件》（2012年版）中则明确规定，监理人在42d内不予答复的，视为其认可索赔
发包人索赔的时效要求更严格	《标准施工招标文件》（2007年版）中仅规定，发生索赔事件后监理人应及时书面通知承包人，未明确列出发包人索赔的时效要求。 《标准设计施工总承包招标文件》（2012年版）则明确了发包人应在知道或应当知道索赔事件发生后的28天内向承包人发出索赔通知，未在28d内发出索赔通知的，发包人丧失要求扣减付款和（或）延长缺陷责任期的权利

18.5 工程总承包项目结算与支付

专项突破1 进度款结算与支付

项目	内容
进度款结算和支付方式	按月计量付款和里程碑付款
期中结算的要求	工程总承包的发承包双方应按照合同约定的时间、程序和方法，在合同履行过程中根据完成进度计划的里程碑节点办理期中价款结算，并按照合同价款支付分解表支付进度款，进度款支付比例不应低于80%
进度款支付申请的提交	承包人应在实际完成进度计划的里程碑节点到期后的7d内向发包人提出进度款支付申请，支付申请的内容应符合合同的约定

重点难点专项突破

本考点内容不多，可能会这样考核：

工程总承包模式下，进度款支付比例不应低于（　　　）。

A. 60%　　　　　　　　　　　　　B. 70%

C. 80%　　　　　　　　　　　　　D. 90%

【答案】C

专项突破2 竣工结算与支付

项目	内容
竣工结算文件提交的时间	工程总承包工程完工后，承包人可在提交工程竣工验收申请时向发包人提交竣工结算文件

项目	内容
竣工结算文件的内容	（1）截止工程完工，按照合同约定完成的所有工作、工程的合同价款。 （2）按照合同约定的工期，确认工期提前或延后的天数和增加或减少的金额。 （3）按照合同约定，调整合同价款应增加或减少的金额。 （4）按照合同约定，确认工程变更、工程签证、索赔等应增加或减少的金额。 （5）实际已收到的金额以及发包人还应支付的金额。 （6）其他主张及说明
竣工结算价计算	（1）可调总价合同的竣工结算价＝签约合同价－预备费±合同约定调整价款和索赔的金额； （2）固定总价合同的竣工结算价＝签约合同价±索赔金额。 未支付的价款＝竣工结算价格－已支付的合同价款
竣工结算的审核	工程总承包项目竣工结算的重点审核内容如下： （1）资料完备性审核； （2）差异性审核； （3）变更审核； （4）合同管理审核； （5）工程签证审核； （6）材料与设备采购审核

重点难点专项突破

重点掌握上表内容，可能会这样命题：

（1）工程总承包工程完工后，承包人可在（　　　）时向发包人提交竣工结算文件。

A. 提交工程竣工验收申请　　　　　　B. 工程完工之日

C. 竣工验收合格之日　　　　　　　　D. 工程交付之日

【答案】A

（2）工程总承包项目竣工结算的重点审核内容包括（　　　）。

A. 资料完备性审核　　　　　　　　　B. 变更审核

C. 工程量审核　　　　　　　　　　　D. 材料与设备采购审核

E. 工程单价审核

【答案】A、B、D

第19章　国际工程投标报价

19.1　国际工程投标报价构成及程序

专项突破1　国际工程投标报价的组成

例题： 国际工程投标总报价组成中，应计入开办费的有（　　　）。

A．人工费
B．材料费
C．施工机具使用费
D．工作人员费
E．办公费【2020年、2024年考过】
F．差旅交通费【2014年考过】
G．文体宣教费【2024年考过】
H．固定资产使用费
I．国外生活设施使用费
J．工具用具使用费
K．劳动保护费【2014年考过】
L．检验试验费【2014年、2021年、2024年考过】
M．现场材料保管费
N．临时设施工程费【2014年考过】
O．保险费
P．税金
Q．保函手续费
R．经营业务费【2024年考过】
S．工程辅助费【2014年、2024年考过】
T．贷款利息
U．总部管理费
V．利润
W．风险费
X．现场勘察费
Y．现场清理费
Z．进场临时道路费
A1．业主代表和现场工程师设施费
B1．现场试验设施费
C1．施工用水电费
D1．脚手架及小型工具费
E1．承包商临时设施费
F1．现场保卫设施和安装费用
G1．职工交通费
H1．暂定金额

【答案】 X、Y、Z、A1、B1、C1、D1、E1、F1、G1

重点难点专项突破

1．本考点还可以考核的题目有：

（1）国际工程投标总报价组成中，应计入待摊费的有（D、E、F、G、H、I、J、K、L、M、N、O、P、Q、R、S、T、U、V、W）。

（2）国际工程投标总报价组成中，应计入现场管理费的有（D、E、F、G、H、I、J、K、L、M）。【2014年、2021年、2024年考过】

（3）国际工程投标总报价组成中，应计入其他待摊费的有（N、O、P、Q、R、S、

T、U、V、W）。

（4）业主在招标文件中明确规定了数额的一笔资金，标明用于工程施工，或供应货物与材料，或提供服务，或以应付意外情况的费用是（H1）。

2. 考生应能区分待摊费用与开办费，考试时会相互作为干扰选项。

3. 材料和设备预算价格的计算应掌握，分为三种情况，如下图所示。

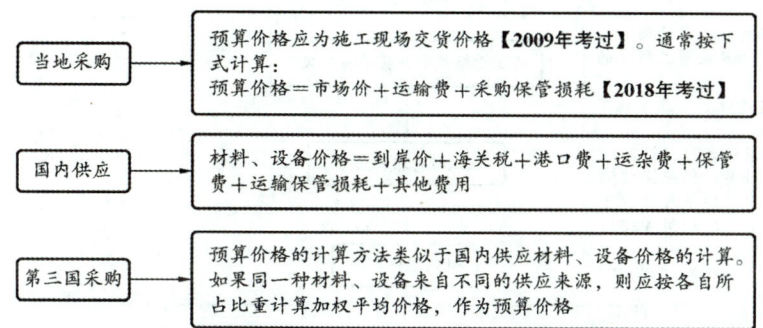

4. 注意：如果招标文件没有规定单列，则所有开办费都应与其他待摊费用一起摊入到工程量表的各计价分项价格中。

5. 关于暂定金额一定要特别关注，在2010年、2012年、2014年、2015年、2016年、2019年、2022年都考查过，主要三个采分点：

（1）暂定金额是业主在招标文件中明确规定了数额的一笔招标人备用金。

（2）每个承包商在投标报价时均应将此暂定金额数计入工程总报价。

（3）承包商无权做主使用此金额，这些项目的费用将按照业主工程师的指示与决定，全部或部分使用。

专项突破2　国际工程投标报价的程序

例题： 国际工程投标报价程序中，投标人在标前会议及现场勘察之前应进行的工作有（　　）。

A. 组织投标报价班子　　　　　　　B. 进行各项调查研究
C. 研究招标文件　　　　　　　　　D. 生产要素询价
E. 分包工程询价　　　　　　　　　F. 制订进度计划与施工方案
G. 人工、材料、设备基础单价计算　H. 待摊费用计算
I. 分项工程的单价分析及汇总标价　J. 标价分析与投标报价决策
K. 编制正式投标文件　　　　　　　L. 开具投标保函

【答案】A、B、C

重点难点专项突破

1. 本考点还可以考核的题目有：
国际工程投标报价程序中，标前会议及现场勘察之后应进行的工作有（D、E、F、

G、H、I、J、K、L）。

2. 国际工程投标报价的程序中，重点掌握标前会议及工程量复核的内容。2010年、2011年、2019年都考核了工程量复核。2014年考核了标前会议之前的工作。2017年、2020年都考核了标前会议应注意的问题。下面以图的形式来总结国际工程投标报价的程序。

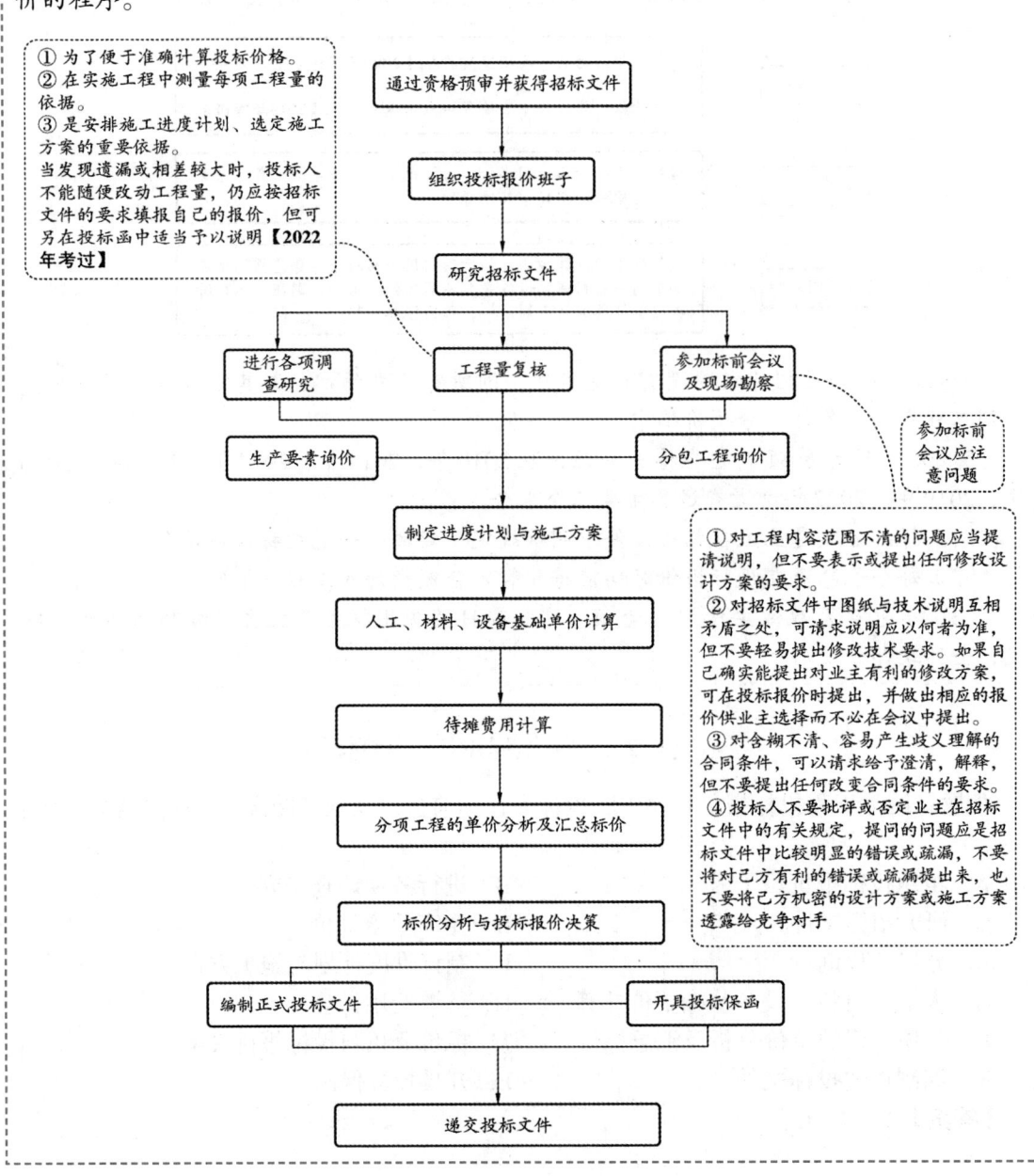

19.2 国际工程投标报价编制

专项突破1 分项工程的单价分析

例题：当机械设备所占比重较大，适用均衡性较差，机械设备搁置时间过长而使其费用增大，这种机械搁置而又无法在定额估价中给予恰当的考虑时，这时就应采用（　　）进行计算分项工程的单位工程量人、材、机费用。【2018年考过】

A. 定额估价法　　　　　　　　　　B. 作业估价法

C. 匡算估价法　　　　　　　　　　D. 理论计算法

【答案】B

重点难点专项突破

1. 本考点还可以考核的题目有：

（1）拥有较可靠定额标准的企业，在计算分项工程的单位工程量人、材、机费用时不考虑作业的持续时间宜采用（A）。

（2）先估算出总工作量、分项工程的作业时间和正常条件下劳动人员、施工机械的配备，然后计算出各项作业持续时间内人工和机械费用的方法是（B）。

（3）估价师根据以往的实际经验或有关资料，直接估算出分项工程中人工、材料、机具的消耗量，从而估算出分项工程的人、材、机单价的方法是（C）。【2023年考过】

（4）对于工程量不大，所占费用比例较小的那部分分项工程，计算人、材、机费用的方法是（C）。

> **重点提示：**
> 选项D不属于分项工程人、材、机费用常用的估价方法。

2. 本考点需要掌握的内容不多，考生应能区分三种估价方法的适用条件。

3. 注意选项B，为保证估价的正确和合理性，作业估价法应包括：制定施工计划，计算各项作业的资源费用等。【2018年考过】

专项突破2 标价的分析方法及投标报价决策的影响因素

例题：国际工程投标报价前，对估价人员算出的暂时标价进行动态分析时要考虑的因素有（　　）。【2012年真题题干】

A. 工期延误【2012年考过】　　　　B. 物价上涨【2012年考过】

C. 工资上涨【2012年考过】　　　　D. 汇率变化【2012年考过】

E. 贷款利率变化【2012年考过】　　F. 政策法规变化

G. 成本估算的准确性【2013年考过】　H. 期望利润

I. 市场条件【2013年考过】　　　　J. 竞争程度【2013年考过】

K. 公司的实力与规模　　　　　　　L. 风险偏好【2013年考过】

【答案】A、B、C、D、E、F

重点难点专项突破

1. 本考点还可以考核的题目有：

影响国际工程投标报价决策的因素主要有（G、H、I、J、K、L）。**【2013年真题题干】**

2. 区分动态分析因素与决策影响因素。

3. 国际工程投标报价的分析方法除了动态分析还有对比分析，对比分析是依据在长期的工程实践中积累的大量的经验数据，用类比的方法，从宏观上判断计算标价的合理性，可采用宏观指标和评审方法。**【2010年考过】**

19.3 国际工程投标报价技巧

专项突破1 根据招标项目的不同特点采用不同报价

例题：国际工程投标报价时，考虑工程项目的不同特点、类别、施工条件等情况宜采用低价策略的情形有（ ）。**【2018年、2021年考过】**

A. 施工条件差的工程**【2011年、2021年考过】**

B. 专业要求高的技术密集型工程**【2018年考过】**

C. 总价低的小型工程以及自己不愿做、又不方便不投标的工程

D. 特殊的工程

E. 工期要求急的工程**【2018年、2021年、2024年考过】**

F. 竞争对手少的工程**【2011年、2018年、2021年考过】**

G. 支付条件不理想的工程**【2011年考过】**

H. 施工条件好的工程**【2021年、2024年考过】**

I. 工作简单、工程量大而一般公司都可以做的工程**【2011年、2021年考过】**

J. 本公司目前急于打入某一市场、某一地区

K. 在该地区面临现有工程结束，而机械设备等无工地转移时

L. 本公司在附近有工程，而本项目又可利用该工地的设备、劳务，或有条件短期内突击完成的工程

M. 竞争对手多，竞争激烈的工程**【2024年考过】**

N. 非急需工程

O. 支付条件好的工程**【2018年、2024年考过】**

【答案】H、I、J、K、L、M、N、O

1. 本考点还可以考核的题目有：

国际工程投标报价时，企业要根据自身的优劣势和招标项目的特点来确定报价策略，通常情况下报价可适当高一些的工程有（A、B、C、D、E、F、G）。【2011年、2024年考过】

2. 根据招标项目的不同特点采用高价或低价的工程，在考核时会相互作为干扰选项。

专项突破2　不平衡报价法

例题：工程投标报价中，投标人为了既不影响总报价，又能在结算中获得更理想的收益，运用不平衡报价法时，可以适当偏高报价的有（　　）。【2019年考过】

A. 能早日结账收款的工程项目【2019年考过】

B. 经核算预计今后工程量会增加较多的项目【2019年考过】

C. 因设计图纸不明确可能导致工程量增加的项目【2019年考过】

D. 后期工程项目，如设备安装、装饰工程

E. 预计工程量可能减少的项目

F. 工程内容说明不清楚的项目

【答案】A、B、C

本考点还可以考核的题目有：

工程投标报价中，投标人为了既不影响总报价，又能在结算中获得更理想的收益，运用不平衡报价法时，可以适当偏低报价的有（D、E、F）。

专项突破3　其他投标报价技巧

例题：招标人在施工招标文件中规定了暂定金额的分项内容和暂定总价款时，投标人可采用的报价策略是（　　）。【2013年考过】

A. 适当提高暂定金额分项内容的单价

B. 适当减少暂定金额中的分项工程量

C. 适当降低暂定金额分项内容的单价

D. 适当增加暂定金额中的分项工程量

E. 正常报价

【答案】A

重点难点专项突破

1. 本考点还可以考核的题目有：

招标人在施工招标文件中列出了暂定金额的项目和数量，但并未限制工程量的估算总价时，投标人一般可采用的报价策略是（E）。

> 如果投标人预计今后实际工程量肯定会增大，则可适当提高单价，以期在将来增加额外收益。

2. 选项B、C、D均为可能会出现的干扰选项。

3. 国际工程投标报价策略包括：生存策略、补偿策略、开发策略、竞争策略、盈利策略。其他报价技巧中还应掌握计日工的报价、多方案报价法、"建议方案"报价、突然降价法、先亏后盈法、无利润算标法，采分点见下表：

项目	内容
计日工的报价	如果是单纯对计日工报价，可以报高一些，以便在日后业主用工或使用机械时可以多盈利。但如果招标文件中有一个假定的"名义工程量"时，则需要具体分析是否报高价，以免提高总报价【2013年考过】
多方案报价法	对一些招标文件，如果发现工程范围不很明确，条款不清楚或很不公正，或技术规范要求过于苛刻时，可在充分估计投标风险的基础上，采用多方案报价法
"建议方案"报价	增加建议方案时，不要将方案写得太具体，要保留方案的技术关键，防止业主将此方案交给其他承包商。同时，要注意建议方案一定要比较成熟，或过去有这方面的实践经验
突然降价法	采用这种方法时，一定要在准备投标报价的过程中考虑好降价的幅度，在临近投标截止日期前，根据情报信息与分析判断，再作最后决策。另外，如果由于采用突然降价法而中标，因为开标只降总价，那么就可以在签订合同后再采用不平衡报价方法调整工程量表内的各项单价或价格，以期取得更好的效益
先亏后盈法	应用这种方法的承包商必须有较好的资信条件，并且其提出的施工方案也先进可行，同时要加强对公司情况的宣传，否则即使标价低，也不一定能被业主选中
无利润算标法	这种办法一般在以下条件下采用： （1）在得标后，有可能将大部分工程分包给报价较低的一些分包商； （2）对于分期建设的项目，先以低价获得首期工程，而后赢得机会创造第二期工程中的竞争优势，并在以后的实施中赚得利润； （3）较长时期内，承包商没有在建的工程项目，如果再不得标，就难以维持生存

第20章 工程计价数字化与智能化

20.1 BIM在工程计价中的应用

专项突破1 BIM的特征及应用实施策略

项目	内容
BIM的特征	具有可视化、协调性、模拟性、优化性和精确性等特征
BIM应用实施策略	项目相关方应按建设工程的特点和要求制定BIM应用实施策略。实施策略宜包括下列内容： （1）工程概况、工作范围和进度，模型应用的深度和范围； （2）为所有子模型数据定义统一的通用坐标系； （3）建设工程应采用的数据标准及可能未遵循标准时的变通方式； （4）完成任务拟使用的软件及软件之间数据互用性问题的解决方案； （5）完成任务时执行相关工程建设标准的检查要求； （6）模型应用的负责人和核心协作团队及各方职责； （7）模型应用交付成果及交付格式； （8）各模型数据的责任人； （9）图纸和模型数据的一致性审核、确认流程； （10）模型数据交换方式及交换的频率和形式； （11）建设工程各相关方共同进行模型会审的日期

重点难点专项突破

本考点可能会这样命题：

项目相关方应按建设工程的特点和要求制定BIM应用实施策略，实施策略宜包括的内容有（　　）。

A. 唯一的数据标准

B. 工程概况、工作范围和进度，模型应用的深度和范围

C. 为所有子模型数据定义统一的通用坐标系

D. 建设工程应采用的数据标准级可能未遵循标准时的变通方式

E. 图纸和模型数据的一致性审核、确认流程

【答案】B、C、D、E

专项突破2　BIM在工程计价中的应用

项目	内容
在工程算量中的应用	对于工程项目来说，BIM技术的核心应用场景为工程算量，目前已在工程项目中得到广泛运用。 BIM的清单工程量导出主要有三种路径：导入传统软件法、借助插件映射输出工程量、BIM模型直接输出净量
在投资估算中的应用	通过BIM实现多方案的技术经济比较，分析不同方案对建设投资的影响，为项目决策提供数据支撑。BIM还可以创建方案经济分析模型，集成项目投资、进度计划、项目产出、运营等信息，通过对拟建项目计算期内投入产出的经济因素进行研究、计算和论证，评价项目的财务可行性、经济合理性，还可以进行费用效益分析和不确定型分析，确保决策的科学性和合理性
在设计概算中的应用	设计概算BIM能够辅助设计概算工程量计算，依据概算指标、概算定额等及相关概算编制办法，编制单位工程概算、单项工程综合概算和建设项目总概算，并将设计概算信息附加或关联到设计概算BIM。 BIM的动态计量特性使其支持对成本进行即时模拟与核算，并在施工过程中充分运用。通过将设计图纸、概算数据与成本管理进行关联，有效避免设计与成本控制脱节，有助于项目生命周期内设计数据的共享，从而实现成本的精准控制
在施工图预算中的应用	BIM一般应用于施工图预算中的最高投标限价编制、工程量清单编制、投标预算编制、工程成本测算等工作，以提高建设工程工程量计算、计价的效率与准确性，降低管理成本与预算风险
在竣工结算中的应用	基于合同清单工程量，可以利用BIM对缺漏项、工程量偏差或工程变更引起的工程量增减进行全面审查，作为竣工结算的依据。 BIM能够详细记录施工过程中的工程变更、签证、索赔及合同价款调整等信息，这些数据公开透明，有助于提高结算过程的准确性。 BIM在项目发生设计变更时会自动更新数据并进行智能比对，并同步更新项目合同信息、施工材料管理信息等，防范施工过程中数据丢失，保证结算资料的完整性。 BIM可以辅助发承包双方人员高效地完成竣工结算工作，并迅速纠错，提高工作透明度

重点难点专项突破

1. BIM在建设项目中的应用涵盖了决策、设计、招标投标、施工和竣工验收等阶段，为项目各方提供了更高效、更准确的信息交流和决策支持。

2. 本考点可能会这样命题：

BIM一般应用于施工图预算中的最高投标限价编制、工程量清单编制、投标预算编制、工程成本测算等工作，可以（　　　　）。

A. 实现对成本的实时模拟及核算

B. 避免了设计与造价控制脱节的问题

C. 提高建设工程工程量计算、计价的效率与准确性

D. 降低管理成本与预算风险

E. 有助于项目生命周期设计数据的共享

【答案】C、D。选项A、B、E是在设计概算中的应用。

专项突破 3　BIM 应用效果评价

例题：下列方法中，属于BIM应用效果定性评价方法的是（　　　）。

A. 德尔菲法
B. 投入产出比
C. 平衡计分卡
D. 关键绩效指标
E. 层次分析法

【答案】A

重点难点专项突破

本考点还可以考核的题目有：

（1）BIM应用效果的定量评价方法主要包括（B、C、D、E）。

（2）下列BIM应用效果评价方法中，（A）可以避免专家之间的相互影响，提高意见的独立性和客观性。

（3）下列BIM应用效果评价方法中，（A）实施过程复杂且耗时较长，结果受专家知识、经验、个人偏好的影响。

（4）下列BIM应用效果评价方法中，（A）适用于BIM应用中的复杂问题评价，如技术难度、设计精度、质量问题等。

（5）下列BIM应用效果评价方法中，（B）优点是直观易懂，量化BIM效益、便于比较，缺点是主要关注短期的财务回报，缺乏长期理念。

（6）下列BIM应用效果评价方法中，（B）适用于短期内可量化BIM应用经济效益的情况，尤其是投资回报期较短的项目。

（7）下列BIM应用效果评价方法中，（C）优点是评价指标充分反映企业战略目标，实现财务收益与非财务收益等多维度全面评价，缺点是实施过程复杂且成本较高，部分指标难以量化。

（8）下列BIM应用效果评价方法中，（C）适用于规模较大、发展成熟且对BIM有长期战略规划的企业。

（9）下列BIM应用效果评价方法中，（D）优点是量化BIM在各阶段的应用成果，充分反映项目战略目标。

（10）下列BIM应用效果评价方法中，（D）缺点是侧重短期效果，难以反映长期效果；侧重结果导向，难以体现过程管理；指标之间通常相对独立、缺乏协同性，无法体现BIM的整体应用效果。

（11）下列BIM应用效果评价方法中，（D）适用于强调阶段性成果的项目管理场景，尤其是对各环节效果有着明确量化要求的项目。

（12）下列BIM应用效果评价方法中，（E）突出指标的相对重要性，但其主观性较强，各指标权重取决于专家的主观判断，容易产生偏差；工作量大，过程繁琐，需要进行多次两两比较及一致性检验。

（13）下列BIM应用效果评价方法中，（E）适用于需要综合评价BIM应用效果的项目，尤其在多个目标（如成本、进度等）需要权衡时，能够提供优先级参考。

20.2 人工智能在工程计价中的应用

专项突破1 人工智能概述

例题：人工智能包含的核心要素有（　　　）。

A. 知识　　　　　　　　　　　B. 数据

C. 算法　　　　　　　　　　　D. 算力

【答案】A、B、C、D

重点难点专项突破

1. 本考点还可以考核的题目有：

（1）人工智能的核心要素中，（A）是人工智能之源。

（2）人工智能的核心要素中，（B）是人工智能之基。

（3）人工智能的核心要素中，（C）是人工智能之魂。

（4）人工智能的核心要素中，（D）是人工智能之力。

2. 通常按其智力水平，人工智能可分为三大类：弱人工智能、强人工智能和超人工智能。

3. 根据《国家人工智能产业综合标准化体系建设指南（2024版）》（工信部联科〔2024〕113号），人工智能产业链包括基础层、框架层、模型层、应用层等四个部分。

4. 人工智能标准体系结构由基础共性、基础支撑、关键技术、智能产品与服务、赋能新型工业化、行业应用、安全/治理等七个部分构成。

专项突破2 人工智能在工程计价中的具体应用

例题：人工智能在投资估算中的应用主要体现在（　　　）。

A. 能够基于大量历史数据自动识别这些复杂关联

B. 能够自动收集、处理和分析海量数据，通过训练模型进行预测

C. 通过分析已建项目数据，自动识别关键参数，帮助预测拟建项目的投资规模

D. 可以提供智能分析，提出更加经济的替代材料或施工方法

E. 能够快速分析项目中的不确定性和风险因素

F. 能够根据设计变更实时更新概算，如因设计更改导致投资超出预期，AI系统将发出预警

G. 保证人、材、机等费用符合招投标控制要求，并深入分析工程量信息以获得准确的造价信息

H. 能够大幅减少工程量计算时间，实现工程量的快速计算和项目数据的智能处理

I. 可以快速分析历史数据，为招标人提供符合市场规律的限价方案，同时为投标人生成准确的预算报价，并预测竞争对手的报价

J. 通过自动收集和整理数据，实时更新造价指数

K. 通过自动化和优化算法，根据需求自动匹配合适的定额，快速、准确地生成工程

量清单及投标报价

L. 可以根据合同条款和工程量清单，自动计算每一项费用，并将其与合同金额进行比较，存在差异也能及时核查调整

M. 可以对合同金额进行核对，通过比对合同文本来验证各项费用，自动检测并生成报告

N. 通过分析已建项目中发生的类似事件，对历史数据进行挖掘并分析，识别出一致的解决方案

O. 通过对项目过程资料的收集、整理和处理，进行自动化结算工作

【答案】A、B

重点难点专项突破

本考点还可以考核的题目有：

（1）人工智能在设计概算中的应用主要体现在（C、D、E、F）。

（2）人工智能在施工图预算中的应用主要体现在（G、H、I、J、K）。

（3）人工智能在竣工结算中的应用主要体现在（L、M、N、O）。

20.3　大数据在工程计价中的应用

专项突破1　大数据的特征、分类及应用流程

例题：根据《信息技术　大数据　术语》GB/T 35295—2017，大数据具有"4V"特征，即（　　　）。

A. 规模性 　　　　　　　　　　B. 多样性

C. 高速性 　　　　　　　　　　D. 多变性

【答案】A、B、C、D

重点难点专项突破

1. 本考点还可以考核的题目有：

（1）在工程计价中，海量的工程数据、建筑材料信息、成本数据等可以通过大数据技术进行高效处理和分析，以支持更精准的成本估算和科学决策。这体现了大数据具有（A）。

（2）大数据不仅包括结构化数据，还涵盖非结构化和半结构化数据，如文本、图像、声音、视频等。这体现了大数据具有（B）。

（3）随着数据生成和传输速度的加快，系统需要具备实时分析和处理大量数据的能力，以便及时获取关键信息。这体现了大数据具有（C）。

2. 根据《信息技术　大数据　数据分类指南》GB/T 38667—2020，大数据可以从技术选型、业务应用和安全隐私保护三种视角给出不同的分类维度。

3. 工程计价大数据的应用流程：数据收集→数据分析→数据应用→数据解释。

专项突破2　大数据在工程计价中的具体应用

例题：大数据在设计概算中的应用体现在（　　　　）。

A. 大数据信息库便会根据工程类型进行分类，从而更精确地提取数据库中的定额、造价指标等数据，自动输出建造成本

B. 可以实时追踪和分析全球范围内的材料价格和人工工资的动态信息

C. 已累积的已建项目数据更便于不同方案的对比

D. 通过大数据平台技术实现工程数据的存储、查找

E. 建立从总体指标到工程量指标的多维度立体指标清单

F. 可以快速地更改参数并生成相应结果

G. 可以利用大数据技术快速地引用已建项目中与拟建项目具有类似工程量和材料规格的成本数据

H. 除直接引用历史成本数据外，还能提供各种因素对造价指标的影响分析

I. 可以有效地捕获已建项目数据、材料价格波动、人工成本、定额及其他相关的经济指标等数据并对其进行整合和分析

J. 可以将结算数据与大数据库中的其他数据进行对比分析

K. 可以回溯并发现潜在的偏差，进而有针对性地分析造成偏离的原因

【答案】C、D、E、F

重点难点专项突破

本考点还可以考核的题目有：

（1）大数据在投资估算中的应用体现在（A、B）。

（2）大数据在施工图预算中的应用体现在（G、H）。

（3）大数据在投标报价中的应用体现在（I）。

（4）大数据在竣工结算中的应用体现在（J、K）。